사랑의
기원

연애를 가르칩니다

| 심리학으로 본 연애와 결혼

사랑의 기원

초판 1쇄 인쇄 | 2016년 4월 15일
초판 1쇄 발행 | 2016년 4월 20일

지은이 | 곽소현
펴낸이 | 박영욱
펴낸곳 | (주)북오션

편 집 | 권희중 · 이소담
마케팅 | 최석진 · 임동건
표지 및 본문 디자인 | 서정희 · 심재원
세무자문 | 세무법인 한울 대표 세무사 정석길(02-6220-6100)

주 소 | 서울시 마포구 서교동 468-2
이메일 | bookrose@naver.com
페이스북 | facebook.com/bookocean21
블로그 | blog.naver.com/bookocean
전 화 | 편집문의: 02-325-9172   영업문의: 02-322-6709
팩 스 | 02-3143-3964

출판신고번호 | 제313-2007-000197호

ISBN 978-89-6799-286-6 (23190)

이 도서의 국립중앙도서관 출판예정도서목록(CIP)은 서지정보유통지원시스템
홈페이지(http://seoji.nl.go.kr)와 국가자료공동목록시스템
(http://www.nl.go.kr/kolisnet)에서 이용하실 수 있습니다.
(CIP제어번호: CIP2016007975)

곽소현 지음

사랑의
기원

북오션

당신은 사랑해 본 적이 있습니까?

살랑살랑 바람이 분다. 바람결에 묻어나는 상큼하고 서늘한 냄새는 사랑을 닮았다.

한때 내가 한창 사랑앓이를 하고 있었을 때, 바람 냄새를 성분 분석해보면 무엇이 들어있을지 궁금해한 적이 있었다. 그것이 가능해진다면 사랑도 완벽한 분석이 가능한 날이 올 것이다. 하지만 완벽한 사랑은 존재하지 않는다. 사랑하는 사람의 눈에 투사된 나의 모습은 가장 아름답고, 사랑스러우며, 무한한 가능성이 있기 때문이다.

꽤 괜찮은 '혼자'인데 왜 '둘'이 되기 힘든 걸까? '혼자'가 아닌 '둘'이 되고 싶은 욕망은 있는데 방법을 몰라 고민한 적은 없는가? 봄 아지랑이만 보아도 아찔하고 눈꽃이 벚꽃으로 보이는 착시가 일어난 적이 있다면 사랑은 가까이에 와 있는 것이다. 사랑은 예감처럼 찾아온다.

우리는 남과 소통 없는 고독한 시대에서 '혼자서 살아가는 법', '혼자라도 행복하다'는 이야기를 많이 한다. 혼자 한다는 건, 사랑에 관심이 없다는 뜻일까? 꼭 그렇지만은 않은 것 같다. 연애와 관련된 블로그나 카페는 늘어나고 사랑에 관한 칼럼이나 책도 꾸준히 나오기 때문이다. 드라마나 토크쇼에 사랑의 주제가 빠지는 경우도 거의 없다.

하지만 연애, 결혼, 출산을 포기할 수밖에 없다는 '삼포 세대'라는 말이 생겨날 정도로, 20~30대는 할 일이 많아졌다. 돈이 없어도 데이트할 시간이 있었던 예전 세대와는 달리 지금의 젊은 세대는 데이트나 연애는 우선순위에서 밀어 둘 수밖에 없다. 그러다 보니 지금은 결혼과 출산의 적령기가 따로 없다. "데이트할 에너지는 없지만, 누군가가 적극적으로 다가오면 맞추는 정도는 가능해"라는 소극적인 유형들과 "책임지지도 못할 텐데 연애는 무슨 연애?"라는 심사숙고 유형들이 늘어나고 있다.

꼭 연애를 하고 결혼을 해야만 행복한 것은 아니다. 그러나 마음 한구석에 공허감이 있고 누군가와 깊은 소통을 하고 싶은 간절함이 있다면, 한번쯤 열정적으로 사랑해본 뒤에 포기해도 늦지 않을 것이다.

나는 10여 년 동안 대학, 상담클리닉, 웨딩업체 등 현장에서 대학생들과 직장인들을 만나왔다. 그들은 사랑할 마음의 여유가 없다고 말하지만, 데이트나 연애를 하는 친구들을 보면 상대적 박탈감을 느낀다. 어디에서 사람을 만날 수 있는지, 나를 사랑해줄 남자가 있기나 한 건지, 결혼을 꼭 해야만 하는 것인지, 하소연까지 한다. 길거리 헌팅과 프러포즈의 차이는 뭔가요? 사랑은 몇 살 차이까지 가능한가요? 위험한 남자는 어떤 남자인가요? 원 나잇 후에 연락을 끊는 남자들의 심리는 무엇인가요? 다양한 질문들이 폭발한다. 나 빼고 모든 여자가 달달한 연애를 하는 것 같고, 혼자만 외로운 것 같아 울어본 적이 있다면 '혼자'가 아닌 '관계'의 욕구가 있는 것이다. 그래서 '관계'의 욕구만 있다면 '연애 스킬은 가르쳐주면 된다.'는 결론에 이르렀다. 10여 년 전에는 대학에서 연애와 결혼 관련 과목을 개설하면, 소위 인기강좌로 자리매김했으며, 같은 이름의 강좌를 3~4개로 나누어 개설할 정도였다. 그러나 지금은 강좌가 한두 개로 줄어버려 예전처럼 열기가 뜨겁지 않다.

내가 한 명씩 데이트코칭을 하거나 소개팅을 주선하다 보니, 연애책을 써보는 것도 괜찮겠다는 생각이 들었다. 그래서 현재 데이트 중이거나 연애하다가 결혼을 결정해야 하는 예비부부들을 다시 인터뷰하기 시작했다. 진행중인 사랑의 경험과 증거들을 심리학적 해석을 덧붙여 담아내려고 했으며, 지금까지 살면서 내가 느꼈던 사랑의 감정들을 끌어올려 언어화했다. 사랑의 본질은 예나 지금이나 변함이 없다. 다른 이야기와 언어로 표현할 뿐 마음의 소용돌이와 육체적 감각은 세대를 지나도 피부 깊숙이 새겨져 있기 때문이다. 다만 사랑은 진화할 뿐이다. 처음에는 친구 같은 스토르게 사랑으로 시작해서 낭만적이고 열정적인 에로스의 사랑으로 바뀌거나 혹은 다른 형태로 발전하기도 한다. 이러한 사랑의 변화과정은 자연스러운 것이며, 색깔이 다른 두 사람이 만나 또 다른 색깔로 진화하고 성장해가는 것이다.

각자가 가지고 있는 '사랑의 본질'은 삶의 경험과 관련이 깊다. 부모가 살가운 정을 주고받는 것을 본 적이 거의 없다면 낭만적인 사랑을 추구할 확률이 높을 것이고, 예전에 만났던 남자친구의 단점을 새로운 남자에게서는 보완하고 싶을 것이다.

내가 만난 그녀들은 아버지 같은 남자와의 결혼을 꿈꾸다 환상 속 사랑을 만나지 못하고 파파걸로 남기도 한다. 가정에서 권력을 행사하지만 사랑은 받지 못하는 어머니를 보면서 밥은 굶어도 로맨틱한 남자를 만나리라 결심하기도 한다. "조건 따윈 상관없어. 가끔은 센치하고 슬픈 눈빛의 남자와 속 깊은 얘기를 하며 살고 싶어" 혹은 "집에 올 때 장미꽃 한 다발이면 충분해"라고 말하기도 한다. 그녀들은 애인 같은 남자와 데이트를 할 것이고 그녀들에게 결혼이라는 관습은 중요하지 않다.

또는 많은 남자의 시선과 프러포즈를 받으면서도 곁을 주지 않고 도도한 매력을 고수하는 여자들도 있다. 프러포즈는 수없이 받아왔지만, 사랑은 시작도 하지 않았다고? 늘 짧게 끝나버린다고? 그렇다면 그런 무용담은 재빨리 던져 버려라. "난 옛날에 인기 많았어. 별로 마음에 드는 남자가 없어서 거들떠보지도 않았지."라고 말하지만, 속은 개운하지 않을 것이다.

2, 30대에만 할 수 있는 사랑이 있다. 물론 그 이후에도 사랑은 계속될 수 있다. 그러나 자신이 선택할 수 있는 사랑의 가능성은 점점 줄어든다.

이 책을 읽고 누구나 '사랑은 이런 것이다'라는 지론을 가질 수 있었으면 좋겠다. 많은 성취를 하고 부자가 되어도 인생에서 남는 것은 '사랑'이기 때문이다. 사랑의 순간은 차곡차곡 쌓여 삶을 풍요롭게 해준다. 친구나 후배가 "사랑을 어떻게 해야 할까?"라고 물어올 때, 조언해 줄 나만의 경험이 있어야 한다. 딸이 사랑 때문에 며칠 밥을 굶고 이불을 뒤집어쓰고 울어도 아무 말도 해줄 수 없는 엄마가 많다. 사랑을 해보지 않아서, 이별의 아픔도 몰라서 아무런 말을 해줄 수 없다면 정말 중요한 무엇을 빼놓고 사는 것인지도 모른다. 그래서 사랑은 계속 배워가야 할 공부이다. 율곡 이이가 젊은 시절 '공부'에 대해 했던 말에 '사랑'을 대입해보면 딱 들어맞는다. "사랑이란 늦춰서도 안 되고 성급해서도 안 되며 죽은 뒤에나 끝나는 것이다."

사랑도 배워야 내 것이 된다. 저절로 찾아오는 것이 아니라 배우고 찾는 사람에게만 열려있다. 공부나 다른 것에 쏟는 에너지의 절반만이라도 '내 사람'을 찾는데 써보는 것은 어떨까? 많이 만나봐야 사람을 보는 안목이 생기고 나에게 맞는 사람을 만날 수 있다. 나만의 사랑을 찾고 싶다면, 지금부터라도 사랑에 대해 배워보자.

내가 잃어버린 것이 무엇이고, 어디로 가고 있는지 몰라 방황하면서 상실과 혼돈의 시대를 살아보는 것도 좋다. 상실의 시대에서 고독과 외로움을 홀로 버티면서 살아가는 시간도 필요하다. 하지만 우리는 늘 혼자일 수는 없다. 혼자이지만 때로는 누군가를 그리워하고 찾는 사랑의 갈구가 자연스러운 것이다. 혼자 자신을 완성해가는 것도 좋지만, 관계를 통해 자신을 찾아가는 여정을 함께 해보지 않겠는가. 새로운 계절의 기다림에 지쳐있는 20~30대 여성들이여, 열정은 가득하게 그러나 넘치지 않는 사랑을 하자.

2016년 4월
곽소현

CONTENTS

사랑도 변한다

여자의 매력 업(Up) 시키기

유혹과 흔들림이 찾아올 때

연애에서 결혼으로

Part 1

상담사례로 본
관계의 유형

01

저는 왜 마초적인
남성에게 끌릴까요?

그에게선 왜 향긋하고 달달한 풍선껌 냄새가 나는 걸까? 나는 세포가 살아나듯 오감(五感)이 각성되고, 마치 취한 듯 끌어당기는 남자를 만난 적이 있다. 키스 한 번에 다리가 후들거리고, 그의 냄새가 좋고, 목소리에 설레어 모든 것을 포기해서라도 그를 '내 것'으로 만들고 싶었다. 이런 건 10대나 20대에 일어나는 감정일 것이라고, 또, 그런 사랑은 곧 끝날 것이라고 생각했다. 그런데 서른이 되고 더 나이가 들어도 한번 난 발정은 끝나지 않고 거세지기만 한다. 한때는 쌉쌀했던 혀의 감촉과 성격이 칼칼한 남자가 좋았지만, 이제 후끈 달군 입김에 흘러나오는 달콤한 밀어가 귀를 유혹한다.

'무의식적 끌림'을 이성적으로 통제할 수 있다고 생각하는가? 절대 아니다.

밀란 쿤데라(Milan Kundera)는 "연애란 그저 단순하게 상대방의 육체만을 추구하는 것이 아니다. 우리가 정복했고, 우리가 사랑하여 욕

정을 품은 연애 상대는 바로 우리 자신의 거울이다" 라고 했다.(《지혜》, 신현철 역, 하문사, 1997)

자신을 사랑하는 것을 멈출 수 있는가? 때로는 그럴 수 없는 것처럼 '자신의 일부' 같은 객체를 만나면, 세포는 각성하고 호르몬은 팔딱거린다.

청춘남녀들을 대상으로 한 〈끌림, 무의식의 유혹〉이라는 다큐멘터리가 있었다(EBS 다큐프라임, 2011. 02). 커플의 유전자를 분석해서 무의식의 끌림을 증명하는 것을 보면, 사랑도 과학으로 증명할 수 있는 시대가 되었다. 다큐멘터리에 따르면, 유전자가 비슷한 사람은 처음 만나는 사이라고 할지라도 '가족' 같은 느낌을 받는다고 한다.

실제로 유전자가 비슷한 사람들은 외모도 비슷했으며, 가족 같은 편안함이 느껴진다고 보고했다. 그래도 남녀 간의 사랑은 '섹슈얼의 끌림'이 있어야 하지 않을까라고 생각하지만, 사람마다 취향이 다르니 탓할 일은 아니다.

편안함을 추구하는 여자는 편안함을 주는 남자를 만나 사랑하고, 결혼해서 붕어빵 같은 자녀를 낳고 산다. 그러면서도 "내가 왜 이 남자에게 끌리지?" 라는 질문을 하며 합리적이고 이성적인 근거를 찾으려고 애를 쓰지만, 생물학적 관점으로 본다면 그것은 무의미하다. 바로 '유전자의 끌림'이기 때문이다.

온몸에 전율이 느껴진다면 끌림이다
S가 Y를 만난 건 2년 전의 일이다. S의 옆자리 직원이 전근을 가고

Y가 그 자리에 새로 발령받아 오게 되었다. S가 볼 때 Y는 생김새가 훈훈했지만 그렇다고 특별히 잘 생긴 외모가 아니고, 목소리가 좋은 편도 아니었다.

처음 만났던 장면을 떠올려보면 남자답고 시원시원해 보이는 것이 어렴풋이 떠올랐을 뿐 외모 때문에 끌린 건 분명 아니다. 그렇다고 그가 부자이거나 사회적 지위가 높거나 좋은 차를 타고 다니는 것 같은 조건 때문도 아니었다. 하지만 시간이 지나면서 자신이 Y에게 끌리는 것일지도 모른다는 생각이 들었다. S는 마초 같은 성격의 Y에게 끌리는 자신이 혼란스러웠다.

그러던 어느 날, S는 우연히 그에게 끌리는 단서를 찾게 되었다. 바로 '담배'였다. 평소 S는 담배 피우는 사람을 싫어했다. 그런데 이상한 건 바로 그것이었다. Y가 담배 피우는 모습이 남자답게 보였고, 담배 냄새도 싫지가 않았다. 한번은 Y가 스쳐 지나가면서 아주 짙은 담배 냄새가 코를 찔렀는데, 이 냄새를 맡은 S는 강한 자극과 함께 온몸에 전율이 느껴졌다.

이것이 끌림, '무의식적인 끌림'이다. S가 Y에게 끌린 이유는 심리학적으로도 해석이 가능하다.

분석심리학자 칼 융(Carl Jung)은, 남성들은 자신 속에 있는 여성성인 '아니마(anima)'와 닮은 여성에게 끌리고, 여성들은 자신 속에 있는 남성성인 '아니무스(animus)'를 닮은 남성에게 끌린다고 한다.

사실, 차분하고 전형적으로 여성스러운 S는 겉만 여자이지 내면은 누구보다 강한 남성성을 가지고 있었다. 그래서 Y가 담배 피우는 모습과 마초 같은 성격이 연결되어 남자다운 모습에 강하게 끌렸다. Y

역시 겉은 상남자의 모습이지만, 내면은 여리디여린 여자가 숨어있었다. 그래서 여성스러운 S가 특별하게 보여 내심 끌렸다. S의 화장기 없는 얼굴, 직장 MT 때 입은 평범한 후드티까지 Y의 눈엔 섹시하게만 보였다. 처음에는 Y도 자신이 왜 그러는지 이해가 되지 않았다. 그는 주변에 자기를 좋아하는 여자들이 많은 인기남이어서 괜찮은 여자를 선택할 기회는 많았다. 그런데 누군가에게 끌리는 것을 어떻게 막을 수 있겠는가?

그렇게 거부할 수 없는 끌림은 2년 동안 지속되었고, 둘은 회사에서 사내커플이 되었다.

자신 안의 아니마나 아니무스와 비슷한 이성을 보면, 첫눈에 반하고 집착하게 된다. 운동을 잘하고 근육질 몸매를 가진 남자일수록 여성적인 아니마를 가진 경우가 많다. 그래서 자신의 아니마를 투사한 여성스럽고 차분한 여성을 좋아하게 된다. 반대로, 섬세하고 여성적인 남성은 남성적인 아니무스를 가지고 있어 남성적인 면이 있는 여성을 좋아하게 된다. 딱히 그 사람을 좋아할 이유가 없는데도 어떤 사람에게 끌리는 것은, 자기 내면의 아니마와 아니무스를 인식하지 못하고 상대방에게 투사하여 사랑에 빠진 경우이다. 이것은 상대방에게 투사된 나를 찾고자 하는 것이어서 나와 비슷한 사람을 만나면 무의식적으로 끌리게 된다. 즉, 자신의 모습이 투사된 이성을 찾아 동일시하는 것, 그것이 '사랑'이다.

남녀의 끌림을 사회심리학적인 관점으로 볼 수도 있는데, 하빌 핸드릭슨(Haville Hendrickson)의 '이마고(imago) 이론'이 대표적이다.

'이마고'는 '이미지(image)'라는 뜻의 라틴어로, 핸드릭슨은 부모의 이미지를 투사한 사람에게 끌린다고 보았다.

우리는 낯선 모습이나 친숙하지 않은 것에 대해 거부감이 있다. 그래서 부모의 장점을 가진 사람을 만나면, 호감이 생기고 사랑으로 쉽게 발전하게 된다.

필자가 대학에서 데이트와 연애 관련 교양과목을 강의하면서 20대 커플 200쌍을 대상으로 실험한 적이 있다. 부모의 장점과 단점을 쓰게 하고, 이성 친구의 특성을 표시한 채 데이터를 분석해보았더니 자기 부모와 비슷한 부분이 많다는 것을 확인할 수 있었다.

'만나는 사람마다 나는 왜 똑같은 사람만 만나지? 나도 제대로 된 사람을 만나고 싶은데, 막상 만나고 보면 마찬가지야. 왜 그럴까?'

이런 고민을 한 적이 있는가? 그렇다면 어린 시절에 애정결핍을 경험하거나 상처받은 적이 있었던 것은 아닌지 살펴봐야 한다. 보호와 양육의 결핍이 있던 사람은 보호본능이 생기는 남자에게 끌리며, 지적 콤플렉스가 있는 사람은 지적인 남자에게 끌린다. 또, 외로웠던 사람은 다정다감한 남자에게 끌리는 경우가 많다.

이렇듯 우리가 사랑에 빠지는 이유는 여러 개이다. 유전자의 끌림이나 자신 속의 여성성과 남성성 혹은 부모의 이미지를 닮은 사람을 만나게 된다. 이제 왜 그 남자에게 끌리는지, 그 남자가 왜 나를 좋아하는지 조금은 이해가 되었을 것이다.

끌리는 사람이 있다면, 눈인사하고 말을 걸어보자. 운명적 사랑은 기다린다고 저절로 오는 것이 아니다.

날라리 남자가 범생이 여자에게 끌리는 이유는 무엇일까?

충동적이고 가벼운 날라리라도 자기에게 부족한 진지함을 여자에게서 채우고 싶은 것이다. 만약 날라리 남자를 '내 남자'로 만들고 싶다면, 날라리인 척, 쿨한 척 남자가 하자는 대로 따라가지 말라. 차분하고 진지한 자기 모습을 벗어버린 채 남자에게만 맞추면, 자기 매력이 사라지기 때문이다. 그러니 자기 매력을 믿고 어필해라.

반대성향을 만나면 투닥거릴 수는 있지만, 상대방의 장점으로 인해 성장하는데 도움이 된다. 즐거움의 욕구가 크다면 반대성향의 끌림이 강한 남자를 만나 커플이 되는 것도 나쁘지 않다. ✿

02

♦

대체 제 사랑은
어디에 있나요?

데 이트나 연애에 관한 강좌는 장소 불문하고 항상 인기 있다. 요
즘은 워낙 취업하기 어려워 연애 강좌 인기가 조금 수그러들
긴 했지만, 그래도 여전히 수강생이 많다. 나는 이들에게 일단 연애를
해보라고 얘기하는데, "해봐도 안 되니 결핍감이 생긴다."는 말을 들
으면 뚜렷한 대안 없이 해보라고만 한 것 같아 미안하다.

때로는 "연애가 꼭 좋은 것인가요?", "솔로로 살면 안 되나요?" 라고
반문하는 학생들도 있다. 하지만 그런 학생들조차도 데이트 코칭이나
연애 스킬의 노하우를 가르쳐주는 시간에는 무척 관심을 보인다. 청춘
에게 사랑은 중요하고, 짝을 만나고 싶은 마음이 잘 드러나는 것 같다.

요즈음 외롭다는 사람과 사람을 만나고 싶은데 어디에서 만나야 할
지 모르겠다는 사람이 늘어나고 있다. 하지만 높은 인터넷 보급률과
음식점, 갤러리, 음악회 등 소비패턴이나 문화예술까지 총망라하여 사

람들과의 교류가 증가하고 있다. 또한, 관심 있는 분야의 카페나 블로그 활동, 채팅 앱, 클럽에서의 즉석 만남도 많다. 이렇게 사람을 만날 기회가 많아졌음에도 불구하고 왜 우리는 사람 만나는 것을 어렵게 느끼는 걸까?

나는 데이트 코칭을 할 때 이렇게 말한다

"사랑은 200미터 안에 있다."

여기에서 말한 '200미터'는 상징적인 거리로, 사랑하는 사람은 나와 아주 가까이에 있다는 말을 강조하고 싶어서 만든 말이다. 넓게 보아서 200미터이지 실제로는 더 가까울 수도 있다. 마치 거리를 걷는 사람들이 엇갈려 지나쳐가는 것처럼 서로 만나지 못했을 뿐, 언젠가는 만나게 될 사람인지도 모른다.

스키장에서 만난 사람, 동아리나 동호회 선·후배, 캠퍼스 커플, 사내 커플, 종교단체, 카페 사장과 손님 등 어디에서 인연을 만날지는 알 수 없다. 더 나아가 소개팅까지 포함할 수도 있다. 아는 사람이 소개해주는 것은 아주 가까이에 있는 사람이 중매자가 되니 어쩌면 200미터 안에서 다 만나는 것인지도 모른다.

사랑은 멀리 있는 것이 아니다. 하지만 여자들과 몰려다니지는 마라. 혼자 다녀야 남자가 대시할 확률이 높다. 남자들은 마음에 드는 여자가 레이더망에 잡혀도 말 걸고, 사귀자고 말하는 것을 조바심내고 어려워한다. 그래서 여자 틈바구니를 뚫고 들어가 그중에 한 명을 공략할 용감무쌍한 남자는 많지 않다.

버시드와 월스터(Berscheid & Walster, 1978)는 "가까운 곳에 사는

사람들끼리 사랑에 빠지며, 결혼할 확률이 높다"고 하였다. 가까이에 살며 자주 만나다 보면 신비감이나 호기심이 적어질 수 있지만, 접근성이 용이하다는 것은 큰 장점이다.

사귀다가 이사 가거나 처음부터 장거리 연애를 하면, 금방 깨지는 일이 종종 생긴다. 물론 오히려 자주 만나지 못해서 아쉽고 더 그리우며, 소중함과 장점이 드러날 수도 있다. 그러나 그 기간이 길면 연애 감정이 시들해지기 쉽다. 직장 생활이나 일상에 치여 살다 보면 애인 하나 챙기기 쉽지 않고, 달달하던 연애 감정도 무뎌진다. 별 갈등이 없어도 만나는 시간이나 만날 수 있는 거리가 멀어져 커플들이 헤어지는 것도 그 때문이다.

아무리 사랑한다고 해도 장거리를 이동하다 보면 체력이 바닥나고 교통비도 만만치 않다. 연인이 지방으로 이사를 가면 가까운 곳에서 살 때 보다 만나는 횟수가 줄어들게 될 것이다. 전화나 영상통화, 메신저가 발달해도 만나서 연인의 체취를 맡고 소리를 듣고 함께 밥도 먹는 오프라인 연애에 비교할 수 있을까?

모리스 마테를링크(Maurice Maeterlinck)가 쓴 희극 《파랑새》에서 틸틸과 미틸 남매는 요정들과 함께 파랑새를 찾아 여행을 떠난다. 남매는 밤의 궁전, 달밤의 묘지, 행복의 꽃밭, 미래의 나라를 다니며 파랑새에 대한 환상을 버리지 못한다. 결국, 파랑새를 찾지 못하고 집에 돌아왔는데, 자기의 새장 안에 파랑새가 있음을 발견한다. '행복은 가까이에 있다'는 것을 상징적으로 표현했음을 알 수 있다.

우리는 파랑새나 백마 탄 왕자가 평범한 내 삶의 주변에는 존재하지 않을 것이라고 생각한다. 그러나 파랑새는 가까이에 있다. 가까이에 있는 사람들의 명단을 작성해보고, 그 사람부터 만나보라. '꼭 만나고 싶은 사람(?)', '만날 수 있는 사람(△)', '절대로 만나고 싶지 않은 사람(X)'을 작성하고 기간을 정해서 한 사람씩 만나보자.

처음에 다가갈 때는 작은 칭찬을 하면서 다가가는 것이 무난하다. 예를 들어 기타 동아리 선배라고 하자.

"기타 연주가 훌륭하던데요. 멋있어요!"라며 엄지손가락을 들어 보이는 식으로 자연스럽게 관심을 표현하면 된다. 남자들은 이런 칭찬에 약하다.

"그래, 정말 괜찮았어?" 이런 식으로 흘러가게 되면 매우 긍정적으로 가는 것이다. 파랑새는 아주 가까이에 있으며, 어쩌면 이미 알고 있는 사람일지도 모른다.

첫 데이트, "전 파스타보다 국수가 땡기네요."

도시는 군중으로 가득하고, 많은 사람 속에서 익명의 누군가를 믿는다는 것은 어렵다. 그래도 나는 일단 만나보기를 권한다.

사람을 만나는 것도 노력이 필요하다. 지금부터 만나기 시작해서 1년에 4명씩 5년을 만나면 20명이 되고, 10년을 만나면 40명이 된다. '언젠가 만나겠지', '인연은 따로 있어'라는 막연한 생각을 하다 보면, 세월만 갈 수 있다.

내 말의 뜻은, 무조건 사람을 많이 만나보라는 것이 아니라 사람을 만나려고 노력하는 적극성이 필요하다는 것이다. 사람 만나는 것에 신중해야 하는 것은 맞지만, 시간이 흐를수록 만남의 폭은 좁아진다. 만나다고 다 결혼하는 것도 아닌데, 이성을 만날 때 너무 재다 보면 시작조차 못 하고 나이만 먹는다. 종교가 달라서, 꽉 막힌 사람 같아서, 바람둥이 같아서, 부자가 아니어서 등 비판적인 시각만 가지면 사람을 만나기 어렵다.

나이가 드는 것처럼 생각이나 만남의 폭도 넓어진다면 얼마나 좋을까? 그러나 나이가 들수록 감성은 죽고 이성만 살아 현실적인 것들이 보이기 시작한다. 그러다 보면 사랑과 현실은 별개의 것이 아님에도 불구하고 사랑을 낭만의 극치인 형이상학으로 보거나 현실의 바닥까지 내려가는 형이하학으로 선을 긋는다. 그렇게 구분하면 연애는 시작하기 어렵다. 그러니 일단 다 만나봐라. 낭만적인 사랑만 꿈꾸면 현실에서 남자를 만날 수 없다.

밥을 먹어도 좋고, 차나 술도 함께 마셔보면 어떨까? 손잡고, 가벼운 데이트, 풋풋한 데이트를 해보자. 30대는 비싸고 분위기 있는 곳에만 가야 할까? 이벤트를 해야만 할까?

한쪽이 그런 것을 요구하면 다른 한쪽은 부담을 갖게 된다. 그러면 사랑은 물 건너가는 것이다. 생각의 틀을 깨보자.

첫 데이트라고 꼭 레스토랑에 가서 비싼 파스타를 먹어야만 할 필요는 없다. 남자 주머니 사정도 생각해서 "오늘은 국수가 먹고 싶은 걸요."라고 말하는 센스를 싫어할 남자는 많지 않다.

만나고 싶은 사람이 있다면 시작해보자. 높은 이상만 고집하지 말고 조금이라도 끌리는 사람, 관심 있는 사람이 있다면 만나보자.

무라카미 하루키(Murakami Haruki)의 소설 《4월의 어느 맑은 아침에 100%의 여자를 만나는 일에 대하여》에서처럼 우리는 길을 걷다가, 일을 하다가, 차를 마시다가 사랑하는 사람을 만날 수 있다. 마주치지 않아 아직 모를 뿐, 어쩌면 스쳐 갔을 인연이 얼마든지 있을 것이다. 눈에 띄지도, 멋진 옷을 입고 있지 않아도 그 사람을 보는 순간 느낌이 오면 잡아라. 그 남자가 게으르고, 나이가 적지 않아도 인연은 알아보게 되어 있다. 자신에게 100%인 그 사람은 생각보다 아주 가까이 있다.

심리학 TIP

백마 탄 왕자님은 영화나 드라마에 나오는 부잣집 아들이나 좋은 매너를 지닌 '훈남'이 아니다. 오늘 강의실에서 만난 평범해 보이는 옆자리 남학생이거나 동아리 선배일 수도 있다. 내가 원하는 것보다 2% 부족한 외모, 혹은 성격이라 있다 해도 일단 만나보라. 곧 그 남자의 98% 매력에 빠져 정신을 못 차리게 될 테니까 말이다. 단, 그와 잘 되고 싶으면 혼자 다니며 남자와 말할 기회를 찾아라.

바(Bar)나 주점에 혼자 가라. 특히 비 오는 날 혼자 맥주 한잔 하는 것도 좋다. 한잔하면서 우수에 찬 시선으로 남자를 유혹해보라. 낭만적인 분위기까지 겹쳐서 틀림없이 남자가 말을 걸어올 것이다. 그 분위기를 핑계 삼아 "저랑 합석하실래요?"라고 말을 건네도 나쁘지 않다. 동네 카페의 주인과 수다도 떨어보고, "인증샷 좀 찍어주세요."라고 부탁하라. 친해질 기회를 만드는 데 혼자 다니는 것만큼 좋은 게 없다. ✽

03

💎

온라인 만남이
가능한가요?

사랑의 본질은 시간이 지날수록 더 알고 싶고, 만지고, 키스하고, 나중엔 그의 육체와 마음마저 전부 갖고 싶은 것이다. 그러나 시간이 흐르면 그의 단점이 눈에 들어오고 혹시 그것이 자신의 살갗을 찌르고 상처를 낼까 봐 피하고 싫증이 나서 도망간다. 이것은 우리가 육체를 가진 유한한 인간이라서 그렇다. 그래서 화를 삭이고 적당한 말을 구사하며 시간을 통제할 수 있는 SNS를 통한 교류와 사랑이 확산되고 있는지도 모른다.

전 세계 유수 영화제에서 43개의 상을 휩쓴 스파이크 존즈(Spike Jonze) 감독의 〈그녀(Her)〉라는 영화가 있다. 테오도르(호아킨 피닉스 분)는 소통의 부재 속에서 외롭게 살아가는 작가이다. 인공지능 운영체제인 여자 사만다(스칼렛 요한슨 분)와 만나 사랑에 빠진다는 내용으로, 오늘날 현대인들의 공허감과 외로움을 잘 표현하고 있다. 테오도르는 육체만 없을 뿐 인간처럼 생각하고, 느끼고, 이해하고, 대화까지 가능한 '의식'을 가진 사만다를 사랑하게 된다. 자기 말에 완전히 귀 기울여주고, 이해해주는 사만다와 교감하며 행복해하지만, 끊임없이 진화하는 사만다와의 관계에서 사랑의 변화에 대해 두려워한다.

이 영화는 온라인으로 사랑을 시작해도 그 사랑이 궁극적으로는 현실적인 만남을 통해 완성된다는 것과 사랑의 시작과 형태는 변할 수 있다는 것을 보여준다. SNS를 통한 사랑 만들기가 활발해지고 있는 것과 같은 맥락이다.

스마트폰 앱에 회원가입 후 자기 신상을 올려 스스로 사랑을 찾는 사람이 늘고 있다. 자기 매력이 드러나게끔 프로필을 작성하면, 누군가 자기 프로필을 보고 연락해서 만남이 시작된다. 앱에 등록된 프로필 하나를 소개한다.

* 여성(P)의 프로필: 나이 25살, 키 160센티미터, C컵, 애교가 많고 귀여움성 있음, 대졸, 기획사 근무, 연봉 2,500만 원.
→ 원하는 남성: 나이 25–30살, 키 175센티미터 이상, 근육질, 취미를 같이 할 수 있는 사람, 대졸, 연봉 3,000만 원 이상.

25살인 P는 기획사에서 일하고 있다. 그녀도 자신의 프로필과 원하는 남성의 조건을 소개팅 앱에 올렸다. P의 프로필을 보고 꽤 많은 사람이 만남을 요청해왔는데, 그중에 몇 사람을 만나본 경험이 있다.

소개팅 앱의 특징은 요구조건에 맞는 사람들을 만나보게 되며, 그에 대한 검증은 직접 확인해야 한다는 단점이 있어도 많은 회원을 확보하고 있다. 또는 페이스북에 쪽지를 보내어 말을 주고받다가 만나는 경우도 종종 있다.

30살인 A 역시 부산에 사는 한 남자와 몇 개월 동안 페이스북 쪽지를 통해 서로 힘든 얘기를 하다 위로하며 정이 들었다. 그래서 A와 그 남자는 휴대폰 번호를 교환해 계속 연락하다 부산에서 만나기로 했다. 무뚝뚝한 A는 자상한 남자를 만나자 마치 오랫동안 알았던 사이처럼 편하게 느껴졌다.

어느새 두 사람은 팔짱을 끼고 함께 걸으며, 이런저런 얘기를 했다. 어색한 미소는 없어지고 잘 웃어주는 남자의 함박웃음에 긴장도 사라져버렸다. 시내에 나가 영화도 보고, 차를 마시니 어느덧 저녁. 서울로 향하는 기차를 타고 배웅하는 남자를 보는 A는 아쉽기만 했다. 그 만남 이후 장거리 연애가 시작되었다. 한 달에 한 번 정도 만나다가 사귄 지 1년 만에 결혼에 골인했다.

온라인 연애가 모두 좋은 결과만 있는 것은 아니다. SNS에서 문자로 대화할 때는 서로 매너를 지키기 때문에, 배려받는 느낌이 든다. SNS에서 편하고 익숙하게 지내다가 실제 만나면 무슨 얘기를 해야 할지 어색하기도 하고, 무슨 말을 해야 할지 몰라 막막해 하는 사람들도 있다. 만나보면 상상했던 이미지와 많이 달라 실망하기도 하고, 온라인으로 쉽게 만난 것처럼 가벼운 만남으로만 생각해 그동안 쌓아왔던 인연이 와르르 무너지기도 한다.

다른 예를 보자.

K는 S양을 만나 재미있게 놀았다. 둘 다 야구를 좋아해서 절친을 만난 기분이었다. K는 결혼 적령기라서 이상형인 S를 만나보고 진지한 만남을 생각해보려고 했다. 그러나 10살 아래인 S는 섹시하고, 발랄하며, 주도적으로 데이트를 이끌어가는 것까지는 좋았지만, 밥 먹고 2차 가서 소주 2병을 비우고 3차 가자며 룸카페를 가더니 K에게 키스 세례를 퍼부었다. 그러다 다리가 휘청거린다며 집에 바래다 달라는 것이었다. 그래서 집에 데려다주었더니, 와인 한잔 더 하고 가라는 S의 요청을 사양했다.

S의 요청을 사양한 K도 갈등과 번민이 없었던 것은 아니다. 자기가 좋아하는 스타일이었을 뿐만 아니라, 이미 인터넷상에서 쪽지를 주고받으면서 말이 통해왔던 터였고, 무엇보다 S가 엄청 예뻤다. S와 함께 밤을 지새우는 것, 그것은 K의 무의식을 흔들어놓았다. K는 여자가 자기를 시험할 수도 있다는 생각이 들면서도 S에게 좋은 인상을 남기고 싶었다. 그래서 K는 S의 요청을 거절하고 귀가했다. K는 여자를 지켜준 자신이 뿌듯했고, S 역시 고마워할 거라고 생각했다. 그런데 예상은 빗나갔다. 그날 이후 S는 SNS의 메신저를 차단했을 뿐만 아니라, 메시지와 전화 일체를 받지 않았다.

어떤 이유였을까. S가 생각할 때 K는 자기가 생각한 이미지와 달랐을 수도 있고, 마음에 들지 않았을 수도 있다. 어쩌면 거절당했다고 생각해 무시당한 기분에 자존심이 상했을 수도 있다. 또는 처음부터 S는 단순히 외로움을 달랠 정도의 가벼운 만남을 생각했을지도 모른다. 그래도 K는 지금도 꿋꿋하게 SNS에 댓글을 달고 메신저에 친하게 지내고 싶다고 글을 남겨 자기 마음을 전하고 있다.

모든 남자가 여자를 하룻밤 즐기는 대상으로만 보지는 않는다. K처럼 여자와 진지한 관계로 발전하고 싶을 때만 섹스를 시작하는 남자도 많다. 온라인에서 만나 오프라인으로 이어지는 사랑, 만남을 계속하면서 더 깊은 관계로 이어갈 것인지 걸러낼 수 있는 이성만 마비시키지 않으면 된다.

심리학 TIP

새롭게 등장한 온라인 사랑의 승자가 되려면, 자신의 매력 포인트를 알아야 한다. 얼굴보다 몸매가 자신 있다면, 얼굴 사진 대신에 전신사진을 휴대폰 프로필 사진으로 게시하라. 직업이나 연봉을 내세울 수 없다면 성격을 강조하면·된다. 예를 들어서 '엥겔지수 높은 행복한 여대생'이라고 상태 메시지를 띄어놓으면 센스 있게 보일 것이다.

그리고 온라인 사랑에 대해 지레 겁을 먹지 말고 열린 마음으로 만나보는 것이 중요하다. 단, 그 사람에 대한 확신이 생긴 후에 더 만날 것인지 그만 만날 것인지를 결정하자. 그의 친구나 가족 등 주변 사람들을 만나보면 좋은 점은 내가 만나는 남자에 대해 좀 더 객관적으로 볼 수 있다는 점이다. 직장에 자연스럽게 놀러 가서 동료들과 관계 맺는 것을 보는 것도 좋은 방법이다. ✿

04

놀 것 다 놀아본
친구의 결혼, 질투가 나요

"**오**늘 예쁘다, 상큼하네." 라는 말을 들은 직장 후배는 시큰둥한 표정으로 대답한다. "저 오늘 소개팅 나가요. 벌써 100번을 넘겼네요."

그럴 줄 알았다. 함께 몇 년을 지내다 보니 옷차림이나 화장한 것만 보아도 '소개팅 하는구나'는 감이 온다. 횟수를 거듭하면 긴장이 풀릴 만도 한데, 외모로만 보면 완벽한 전투자세다. 긴 속눈썹은 눈을 깜박일 때마다 부챗살처럼 움직인다. 하이힐에 원피스는 얼마나 깔끔하고 도도한지, 탄성이 절로 나온다.

"애프터 신청받고 데이트하기도 바쁘겠다."는 내 말에 "반반, 아니 삼 분의 이 정도 건져요. 나머지는 애프터도 안 하고요."

"뭔 말이래. 애프터는 기본 매너 아닌가?" 내 질문에 후배는 언성이 높아지며 입에 거품을 물기 시작한다. "모르시는 말씀이에요. 요즘 남자들은 얼마나 현실적이고 이기적인데요. '자기 여자'라는 느낌이 없으면 첫판부터 여자에게 돈을 쓰거나 시간 낭비하지 않아요."

그렇구나. 우리 때는 애프터는 예의라고 알고 있었는데, 참 많이 달라졌다. 실질적인 게 중요하지, 라고 생각되면서도 한번 보고 어떻게 알까 싶기도 하다.

"전 첫 느낌이나 조건이 안 맞으면, 애프터 받아도 안 나가요."

"첫판에 결정지으려 하니까 외롭다고 하면서 옆에 남자친구 하나 없지. 조건은 당연히 기본으로 깔고 가는 거고. 느낌? 그거 중요하지, 하지만 내 느낌도 변하는 건 인정해야지." 답답한 후배를 보며 내 혈압도 상승하고 있었다.

"자, 진정하고 다시 얘기해보자."

"좋아요, 선배. 억지 논리로 저를 설득할 생각은 마시고요."

"물론이지. 그런데 말야, 남자 조건은 잘 안 변해. 지금까지 살아온 그만의 방식이 축적된 것일 테니까. 키, 외모, 직업, 담배나 술 같은 기호식품이 맘에 안 든다고 내가 바꿀 수 있는 것은 아니지."

"그러니까요."

"하지만, 첫 만남에 사람을 결정해버리는 것은 아닌 것 같아. 아무리 자기 느낌이 자신이 있어도 만나다 보면 그 사람의 다른 측면이 보이거든."

물론이다. 여자들도 처음 본 남자에게 보여주고 싶은 만큼만 보여주는 것과 같다. 데이트의 질에 따라 다르지만, 최소한 3개월~6개월 정도 만나서 이런저런 모습을 보고 사귈지 그만 만날지 결정하자. 어쩌면 그렇게 만나는 게 훨씬 빨리 내가 원하는 남자를 가려낼 수 있을 것이다.

선택은 참 중요하고, 더구나 사랑할 사람을 선택하는 것은 더 중요하다. 피터 그로스(Peter Gross)는《당신은 어떤 세계에 살고 있는가 1(김희봉·이홍균 역, 한울, 2003)》에서 다중선택사회를 말하면서 포괄적인 선택에 대해 '더욱 빠르게, 더욱 지속해서, 더욱 많이'의 사회가 지배하고 있음을 말하고 있다. 과거와 달리 마음만 있다면 남자를 만날 기회는 좀 더 열려있다. 20대, 30대에 많이 만나보라.

나도 그의 100번째 소개팅녀 일 수 있다

좋은 남자를 만나려면 사람을 많이 만나보라는 것이 내 지론이지만, 내가 아는 사람 중 진짜로 소개팅만 100번을 한 사람은 후배가 처음이다. 나는 그 후배가 연애에는 관심이 없고 일만 하는 사람으로만 알고 있었기 때문에 100번이라는 숫자는 큰 반전이었다. 알고 보니 후배는 사람을 스펙으로 판단하지 않고 마음을 열고 기회가 닿는대로 많은 사람을 만나본다고 했다.

숫자만 보면 결혼을 못해 안달 난 사람으로 생각할 수도 있을 것이다. 하지만 그녀는 꼭 결혼이 아니어도 다양한 사람을 만나면 배울 점이 꼭 있다는 개방적인 사고를 가지고 있었다. 그래서 대학교 졸업하고 20대 중반부터 소개팅에 나가기 시작했고, 딱히 맞는 사람을 못 찾아 계속 소개팅에 나가고 있었다.

그러다 최근에 마음에 딱 맞는 사람을 찾았다. 100번의 소개팅을 하고 나서야 신랑감을 찾은 것이다. 몇 달 전 내 조언을 듣고 소개팅할 때 처음부터 자신을 솔직하게 드러냈다고 한다. 내숭 떨면서 예쁘게 보이는 것 말고 솔직하게 자기 생각도 말하고, 먹고 싶은 메뉴도 당당하게 표현했다. 상대방을 배려하며 눈치 보는 소개팅만 많이 했지, 실속이 없었던 지난 시간이 아까웠기 때문이다.

그중에는 고등학교를 나온 사람에서부터 '사'자 들어가는 의사, 판사, 변호사뿐만 아니라 대기업, 중소기업, 자영업 사장, 공무원, 회사원, 대학원생까지 온갖 직업군을 다 만나보았다고 했다. 그녀는 사람을 결혼시장의 물건으로 보지 않았고 소개팅에서의 한두 번의 만남이라도 진지하지만 즐거운 시간을 갖자는 마음으로 만났다고 했다. 평소의 편견 없는 사고가 남자를 만나는 것에도 개방적이 되게 했다. 물론 그중에는 영 아닌 사람들도 있었고, 자신은 끌리는데 저쪽에서 시큰둥한 반응으로 애를 태워 마음고생 한 적이 없었던 것은 아니다.

결혼해야겠다고 마음먹은 남자를 만난 건 100번째의 소개팅을 넘어선 그저 아주 평범한 날이었다고 한다. 훈훈한 외모와 깔끔한 폴로 티셔츠에 카디건을 걸친 남자가 카페로 들어오는데, 멋있기도 했지만 참 편안한 느낌이 들었다고 했다. 순간 후배는 '이 사람과 결혼할지도 모른다'는 예감이 들었지만, 그는 후배에게 한 번 더 만나자는 연락을 하지 않았다. 계절이 바뀌고 겨울이 되었는데, 그 남자에게서 다시 연락이 왔다. 그동안 너무 바빠 연락을 못 했다며 자기 소식이 궁금하지 않았느냐는 질문과 함께 하하 크게 웃는 모습에 설레었다. 후배는 6개월 더 연애하고 결혼할 계획이라고 한다. 별로 따지지 않고 많은 소개팅남을 만났던 후배가 마지막에 선택한 사람은 내 예상과는 달리 대기업에 다니는 준수한 외모의 훈남이었다. 후배는 그 사람과 같이 있을 때 성격도 무난해서 때로는 데이트가 싱겁기도 하지만, 그래도 행복하다고 했다.

　그런데 오늘날 이성을 만나는 것은 열려있지만, 괜찮은 남자를 내가 다 차지할 순 없다. 내가 만나는 사람은 나와 비슷한 사회적 지위, 외모, 경제를 가지고 있다는 점에서 매우 제한적이다. 즉, 자신이 만날 수 있는 모든 사람을 만날 수 있다는 가능성과 실제 만날 수 있는 현실의 차이를 좁히려면 자신이 성장해야 한다. 후배처럼 어떤 남자에게나 자신을 열어놓고 제한을 두지 않는 개방적인 성격으로 학벌, 나이, 집안을 초월하는 것이 답일 수 있다. 결국, 자기 수준만큼 만나는 것이다. 하지만 미리 포기할 필요는 없다. 학벌이나 집안이 그 사람의 수준을 나타내는 것은 아니기 때문이다.

　열린 마음으로 많이 만나보고 경험하고 느껴야 자기에게 딱 맞는 짝을 찾을 수 있다. 연애도 데이트도 역시 노력해야만 하다니 실망할 수도 있지만, 자주 만나다 보면 남자를 보는 감각이 생기게 된다. 나중에는 몇 번만 봐도 '아니다', '괜찮다'가 보인다. 만나는 것이 귀찮고 더구나 그렇게 많이 만나는 것이 부담스러운 사람들은 주변의 어른이나 선배의 안목을 빌리는 것도 방법이 될 수 있다. '정말 이 사람이구나.'라는 생각이 들 때까지 만나는 것을 멈추지 말자.

남자에 대한 안목이 있어야 '좋은 남자'를 만날 수 있다. 사랑하는 사람, 그것도 평생 함께할 남자를 찾는 데도 시간과 돈을 투자해야 한다.

예쁘게 꾸미고 소개팅에도 나가고 남자도 만나라. 많이 만나다 보면 남자의 유형들이 대충 나오고, 남자를 보는 눈높이도 적정선에 맞춰질 것이다. 흔히 '놀 것 다 놀아본 여자가 결혼도 잘할 수 있다.'라는 말처럼 많이 만나봐야 사람 보는 눈이 생긴다.

이제 솔로에서 정말 벗어나고 싶다면, 주말 중 6시간은 오롯이 '이성을 만나는 시간'으로 써보자. 소개팅, 동창 모임, 미용실의 남자 헤어 디자이너, 누구든 이성과 접촉하고 대화하며 느껴지는 긴장감을 즐기며 남자와 관계 맺는 것을 자연스럽게 배워라. 자연스럽게 가까워져 호감을 느끼게 되던지 최소한 그의 친구를 소개받을 기회를 만들 수 있을 것이다. 여섯 시간, '선데이 쿼터'를 생활 습관으로 삼아보자. ✿

05

💎

제게 꼭 맞는 남자가
있을까요?

사람들은 좋아하는 상대가 생기면 고백한다. 사람마다 가지고 있는 색깔이 다른데, 좋아하는 사람이 생긴다는 것은 자신이 좋아하는 색깔과 비슷하다는 뜻이다.

영화 〈클로저(Closer)〉에서 앨리스(나탈리 포트먼 분)는 댄(쥐드로 분)을 보는 순간 끌린다. 앨리스는 그를 보자마자 "Hi, Stranger" 라고 인사를 한다. 한순간에 사랑에 빠진 두 사람은 동거를 시작한다.

사랑에 빠진 사람의 눈엔 그저 평범한 사람도 독특하게 보인다. 또, 그것을 이성적으로 설명하려 한다. 합리적인 근거와 이유를 대려 하면 할수록 머리는 하얘지고 답은 궁색해진다.

프로이트는 의식과 무의식의 세계를 빙산에 비유했다. 의식은 빙산의 일부분일 뿐 무의식이 우리의 삶을 지배하고 있기 때문이다. 즉, 우리 눈으로 보고 확인할 수 있는 실체는 아주 작은 부분이며, 그것이 의식이다. 반면, 보이지 않는 훨씬 많은 부분이 무의식이다. 그런 점에서 사랑에 빠진 자기의 모습이 왜 그런지 합리적인 근거를 찾다 보면 혼란을 경험하게 된다. 사랑을 합리적으로 설명하려는 것 자체가 무의미한데, 자신이 원래 좋아하는 사랑의 색깔은 무의식의 영향을 받기 때문이다. 어쩌면 그 남자가 보고 싶고, 끌리는 것은 자기가 위험에 빠지는 일이 될 수도 있다는 생각이 들어 그것을 부인하려고 이유와 증거를 찾고 있는 것인지도 모른다. 그러나 무의식은 억압하고 부정할수록 더 커져 버린다. 《걸리버 여행기 소인국 편》에서처럼 커져 버린 자신의 몸을 보는 황당함을 만나게 되는 것이다. 사랑은 미지의 세계이므로 두려운 것이 자연스러운 것이다.

돋보기보다 먼저 거울을 꺼낼 것

그가 나에게 적합한 짝인지를 알아보려면, 먼저 나에 대해 알고 자신의 내면을 들여다봐야 한다. 이를 위해 각자의 사랑 방식의 색깔에 대해 알아보고자 한다.

고대 그리스시대부터 전형적인 사랑의 유형은 에로스(Eros), 루드스(Ludus), 스토르게(Storge)가 있었다. 존 리(John Lee)는 빨강, 노랑, 파랑의 삼원색이 합쳐지면 다양한 색상이 나오듯 사랑도 이 세 유형이 합쳐져 다양한 색깔의 사랑이 파생된다고 보았다.

여자들은 자기의 부족한 부분을 채워줄 남자를 찾는다. 솔직하고 충동적인 에로스 형의 여자들은 열정적인 사랑을 나눌 남자를 찾는 동시에 그녀의 충동을 조절해줄 수 있는 시크한 남자를 좋아한다. 소심한 남자들이 솔직하고 거침없는 여자에게 반하는 것과 같은 이치이다. 자신이 어떤 색깔의 사람인지 알아야 '그 남자'이어야만 하는 이유를 찾아낼 수 있다.

에로스 유형은 정열적이고 로맨틱하다. 《새벽의 삼종에서 저녁의 삼종까지(곽광수 역, 민음사, 1995)》에서 프랜시스 잠(Francis Jammes)의 시 '플라타너스 낙엽이 하나…'의 시구를 보면, 표현이 매우 육감적이다. 사랑하는 연인에게 강한 성적 끌림은 최고의 찬사를 속삭이게 하고, 둘은 강렬한 키스로 이어진다. 이것이 에로스 사랑의 특징이다. 에로스 사랑 유형들은 자신의 육체적 매력을 알며, 성적 호감이 있는 남자를 한눈에 알아본다.

> 내 눈앞에 다시 떠오르는, 제비처럼 검던 네 머리,
>
> 너처럼 아름답던 네 눈, 도톰하던 네 입,
>
> 어깨 쪽으로 넓고 의지적으로 보이던 새하얀 네 목덜미.

루드스 유형은 다양한 사람을 동시에 사랑하고, 질투심을 견디기 힘들어하며, 소유하려 하면 도망간다. 이 사람들이야말로 어장관리의 달인이라고 할 수 있다. 루드스 유형은 사랑에 빠질 때마다 그 사람에게 집중하고 사랑을 고백하지만, 다른 사람에게도 또 다른 형태의 사랑을 하기 때문에 그것을 인정해주지 않는 사람과는 관계를 이어가기가 어렵다. 그래서 특별히 좋아하는 유형이 따로 있지 않다.

스토르게 유형은 형제애와 유사하다는 점에서 이성적 감정이 강조되지 않기 때문에 중간색인 초록이라 할 수 있다. 남매나 친구 같아 좋아하지만, 사랑한다는 말은 어색하다. 이 유형은 딱히 좋아하는 스타일이 없으며, 애인이 없어도 언젠가 생길 것이라는 생각으로 조급해하지 않는다. 육체적 관계로 들어가는 것보다는 정신적인 교감이 중요하며, 직접 만나지 않고 전화나 메시지만으로도 만족해한다. 사랑의 강렬한 표현보다는 마음이 통하는 것 때문에 좋아하며 편안한 가정을 꾸리는 것에 더 관심이 많다. 이 외에 부차적인 사랑으로 마니아, 프래그마, 아가페를 들 수 있다.

마니아 유형은 가장 강렬하며 질투심과 소유욕이 많다. 그래서 끊임없이 상대가 자신을 사랑하는지 확인하며, 연인에서 친구로 지내자고 하면 가장 힘들어하는 유형이다. 이들은 극도로 사랑을 표현하며, 그것이 받아들여지지 않으면 거절감과 위축감도 크다. 상대에 대한 소유욕이 강렬한 만큼 상대방도 자신만 바라보고 더 깊은 헌신과 사랑을 부어주기를 원한다.

프래그마 유형은 처음부터 나이, 연봉, 학벌, 집안, 종교, 가치관 같은 사회적 배경이 비슷한 사람과 데이트를 하고 결혼한다. 자신이 느끼는 행복감보다는 남의 시선을 의식하며, 이성과 합리적인 면이 강조된다. 미술, 음악, 독서, 춤, 운동과 같은 취미나 활동영역이 비슷하고 서로의 관심사를 공유하면서 사랑을 쌓아간다. 이들은 현실적인 조건을 확인하고서야 사랑을 시작하고 발전시켜나간다. "집은 어느 선이면 좋을까요? 아파트 전세 정도는 돼야겠지요?" "연봉은 얼마나 되나요? 우리 둘이 합치면 생활하는 데는 어려움이 없겠네요." 등의 얘기를 연애 초기에도 자연스럽게 한다.

프래그마 유형끼리 만나면 설렘이나 로맨틱한 감정이 동반되지 않아도 개의치 않는다. 그러나 여자는 성적 끌림이 있는 에로스 사랑을 하면서 로맨틱한 연애도 달달하게 하고 싶은데, 프래그마 사랑을 원하는 남자가 사랑이 무르익기도 전에 데이트할 때마다 주로 수입이나 경제력, 집안 얘기를 하면, 그에게 거리를 두게 된다. 이것은 서로 사랑의 유형이 달라 생기는 오해이다. 에로스 유형의 관점에서는 프래그마 유형의 현실적인 태도가 차갑게 보이고, 프래그마 유형이 볼 때는 에로스 유형의 열정이 위험해 보일 수도 있다.

아가페 유형은 사랑의 감정보다는 책임과 헌신을 중요시한다. 자신보다는 상대방을 배려하고 희생한다는 점에서 흰색에 가까울 것이다. 연인끼리 사랑을 나누는 것만큼이나, 다른 사람들에게 사랑을 나눠주는 것, 사회기여도를 중요시한다.

영화 〈가족의 탄생〉에서 경석(봉태규 분)은 여자친구 채현(정유미 분)이 남자친구인 경석 외 모든 사람에게도 친절해서 갈등한다. 둘이 데이트를 하다가도 도움을 요청하면 바로 달려가는 채현 때문에 싸우는 장면이 많다.

채현은 모든 사람을 끌어안는다는 점에서 아가페 유형이다. 채현은 아가페의 사랑을 많은 사람과 나누려 하지만, 경석은 루드스의 사랑으로 자신만을 봐주기를 원한다. 이런 커플은 합의점을 찾지 못하면 관계는 어려워질 수 있다.

사랑의 주요 유형에는 에로스, 루드스, 스토르게가 있고, 부차적인 유형으로 마니아, 프래그마, 아가페의 사랑이 있다. 프랜시스 잠의 시 '플라타너스 낙엽이 하나...'에서처럼 여자는 연인과 속닥이기도 하고 강렬한 키스도 나누는 에로스 사랑을 하고 싶은데, 남자는 아가페 사랑의 책임과 헌신으로 돌보기만 한다면 아버지처럼 보이고 남자처럼 보이지는 않을 것이다. 이처럼 사랑하면서도 서로의 욕구가 다를 수 있다. 여자는 다양한 사람들과 교류하는 것을 좋아하고, 자신의 사생활을 인정해주기를 원하는 루드스 유형인데, 남자가 소유욕이 강한 마니아 유형이라면, 여자는 남자를 답답하게 느낄 것이고, 남자는 여자를 다른 사람들에게 빼앗겼다는 생각에 질투심이 생길 수 있다.

사랑은 처음 만날 때의 형태가 유지되는 것은 아니다. 처음에는 친구 같은 스토르게 사랑으로 시작해서 이성의 감정이 느껴지는 에로스의 사랑으로 변할 수 있고, 혹은 다른 형태로 발전하기도 한다. 이러한 사랑의 변화과정은 자연스러운 것이며, 색깔이 다른 두 사람이 만나 또 다른 색깔로 진화하고 성장해가는 것이다.

누구에게나 자신만의 색채가 있다. 사람마다 냄새와 페로몬의 양이 다르고, 감정을 표현하는 눈빛이 다르다. 그것조차 어떤 남자를 만나느냐에 따라 다른 색깔을 띠게 된다. '나만의 남자'가 어떤 사람이어야 하는지는 내가 제일 잘 안다.

날마다 거울을 보며 자신의 색깔을 확인하자. 그걸 알면 그다음은 아주 쉬워진다. 함께 불붙는 사랑을 할 남자를 찾을 것인지, 쉬지 않고 일어나는 충동과 열정을 잠재워줄 남자를 찾을 것인지 본인의 선택에 달려 있다. 얼굴 사진을 찍을 때마다 마음의 셀카도 한번 찍어보자. ✿

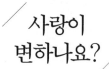

사랑이
변하나요?

두 사람이 처음에 사귀기로 마음먹는 일은 왜 그리 어려울까? 나는 상대방이 좋아도 상대방이 반응이 없으면 이 만남을 계속 이어가야 할지 고민하게 된다.

하지만 만남이 시작되어도 처음에 생각했던 것과 다르게 흘러갈 수 있다. 우리는 사람을 만날 때 자기 나름대로 '사랑의 각본'을 짠다. 그래서 '이제 곧 손을 잡겠지. 이 사람과 얼마만큼 사귀면 결혼하게 될까?' 등 상상의 나래를 편다. 이러한 현상을 심리학적으로 '자기지각'이라고 하는데, 이것은 '자기가 보고 싶은 대로 보는 것'을 말한다.

때로는 상대방이 미소 한번 날려준 것만으로도, 나에게 관심 있다고 오해하는 일이 발생할 수도 있다. 남의 것은 잘 보이는데 자기 것은 잘 보이지 않는 '인지의 오류'가 발생하고, 사랑은 자기 생각대로 되지 않는다.

사랑의 본질을 파악하는데, 가장 쉽고 적용하기 좋은 이론 하나를 추천하라면, 스턴버그(Sternberg)의 '사랑의 삼각형 이론《사랑의 심리학》, 최연실 등 편역, 하우, 2001)'이다. 스턴버그는 친밀감, 열정, 결심/책임, 이 세 가지 요소를 사랑의 기본요소로 보았다. 친밀감은 따뜻함, 정서적 교류, 대화가 통하는 것 등으로 서로에 대한 연결감이 중요한 요소이며, 열정은 심리적 각성과 같은 강한 심리적, 성적 끌림, 육체적 사랑과 섹스를 포함한다. 결심/책임은 상대를 사랑하리라 결정하는 일과, 더 나아가 결혼까지도 생각하는 장기적인 관계를 추구하는 일까지 포함한다. 친밀감, 열정, 결심/책임의 세 가지 요소를 결합형태에 따라 '사랑의 8가지 유형'이 나온다.

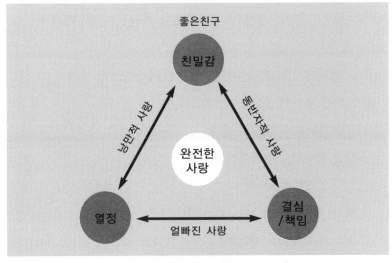

[그림1] 사랑의 삼격형

〈8가지 사랑의 유형〉

① 낭만적 사랑 (친밀감 o, 열정 o, 결심/책임 x)

② 좋아함 (친밀감 o, 열정 x, 결심/책임 x)

③ 우애적 사랑/동반자적 사랑 (친밀감 o, 열정 x, 결심/책임 o)

④ 공허한 사랑 (친밀감 x, 열정 x, 결심/책임 o)

⑤ 얼빠진 사랑 (친밀감 x, 열정 o, 결심/책임 o)

⑥ 도취적 사랑 (친밀감 x, 열정 o, 결심/책임 x)

⑦ 성숙한 사랑 (세 요소 모두 있음)

⑧ 사랑이 아닌 것 (세 요소 모두 없음)

사랑의 유형을 알아보는 체크리스트 36문항 가운데 대표적인 몇 문항을 소개한다 (《사랑은 어떻게 시작하여 사라지는가》, 류소·이상원 역, 사군자, 2000)

나는 어떤 '사랑의 유형'에 속한 취향을 가졌는지 체크해보자.

① 그와 함께 있으면 따뜻하고 편안하게 느껴진다.

② 그에게 모든 것을 고백할 수 있다.

③ 그를 행복하게 해주고 싶다.

④ 그를 정서적으로 지지해준다.

⑤ 그를 열렬하게 사랑한다.

⑥ 내게는 그와의 관계가 가장 중요하다.

⑦ 그는 육체적으로 매력적이다.

⑧ 그를 바라보는 것만으로도 마음이 설렌다.

⑨ 우리의 관계는 영원할 것이다.

⑩ 어떤 어려운 일이 있어도 우리 관계를 유지할 것이다.

⑪ 그에게만 충실해야 한다.

⑫ 그와 헤어지는 것은 상상할 수 없다.

※ 채점방법 : 해당 문항에 (O, X) 체크해서 가장 많이 나온 문항이 상대방에 대한 자신의 '사랑의 유형'이 된다. 3요소가 모두 (O)이면 완전한 사랑이지만, (O)가 많이 나온 문항의 1요소 혹은 2요소가 '사랑의 유형'이 된다.

①②③④ : 친밀감 문항

⑤⑥⑦⑧ : 열정 문항

⑨⑩⑪⑫ : 책임/헌신 문항

이제 내가 어떤 유형의 사랑을 원하는지 알게 되었을 것이다. 이성을 만날 때 참고해보자.

지금 소개하는 커플유형을 보면서 구체적으로 나는 어떤 남자를 만나고 싶은지 생각해보자.

회사원인 J는 끼 많고 근육질의 섹시한 남자친구에게 반했다. 남자친구 역시 J의 외모에 이성적으로 끌렸다고 한다. J는 처음엔 재미로 만나기 시작했는데, 남자친구는 처음부터 결혼까지 생각하며 진지하게 대해 J는 당황스럽고 부담되었다. 하지만 J는 자신을 위하는 남자친구의 마음 씀씀이가 고마워 진지하게 한 번 만나봐야겠다는 마음이 들었다고 했다.

그가 J에게 자주 전화를 하고 데이트 약속을 잡는 것도 사랑받는 느낌을 주었다. 별것 아닌 것에 웃음을 팡 터트리게 하는 유머 감각도 있다. J는 남자의 마음을 알아보려고 "너는 보기와 달리 너무 깐깐해, 힘들어." 라고 했더니, "응. 나 너무 깐깐해. 그래서 힘들 거야. 나 아주 나쁜 놈 맞아." 라며 가볍게 받아쳐서 싸움으로 번지지 않았다. J는 시간이 지날수록 남자와 대화도 잘 통하고, 이만한 사람이 없다는 생각이 든다.

하지만 남자친구는 J를 처음 만나자마자 반하여 결혼을 생각하며 헌신하는 '얼빠진 사랑'으로 시작했다. 처음에 J는 성적, 육체적 끌림인 '도취적 사랑'으로 시작했다가 대화까지 되는 '낭만적 사랑'으로 바뀌었다. 이처럼 관계를 유지하기 위해 사랑의 형태는 바뀔 수밖에 없다.

각자 가지고 있는 '사랑의 본질'은 삶의 경험과 관련이 깊다. 애정 표현 없이 사는 부모님을 보고 자랐다면, 낭만적인 사랑을 추구할 확률이 높을 것이고, 예전의 남자친구가 무책임해서 싫었던 사람은 책임감 있는 남자를 만나고 싶을 것이다.

남자에게 모든 것을 거는 것은 얼빠진 짓이다

S는 대학에 다니면서 의류 쇼핑몰을 운영하는 사업가이다. S가 대학교 1학년 때 만난 복학생 남자친구는 화가 지망생으로 가난한 집 아들이라는 점 이외에는 훈남에 재능도 있는 꽤 매력 많은 남자였다. S는 남자친구의 뒷바라지를 하며 대리만족을 느꼈다. 방울토마토로 하트를 그려 넣은 도시락을 들고 날마다 작업실을 찾아갔다. 둘은 만난 첫날 키스를 했고 모텔에 갔다. 주말에는 남자친구가 사는 원룸 청소를 해주고, 밥도 같이 먹곤 했다. 그런데 사귀는 내내 일 얘기나 자기 얘기만 하는 남자친구를 만나고 집으로 돌아오는 길이 공허했다. 장래가 촉망되던 남자친구의 모습은 어디 가고, S에게 온갖 짜증을 내기 시작했다. 그러다 그는 결국 S에게 그만 만나자고 했다. S는 남자친구에게 아직 정이 남아 있었지만, 배신감이 들어 독한 마음으로 헤어졌다.

S는 자신의 사업과 공부까지 소홀할 정도로 '얼빠진 사랑'으로 시작했다가 '공허한 사랑'으로 바뀌어 헤어지기로 한 경우이다.

생텍쥐페리의 '어린 왕자'에서 '너희는 아름답지만 공허해. 누가 너희를 위해서 죽을 수 없을 테니까. 그렇지만 나에게 그 꽃 한 송이가 너희 모두를 합친 것보다 소중해. 내가 직접 물을 준 꽃이니까'라는 말이 나온다. 어떤 사람을 사랑하기로 마음먹는 순간, 그 사람은 자신에게 특별한 사람이 된다.

많은 사람은 이상적이고 완전한 사랑을 꿈꾼다. 그러나 공허한 사랑이나 얼빠진 사랑 혹은 도취적 사랑이 꼭 이상하거나 건강하지 않은 사랑인 것은 아니다. 어떤 사랑이든 아름다운 것이며, 두 사람이 행복하다면 충분하다. 다만 한 사람은 충족이 되는데, 다른 한 사람은 불행을 느낀다면 그것은 문제가 될 것이다.

심리학 TIP

자기만 아는 이기적인 나쁜 남자에게 오랫동안 매달리지 말라. 그것은 자기 연민일 뿐 성장에 도움이 되지 않는다. 잘나가는 인기남에 미래가 탄탄해 보여서 장래를 약속했는데, 그는 갈수록 요구가 많아진다. 돈과 시간과 열정을 그에게 다 바쳤는데, 그는 해주는 것 하나 없고 이제는 편해졌다고 함부로 대하는가? 바쁘다며 잘 만나주지도 않아 외롭게 방치된 느낌도 든다면, 그는 처음부터 사랑이 없었거나 당신을 버린 것이다. 배신당했다고 억울해하지 말고 나쁜 남자에게 집착하는 자신을 냉철하게 돌아보라. 차라리 그 시간에 자신에게 투자하면 성장한 만큼 더 멋있고 괜찮은 사람을 만날 수 있을 것이다. ✿

07

❖

다시 버려지는 게
두려워요

A는 단정한 옷매무새, 빈틈없는 코디, 신발에 먼지 하나 없는 깔끔한 20대 후반의 여자이다. 미인은 아니지만, 지적인 외모에 클래식 기타를 연주하는 아마추어 연주가이다. A는 일과 취미생활에 균형을 이루며 만족스러운 삶을 살고 있다. 그러나 가끔 밀려오는 외로움이 옆구리를 시리게 한다. 재치와 유머가 있다는 소리도 제법 듣지만, 그녀는 그렇지 않다.

A는 남자들이 조금만 적극적으로 가까이 다가오려고 하면 부담이 되고 무섭다는 생각이 들었다. 과거에는 연애도 해봤고 결혼까지 생각한 사람도 있었다. 그러나 남자에 대한 A의 결벽증은 사귀는 기간이 길어지면서 드러나기 시작했다.

A는 남자친구인 S와 약 1년 가까이 사귀면서 집에 몇 번 초대했다. 처음에 S는 A의 집이 드라마에서 보던 것처럼 먼지 하나 없고, 깨끗하

게 정리한 침대시트, 부엌에 접시며 그릇들이 완벽하게 정돈된 것이 좋다고 했다. 그러나 S가 스파게티를 끓이면서 문제가 발생했다. S가 냄비나 접시 하나 꺼낼 때도 A는 불안했다. 유럽 여행 가서 산 접시를 깨면 어쩌나 싶고, 스파게티 면을 삶을 때 쓰기에는 너무 큰 냄비를 고집하는 S에게 화가 났다.

가까스로 화를 참고 저녁을 먹은 후, 그와 소파에 앉아 커피를 마셨지만, 그가 소파에 커피를 엎지르는 것은 아닐까 하는 생각에 다시 불편함과 긴장감은 고조에 달했다. A는 자기 혼자만의 공간에 누가 들어와 있는 것이, 그게 남자친구라 해도 불편했다. 그래서 A는 자신의 그런 성격이 싫어 그간 남자를 집에 잘 초대하지 않은 것이다. S 역시 A가 외식을 할 때나 기타 연주회 활동할 때는 드러나지 않던 강박적인 행동을 보이자 당황스러워했다.

또, A는 남자친구에게 1년째 존댓말을 썼다. 하지만 남자친구는 A의 그런 면이 멀게 느껴진다고 했다. 오히려 A는 S에게 서로 존중하는 것이 좋은 것 아니냐고 주장했다. 결국 남자친구인 S는 A와 사귀면서 많이 서운하고 외로웠다며 떠나갔다. 그리고 그는 "평생 같이 살 사람이 이렇게 선을 긋는다면 긴장을 놓지 못할 것 같아 자신이 없다"고 결혼을 포기한 이유를 말했다.

A는 그와 헤어지고서 몸져누웠다. 그녀는 그와 예쁜 보금자리를 마련해 결혼할 계획을 세우고 있었기 때문이다. 그러나 자기 세계나 삶이 흐트러지는 것은 참지 못했다. 사랑하는 남자에게 자신의 단점은 보이고 싶지 않았고, 더 가까이 오면 일상이 뒤죽박죽될 것이 두려웠다. 자신의 약점을 발견하면 남자가 떠나갈 것 같아 힘들게 애써왔는

데 수포가 되고 말았다.

그러다 최근에 A는 H를 알게 되었다. A는 H에게 많이 끌리지만, 옛날의 상처가 생각나 살짝 거리를 두고 있다. 그래서 H에게 자주 만나지 않아도 되는지, 메시지에 답변을 바로 하지 않아도 서운해하지 않을 건지, 자취방에 초대해달라고 조르지 않을 건지 등을 물은 후에야 겨우 마음을 열 수 있었다.

A처럼 이성 사이에 거리를 두는 사람은 연애를 하고 결혼까지 간다 해도 상대방에게 자기의 감정을 잘 드러내지 못해 교감이나 깊은 관계를 형성하지 못한다. 변화의 필요성을 못 느끼기 때문에 더 힘들다.

발달심리학자인 에릭슨(Erikson)은 이성 간의 사랑이 성인 초기의 중요한 발달과제라고 했다. 성인 남녀가 이성에 대한 관심, 사랑하는 대상이 없을 때 외로워하고 고통스러워하는 것은 자연스러운 것이다. 보통 사람들은 그 대상을 만나 사랑을 나누고 친밀감을 쌓아가고 싶은 욕구는 갖게 된다.

사랑은 자신의 밑바닥을 보여준 만큼까지만 갈 수 있다

A처럼 결벽증으로 남자친구와의 거리를 두는 사람, 자기 밑천을 다 드러내면 떠나가지 않을까 전전긍긍하는 사람, 사랑하고 싶지만 어떻게 친밀감을 형성하는지 몰라 시작하지 못하는 사람 등 여러 사람이 있다. 이런 사람들은 연약한 모습이나 단점을 숨기고 괜찮은 모습만을 보여주려는 것이며, 상대방이 자신을 받아주지 않을 수도 있다는 두려움을 갖고 있다. 그래서 자기를 개방하지 않으면 가까워질 수 없음에

도 불구하고 완벽한 이미지만을 연출하려고 한다. 그러다 보니 데이트 초기 단계에서는 가면(mask)을 쓰고 상대방이 좋아할 만한 모습만을 보여주고 싶어 한다. 그러다 그 단계를 넘어 친밀감을 형성되면 자신의 부정적인 감정이나 연약한 모습도 보여주면 된다.

심리학자인 케네스 디온과 카렌 디온(Kenneth, Dion & Karen Dion, 1979)은 남녀 대학생들이 사랑에 빠지는 경향에 대한 조사를 실시했다. 그 결과, 자존감이 낮으며, 방어가 높은 사람들은 낭만적인 사랑에 덜 빠지며, 이성에 대해 냉소적이었다(《사랑의 심리학》, 최연실 외 역, 하우, 2001).

사랑이라는 것은 자기 밑천을 다 드러내고 남루한 모습까지도 보여주는 것이다. 그것이 상대방의 마음을 열 수 있으며, 사랑을 시작하게 할 수 있다.

사랑은 있는 모습 그대로를 보여주는 것이다. 예쁘고 성격 좋고 늘 웃는 모습만 보여주는 것은 가면(mask)을 쓴 모습이다. 진짜 자기(real self)를 보여주지 못하는 것은 거절에 대한 두려움이고 자존감이 낮기 때문이다. 실수도 단점도 없는 좋은 모습으로만 포장하여 자신을 보여주는 사람은 상대방에게 예의 바르고 우아하게 보일지는 몰라도 친밀한 관계로 발전하기는 어렵다.

많은 사람이 상처받을까 봐 또는 손해 볼까 봐, 상대방이 나를 사랑하는 의도는 무엇일지 등을 염려하느라 자신을 솔직하게 드러내지 못하는데, 처음부터 자신의 솔직한 모습을 보여주는 것이 필요하다. 자주 화내는 성격, 술을 마시면 나타나는 주사, 학벌, 질병, 부부싸움이 잦았던 부모님 때문에 힘들어했던 것 등 솔직한 자기 고백은 상대방의 마음을 열게 하여 사랑으로 이어지게 한다. 좀 더 친해지면 말해야겠다는 욕심에 고백하는 것을 미루거나 거짓으로 포장하여 말하면, 상대방이 언젠가 그 사실을 알게 되었을 때에는 그간 쌓았던 신뢰감이 상실될 것이다.

한용국 시인이 쓴 〈낮달〉의 시구처럼 '밑천을 다 드러내 버리면 사랑이 끝나고 어긋날 것이다.'는 말이 우리에게 두려움을 느끼게 하는가? 자신의 밑바닥을 어디까지 보여줄 수 있는가? 그것이 내가 정말 그 사람을 믿고, 사랑하는지 알 수 있는 단서가 될 수 있다.

나의 고통과 수치스러운 과거까지 공유할 수 있는 사람은 따로 있는 것이 아니라 내가 만드는 것이다.

사랑은 사람을 성장시킨다. 사랑하는 사람의 눈에 투사된 모습은 가장 아름답고, 사랑스러우며, 무한한 가능성이 있기 때문이다. 상처받는 것을 두려워하지 말고 자신의 밑천을 다 드러내도 된다. 고통을 빼버린 달콤함만을 바라는 것은 이미 사랑이 아니다. 거리를 두지 않고 연약한 모습이나 단점까지도 내보이는 사람은 자아가 단단한 사람이다.

당신은 상처받고 싶지 않아 남자와의 거리를 두고 있지 않은가? 사랑은 NO, 연애는 YES인가?

피상적인 관계에 머물러 남자와의 거리를 둠으로써 자신을 보호하는 것은 애정 결핍자들이 자주 하는 행동 중 하나이다. 자신의 바닥을 드러내고 솔직해지면 그가 떠나갈 것 같은가? 그건 아니다. 바닥까지 드러내놓은 여자의 진실 앞에 도망갈 남자는 많지 않다. 하지만 처음부터 너무 큰 상처를 꺼내기보다는 작은 것부터 시작하는 것이 좋다. 전화로 말하는 것은 좋지 않다. 좋아한다는 고백, 헤어지자는 말, 과거의 상처같이 진지한 것은 만나서 해야 오해가 없다. 꼭 술 먹고 전화로 중요한 얘기 다 해놓고 상대 반응 살펴가면서 빠져나가는 무책임한 행동은 하지 말자. 상처받는 것이 두려워 도망만 다니지 말고 당당하게 만나서 맞장을 떠라. ✽

08

❖

연하 훈남을 사로잡는
여우가 되고 싶어요

젊은 남자들은 눈에 띄는 미모에 긴 생머리의 여자들을 좋아한다. 그러나 시간이 지나면 단지 얼굴이 예쁜 여자보다는 호기심이 많은 성격, 자신에게 어울리는 의상, 실제 나이보다 젊어 보이는 자기 관리를 잘하는 여자를 더 선호한다. 무라카미 하루키 소설 《색채가 없는 다자키 쓰쿠루와 그가 순례를 떠난 해》에서 여자의 얼굴보다는 성격, 몸매에 더 끌리는 남자들의 심리를 잘 묘사해주고 있다(양억관 역, 민음사, 2013).

"36살의 쓰쿠루는 철도청 엔지니어인 그가 현재 사랑하는 사라는 여행 컨설턴트로 일하는 2살 위 연상의 여인이다. 사라는 결코 미인은 아니었다. 튀어나온 광대뼈가 좀 고집 있어 보이고, 코도 가늘면서 약간 뾰족해 보였다. 그러나 그 얼굴에는 살아 움직이는 뭔가가 있어서 그의 눈길을 끌었다. 눈은 결코 거침이 없는, 호기심이 가득한 검은 눈동자 한 쌍이 거기에 나타났다."

연상의 누나들은 연하남들의 말이나 마음을 잘 읽어낸다는 면도 끌리는 요소이다.

하루키 소설의 주인공 쓰쿠루가 누나인 사라와 사귐으로 들어가는 전 단계에서 자신의 상처 난 과거를 털어놓는다. 사귀어도 되는지에 대한 일종의 테스트일 수도 있고, 연상이기에 편해서일 지도 모르며, 어쩌면 모성애를 느끼는 것이다.

33세의 J는 5살 연하의 남자 Y와 만난 지 6개월 만에 결혼하기로 했다. 둘은 토요일 늦은 오후 서울 남산 아래 모 호텔 커피숍에서 처음 만났다. 커피숍에서 하는 소개팅은 식상하다지만, 의례적 절차를 지키면서 무게감 있게 만나기에는 안성맞춤인 장소이다.

중소기업에 다니는 J는 결혼을 해서 아이를 낳고 살림하면서 사는 것이 꿈이다. 남들은 소시민적인 꿈이라고 비아냥거릴지 모르지만, J의 생각은 분명했다. 그런데 매번 소개팅을 할수록 J와 나이 차이가 많이 나는 남자들이 소개팅에 나오기 시작했다.

J는 중년 남자들과의 소개팅을 접고, 직장에서 후배들과 친하게 지내는 길을 선택했다. 그러다 별 기대 없이 나간 소개팅에 5년 연하남이 나왔다. J는 직장 후배들과 교류하면서도 틈나는 대로 자기 관리를 꾸준히 한 결과라고 생각했다.

어느 정도 사회 경험을 하느라 적지 않은 나이를 먹은 여자들은, 자기 나이를 감안해 중후한 남자의 불룩한 배나 머리숱이 없어 가발을 써야만 할 정도의 외모도 견딜 만하다고 생각한다. 외모는 넘어가지만, 오히려 남자의 나이만큼이나 꽉 막힌 사고방식과 가부장적인 세대차이를 못 견뎌 한다. 그래서 점점 연하남들이 눈에 들어오는 것이다. 억압적인 분위기의 가정생활을 꿈꾸고 싶지는 않기 때문이다. 그래서 자기관리를 하는 여성들이 느는 것인지도 모른다.

Y의 이야기를 들어 보자.

Y 역시 꽤 많은 소개팅 경험이 있다. 그동안의 소개팅에서는 새침떠는 여자들에게 맞추느라 피곤했다. 그런데 별 기대 없이 나온 이번 소개팅에서는 나이 차이가 무려 5살이라는 것이 느껴지지 않는 여자를 만났다. 오히려 J가 귀여웠다.

Y는 자기 말에 맞장구쳐주며 잘 웃는 J가 좋았다. 그래서 사권 지 6개월 만에 Y 입에서 결혼 얘기가 나왔다.

훈남들이 예쁘고 어린 여자를 좋아한다고? 꼭 그렇지는 않다. 연하남이 볼 때 누나라도 자기관리를 철저히 한다면 문제 되지 않는다. 오히려 자기를 인정해주고 밀당을 안 해도 되는 것과 배려심이 있는 사람이라면 누나라도 끌릴 수밖에 없다.

돈이 많아서 누나를 좋아하는 것은 아니다

국가통계포털(인구동향조사, 2014)에 보면, 연상녀와 연하남의 나이 차이가 5년 이상인 커플이 증가하고 있다. 데이트나 결혼도 서구화 되어가고, 획일화된 결혼관이나 경직된 사고방식이 융통성 있게 변하고 있기 때문이다. 보통 여성들은 연하남에 비해 자신이 나이가 많다는 생각으로 뭔가 해주려는 경향을 보인다. 경제력도 자기가 더 우위에 있어야 할 것 같고, 인생에 대한 조언자로 누나 티를 내는 경우가 많다. 또, 도시락을 싸다 나르고 자취방에 가서 빨래며 청소며 가사도우미 역할까지 하는 경우도 종종 보게 된다. 그러나 자기 노후준비도 안 된 상태에서 신랑감 모셔다가 부양의 책임까지 지며 결혼을 해야 할까?

그러다 조금 지나 사랑의 빛이 흐려지면 애인의 느낌이나 부부의 느낌도 사라진 그 자리에 무엇으로 채울 것인가? 물론, 돈 많은 누나를 좋아하는 연하남들은 누나의 높은 경제력이 연애를 시작하는 중요한 문제가 될 수 있다. 여기에서 현실적으로 높은 경제력이란, 혼자 가계를 책임지지 않고 함께 해나갈 수 있고, 그것을 생색내는 연하들과 달리 누나들은 당연하게 생각하며 거기에 더 얹어서 남자보다는 약간의 우세한 경제력을 말한다. 그런 점에서 누나와 연하남 커플도 독립적인 한 여자와 한 남자로 시작한다는 토대는 최소한 마련하고 시작해야 할 것이다.

기본적으로 연상녀들은 마음의 여유가 있다. 처음에 소개팅을 하고 데이트로 들어가는 초기 단계에서 어색하고 긴장모드인 경우가 많다. 데이트 경험이 많다 해도 어린 여자들은 자기중심적인 경우가 많고, 게다가 예쁘기까지 하면 수동적인 연애가 되기 쉽다. 그러면 남자들은 자신감을 잃게 되고, 상대방이 자기를 싫어한다고 생각하여 데이트를 끝내는 경우가 많다.

반면에 아무리 연상녀들이 꾸미고 자기관리를 한다고 해도 나이가 들어 보이는 것은 인정할 수밖에 없다. 그러나 상대방을 편안하게 하는 기술이 남자들을 안심시키고 자신감을 북돋운다. 특히 사회성이 부족하거나 연애 경험이 없는 남자들은 누나가 주는 따뜻함과 편안함에 매료당하지 않을 수 없다. 웬만한 행동은 너끈히 받아주고 흔들리지 않는 누나에게 기대고 싶은 것이다. 꼭 돈 많은 누나를 좋아하는 것이 아니다.

프로이트의 이론에 의하면, 이것을 오이디푸스 콤플렉스(Oedipus Complex)라고 한다. 연상의 여자를 좋아하는 남자들의 심리는 자기 어머니에 대한 투사체로 사랑하는 것이며, 5~6살 때의 오이디푸스기에 고착이 된 것이다.

연산군을 쥐락펴락했던 장녹수는 10살 연상에 수려한 외모도 아니었지만, 모성애로 연산군을 사로잡았다. 또, 세기의 운명적 사랑에 빠졌던 오노 요코 역시 존 레넌보다 일곱 살 연상이었다. 같은 영감을 가진 예술가라는 공통점이 그들을 서로 끌어당기게 했겠지만, 어릴 때 상실했던 따뜻한 정서를 오노 요코에게서 채우려 했을 것이다.

심리학 TIP

관심 있는 연하가 있다면 자유분방한 사고와 거기에 걸맞은 몸만들기 프로젝트를 시작해보자.

또, 여유와 포용, 수줍음, 자신감은 연하남들을 매료시키는 수단이 될 수 있다. 연기자 한혜진과 축구 선수 기성용 커플이나 국악인 박애리와 팝핀 현준 커플을 보면, 이들은 단지 예쁜 외모로 상대방을 사로잡았다기보다는 때로는 수줍게, 때로는 당차게 끌어주는 성격적 매력으로 연하 훈남을 차지했을 것이다. ✿

09

◆

제겐 나쁜 남자만
꼬여요

입체파의 거장이자 천재 화가인 피카소는, 전형적인 나쁜 남자다. 피카소는 성적(性的)으로 방종해 많은 여성을 울렸지만, 그녀들의 성격이나 관계가 그의 그림이나 예술세계의 변화에 고스란히 담겨 있다.

그는 여자들에게 작업을 걸 때 그림의 모델이 되어 달라고 하거나 작업의 기록을 맡기는 특권을 주고, 관심 있는 여자가 있는 테이블의 식사비를 대신 계산하는 식으로 접근했다고 한다. 피카소가 여자들과 사랑에 빠지는 것은 그녀들에게 정착하거나 가정을 꾸리는 것보다는 자신의 예술작품을 위한 뮤즈를 필요로 했기 때문이다. 피카소와 사랑을 했던 여자들이 버림을 받거나 자살을 하는 등 불행한 최후를 맞는 것을 볼 때, 피카소가 천재 화가일지 모르겠지만, 전형적인 나쁜 남자라고 볼 수 있다.

기본적으로 나쁜 남자는 외모가 받쳐주는 사람들이 많다. 여자에 대해 잘 알고, 까칠하면서도 자상하게 챙겨주거나 재치가 있어서 여자들이 빠지기 쉽다. 또한, 나쁜 남자들은 자신에 대한 프라이드가 강하고 가정에 정착하는 것에 관심이 덜하며, 한 여자에게 연연하지 않는다. 반면에 착한 남자는 정직하고 순박하지만, 여자의 마음을 얻기 위한 표현이 서툴다. 착한 남자 중에는 훈남에 자상한 사람들도 있지만, 여자들을 웃겨주거나 끼가 부족해서 여자들에게 치명적인 매력을 발산하지는 못한다.

또, 나쁜 남자는 외적으로 화려하다. 나르시스틱(narcissistic: 자기도취적인) 특성이 있으며 여자들에게 자신을 돋보이게 하는 자신만의 매력을 안다. 강한 자신감은 강한 카리스마를 품어내어 자기만의 세계를 구축하는 것처럼 보이기 때문에 여자들이 좋아할 수밖에 없다. 그래서 차갑게 대하다가도 한번씩 자상한 남자로 변한다. 나쁜 남자에게 상처받은 여자들은 그와 헤어지려고 결심하다가도 꿀같이 달콤한 말과 행동으로 여자의 언 마음을 녹여주어 뿌리치지 못하게 한다.

대부분 부모는 딸이 착한 남자와 결혼해서 안정된 가정을 꾸리는 것을 원한다. 그런데 여자들은 관심 없는 듯하면서도 슬그머니 챙겨주는 나쁜 남자에게 이성적 매력을 느낀다.

나쁜 남자는 여자의 심리를 잘 알고 애태운다. 여자는 남자가 자기를 무시하고 함부로 대하는 것은 알지만, 막상 만나면 그 매력을 뿌리치지 못하는 것이다. 보통 결혼이 임박해지고 나이가 더 들면 착한 남자에게 정착하게 된다.

외롭거나 힘든 일이 겹쳐 마음이 약해졌을 때도 나쁜 남자와의 사랑에 빠지기 쉽다. 외로운 것이나 혼자 있는 것이 싫으니까 나쁜 남자의 말이 더 달콤하게 느껴지고 그의 단점 따윈 보이지 않는다. 나쁜 남자에게 끌리는 심리에는 무의식적 끌림도 있다. 나쁜 남자의 냉정하고 차가운 특성이 강하게 잡아끄는 매력으로 다가오는 것이다. '사랑을 얻기 위해 무언가 해야만 한다.'고 생각하기 때문에 자기희생을 통해 남자의 사랑을 얻고자 하고, 남자를 이상화시켜서 대리만족을 하며 카타르시스를 느낀다.

의존성이 강한 여자들 역시 나쁜 남자에게 끌린다. 주도성이 약해 남자가 강하게 리드해주는 것이 편하고 안정감이 느껴지기 때문이다. 성격이 강한 여자의 경우 자신만이 나쁜 남자를 휘어잡고 길들일 수 있다고 자부한다.

나쁜 남자들은 나르시스틱한 성격이 많다. 심한 경우 자기애성 성격장애(Narcissistic Personality Disorder)인 사람도 있다. 관심과 존경, 끊임없는 승부욕으로 인해 타인의 감정을 공감하지 못하고, 목적을 위해 타인을 이용하거나 희생을 하게 만든다. 외동으로 자라 독불장군인 경우도 있고, 예체능, 학문, 종교계 등 모든 분야를 망라해서 나타나며, 실제로 자기 분야에서 성공한 사람들도 있다. 자신이 대단하다는 의식과 형편없다고 생각하는 것이 반복하여 나타나는데, 과도한 자신감은 열등감의 다른 면이기 때문이다.

자기애성 성격장애를 가진 사람들은 지위, 재물, 권력, 지식, 명예를 추구하며, 내면의 성찰이나 타인과의 깊은 교감보다는 외적으로 꾸미고 멋있게 보이고 싶어 하거나 스펙이 좋은 사람들과 어울리며 그들과 동일시한다. 자신에게 맞춰주고 희생했던 여자친구라 할지라도 자신의 성공이나 욕망을 기대했다가 좌절되면 분노를 폭발하기도 하고 무관심하고 냉정한 사람으로 바뀐다. 이들은 부모의 과도한 기대로 인해 초자아(super ego)가 발달하게 된 것으로 가짜 자기(pseudo self)로 살아간다. 잘난 척, 강한 척, 밝은 척, 행복한 척하지만 내면은 공허할 수 있다.

강한 카리스마와 매력을 발산하는 인기 가수가 팬 미팅에서 땀을 닦은 손수건이나 작은 물건도 팬들에게는 그의 분신이며, 목소리나 눈빛만으로도 그가 여심을 흔들어놓는 것처럼 나쁜 남자에게 빠진 여자의 심정도 비슷하다.

초자아가 강하고 나르시스틱한 나쁜 남자들이 모두 배려가 없는 것은 아니다. 그러나 보편적으로 나쁜 남자들은 여자를 진지한 대상으로 보기보다는 자신의 욕망을 채워주는 수단으로 본다. 그런 남자가 끌리는 여자 역시 자신의 무의식 속의 욕망을 채워주는 대상으로 본다는 점에서 나쁜 남자와 비슷한 수준인 경우가 많다.

외로움의 발작을 조심하라

심리학자 라캉(Lacan)은 상상계, 상징계, 실재계라는 3단계로 커플의 심리를 분석했다.

첫 번째로, 현실은 없고 왕자나 공주로 살아가기를 갈망하는 것이 상상계의 사람들이다. 나쁜 남자와 나쁜 남자가 관심 갖는 여자들이 포함된다. 상대의 내면보다는 겉모습에 반해서 좋아하고 서로의 결핍을 채워줄 것을 기대한다.

두 번째는 상징계로, 이 사람들은 철저히 현실적이다. 상대의 이상화한 모습을 벗겨내고 실체를 보고 인정한다. 마지막으로 실재계는 남자에 대한 모든 실체를 알게 되었지만, 그와의 만남이나 사랑에 대해 의미 부여한다는 점에서 가장 성숙한 단계라고 볼 수 있다.

건강하고 성숙한 여자는 착한 남자에게 끌린다. 다만 나쁜 남자들은 데이트를 하면서 열정과 재미를 주기 때문에 행복의 극치를 맛보게 할 것이다. 그러나 그런 단발성 행복은 여자를 혼란스럽고 외롭게 만든다.

화려함과 강한 카리스마를 가지고 나쁜 남자의 특성을 보인 피카소의 뒤에는 그를 추종하는 많은 여성이 있었다. 화가이며 사진가였던 도라 마르는 자신의 재능과 지적 능력으로 피카소에게 예술적 영감을 주었다. 그러나 피카소는 부인 테레즈와 도라 마르 사이를 오가며 질투심을 유발했고, 결국 도라 마르는 정신병원 신세를 지게 된다. 똑똑한 그녀지만 자신의 선택에 대한 책임을 지지 못한 것이다.

나쁜 남자는 자신을 추앙하는 여자가 있어 존재한다. 남자친구가 바람기나 왕자병이 보이는가? 이 남자와 연애를 하면 위험을 감수해야 할 것 같은데도 자꾸 빠져드는가? 니체는 '너 자신의 발작을 조심하라! 고독한 사람은 마주치는 사람에게 너무 빨리 손을 내민다'고 했다. 니체는 루살로메를 향해 '발작을 하는 듯한' 사랑의 경험을 한 듯하다. 루살로메 한 여인을 놓고 니체와 릴케, 프로이트는 사랑의 삼각관계였고, 실패를 맛본 니체는 수치심과 고통을 느꼈을 것이다.

외로울 때, 약해졌을 때는 나쁜 남자가 잘 보이지 않는다. 어렸을 때 사랑받은 경험이 부족할 때나 의존적인 성격일 때도 그렇다. '나쁜 남자의 마음을 잡게 할 수 있다'는 과한 자신감도 문제이다. 자신의 문제를 알았다면 이제 악순환의 고리를 끊고 행동으로 옮겨야 한다. 사랑의 허기짐을 핑계로 나쁜 남자에게 끌려다니지 말고, 사랑을 주도할 수 있는 자신감과 자신만의 매력을 가꾸자.

심리학 TIP

'내가 왜 이런 나쁜 남자를 만났을까?' 라는 생각이 든다면 자신을 돌아볼 필요가 있다. 바람둥이, 사달라는 게 많은 남자, 술을 마시면 개가 되는 그, 혹은 사귀는 내내 뒷바라지만 하게 하는 사람, 거리를 두고 가까이 오지 못하게 하는 냉정하고 차가운 남자인가? 그런 남자를 만난 게 우연이라고 합리화하지 말라. 어릴 때부터 익숙했던 부모님의 모습이라고 분석하는 것으로 끝나지 말라. 무의식적 행동이라 해도 자신이 선택한 것에 대한 책임을 져야 한다. 부당한 대우를 참아온 게 습관이라면 지금이라도 버려라. 나쁜 남자를 비난하는데 시간이나 에너지를 낭비하지 말고, 내 값어치를 알고 제대로 대해주는 남자를 만나라. 나를 똥차 취급하는 나쁜 남자 말고, 벤츠로 대우해주는 남자를 고를 줄 아는 안목을 가져라. 사람은 고쳐 쓰는 게 아니다. ✿

10

연애를 해도
행복하지 않아요

남자가 여자를 사랑할 때, 아주 사소한 것에 끌려서 시작하는 경우가 많다. 데이트를 하고 사랑을 시작한 여자는 네일아트를 공들여 하고, 긴 속눈썹을 붙이며, 다이어트를 시작한다. 꾸미지 않은 자연스러움, 검소함 때문에 남자가 좋아하게 되었는지도 모르면서 말이다. 솜털, 허벅지, 작은 손, 머리카락 색깔, 무표정, 심지어 촉촉한 입술이 아닌 말라 튼 입술까지, 몇몇 자극은 단기기억에서 사라지지 않고 장기기억으로 옮겨간다. 완벽하고 차가운 이미지의 남자가 꽉 끼는 후드티를 뒤집어쓴 우스꽝스러운 모습조차 귀엽게 보이는 것은 수줍은 미소가 나만을 위한 것이기 때문이다. 반전의 매력이기도 하고 예상하지 못한 상태에서의 자극은 두근대고 소용돌이치는 반응으로 사람을 더욱 설레게 한다.

행동주의 심리학자인 스키너(Skinner)는 이것을 자극-반응

(Stimulus-Response) 이론으로 설명한다. 자극과 반응이 결합되어 사랑이라는 보상물이 생기면 그 기억은 잘 지워지지 않는다. 오감이 기뻐하는 것, 그냥 끌리는 것은 그동안 수많은 자극과 반응에 대한 결과물이다. 연인들은 상대방의 반응을 보고 우연히 전달된 자신의 매력을 알게 되면, 그 행동을 더 하게 된다. 자극-반응으로 나타난 사랑의 형성은 각양각색이 될 수밖에 없다. 사람의 수만큼이나 사랑이 형성된 자극요인, 즉 사랑하게 된 이유는 다양하다.

무심코 본 여자의 뒷모습이 그날따라 어찌나 섹시한지 입을 벌리고 쳐다보다 갑자기 돌아본 여자에게 들켜버린 남자, 콩닥거리는 마음을 숨기지만 오래 간직하지 못하는 것, 연애의 불예측성이며 기쁨이다. 데이트건 연애건 목표를 정해놓고 하는 건 재미가 없다. 문자나 전화 목소리의 연결감, 데이트, 낭만적인 이벤트는 연인들을 행복하게 한다. 그런데 사랑도 가다 보면 바람이 불기도 하고, 먹구름이 끼고, 폭우가 내리며, 눈도 온다.

비 오는 날 남자친구와 데이트를 했다. 우산 하나는 접어두고 함께 우산을 썼다. 팔짱을 낀 남자의 단단하고 거친 살갗의 감촉이 좋았다. 비 오는 창을 내다보며 따뜻한 커피를 마셨다. 발이 살짝 닿을 때 짜릿한 감촉이 아직 살아있는 걸 보면 오래 사귀면 감정도 무뎌진다는 말이 다는 아니라는 생각을 한다. 그런데 한 시간 만에 가야 한다는 남자는 여자에게 이제 그만 만나자고 한다.

그동안 둘은 행복했다. 적어도 여자는 그렇게 느꼈다. 그런데 남자는 아니었나 보다. 방금까지도 함께 느꼈던 공간과 시간이 까마득하게 멀어져 가며 소용돌이친다. 그날 여자는 씁쓸함과 배신감을 안고 돌아왔다. 집에 와보니 신발 앞에 붙어있던 예쁜 꽃장식이 하나 떨어져 나가 있었다. 여자는 남자를 더 사랑했다. 남자를 잊을 수 없어, 죽을 것 같아 "친구로 남자"는 남자의 말을 따른다. 둘이는 이제 친구가 되었고, 연인에서 친구로 지낸다. 아프지만 이 여자가 선택한 행복의 방식이다. 사랑이 변하지 않으면 얼마나 좋을까?

연애의 완성이 결혼이라면, 결혼식의 하이라이트는 혼인서약이다. "검은 머리 파뿌리 되도록 이 여자를 사랑하겠습니까?"는 주례사의 질문에 신랑은 결혼식장이 떠나가도록 큰소리로 대답한다. 결혼식장은 웃음바다가 되고, 이 순간에 커플이 된 이들의 사랑이 변하리라고 상상하는 사람은 없다. 그러나 현실은 그렇지 않다.

얼마 전 대법원에서 유책배우자의 이혼소송청구에 대한 공개변론이 있었다. 외도를 한 배우자가 이혼청구를 하는 것이 가능할까? 한국여성정책연구원의 조사(2012)에 의하면, 응답자 중에서 국민의 55.4%, 전문가 78.7%가 배우자를 보호하는 조건하에 파탄주의를 찬성하는 것으로 조사됐다. "허울뿐인 결혼 생활을 유지하는 것은 고통일 뿐이고 시대적 변화에 따라야 한다."는 파탄주의와 "혼인도 계약이므로 유책배우자의 행복추구권을 보호할 필요가 없다"는 유책주의의 주장이 팽팽했다(《대한변협신문》, 2015. 7. 6).

유책주의란 법원이 결혼 생활의 파탄에 원인을 제공한 배우자는 이혼청구를 받아들이지 않는 것을 말한다. 파탄주의는 결혼 생활 자체가 이미 회복할 수 없을 정도로 파탄이 난 경우에 누구 잘못을 따지지 않고 이혼을 허락하는 것이다.

전 세계적으로 이혼소송청구는 파탄주의로 가는 추세이다. 우리나라는 50년이래 유책주의를 고수해왔지만, 파탄주의를 채택하려는 시점에 와있다. "가족의 행복보다 나의 행복이 우선한다"는 것으로 가족주의의 약화와도 관련이 된다.

어떤 사랑이든 정상(normal)과 비정상(abnormal)으로 규정할 수 없다

연인이 있어야만 행복하고 모태 솔로는 불행한 거냐는 질문을 많이 받는다. 독신이 체질인 사람 말고, 연애를 원해도 그럴 여건조차 안 되니 아프다는 것이다. 어떤 체질이건 사람은 외로운 존재이고 사랑이 필요하다. 하지만 애인이 있어서 더 외롭고, 아프고, 슬플 때가 많다. 처음부터 애인이 없어서 어떤 기대도 없으면 상처도 없다. 조금 외로울 뿐. 그래서 사랑이 두려운 사람들은 마음의 끌림이 있는 사람이 생겨도 피상적인 관계에서 머무르며, 더 이상 깊은 관계는 꺼린다. 상처받기 싫어서이다.

남자친구가 없어도 행복할 수 있냐고? 사람을 행복하게 하는 요소는 너무 많다. 그러니 꼭 애인을 만들고 데이트를 하고 연애를 할 필요는 없다. 그러나 연애하기로 마음먹은 사람, 사랑하고 싶은 사람은 데이트하고 사랑하는 것에서 행복을 얻는다. 사랑에 대한 기대가 있기 때문이다. 사랑보다는 일에 확신이 있는 사람들은 일을 통한 성취감에서 행복을 느끼고 사랑을 믿는 사람들은 사랑 때문에 울고, 힘들고, 아파도 사랑을 갈구한다. 사랑을 하면서 겪는 그 모든 경험이 행복이라

믿기 때문이다.

사랑은 다양한 자극과 반응의 보상물로 인해 생기며, 사랑하는 이유도 사람마다 다르다. 또한 사랑은 어디에서 시작하고 언제 끝날지 예측할 수 없다.

전경린이 쓴 소설《난 유리로 만든 배를 타고 낯선 바다를 떠도네》에서 주인공 은령의 입을 통해 말 한 것처럼 말이다(생각의 나무, 2001).

"삶이 그렇듯 사랑 역시 매우 사적이고 애매하고 미결정적이며, 성향에 따라 운명에 따라 깊이도 형태도 비중도 천차만별인 것이다."

어떤 사랑이든 정상(normal)과 비정상(abnormal)으로 규정할 수 없으며, 규정된 관념대로 하는 것이 아니라 자신이 주인공이 되어 새로운 자기만의 사랑을 만들면 된다.

심리학 TIP

부모나 친구들에게 보여주거나 인정받기 위해 맞지도 않는 사람과 가슴앓이 사랑을 해야 할까?

사랑의 감정과 욕구는 우연히 생기는 것이 아니다. 누군가를 사랑하는 감정은 수많은 자극과 반응의 결과로 생겨난 나만의 것이다. 그것을 외면하고 타인을 의식하면서 거짓으로 살아가겠는가? 내가 끌리는 남자와 나만의 방식으로 연애를 해보겠다는 용기를 내보자. ✿

Part 2

사랑도
변한다

01

♦

콩깍지, 서로의 민낯이
드러나는 날이 오면

남녀 간의 사랑에서 콩깍지는 스스로 만들어 놓은 연인에 대한 환상으로, 콩깍지가 벗겨지는 데 걸리는 시간은 6개월이면 충분하다. 콩깍지가 벗겨져 연인에 대한 환상이 깨질 때 또는 이상화(idealization)가 많이 돼 있을수록 배신감은 크다. 그러나 이 분노는 사실 자신이 만들어 놓은 환상에 대한 분노인지도 모른다. 언젠가는 벗겨질 것을 알고 시작하면 실망할 일도 없다. 서로에 대해 환상이 깨어지는 것은 너무나 자연스러운 것이기 때문이다.

상대방에 대한 환상은 왜 생기는 걸까? 환상은 상대방에게 느끼는 강렬함, 즉 '신체적 각성'을 통해 일어날 수 있다. 가슴이 뛰고 얼굴이 달아오르고 손이 짜릿한 것과 같은 신체적 각성은 순식간에 사랑에 빠지는 경험을 하게 한다. 아론과 더튼(Aurthur Aron & Donald Dutton)은 사랑의 각성효과를 검증하기 위해, 밴쿠버 근교의 카필라노 강에서 남자들이 흔들다리와 나무다리를 건너는 비교실험을 한다. 그 결과, 흔들다리를 건넌 남자들이 이후에 여성에게 전화를 한 경우가 8배 더 많았다.

콩깍지를 후광효과(halo effect)로도 설명할 수 있다. '후광효과'란 외모가 잘생긴 사람은 성격도 좋을 것이고, 다른 부분도 덤으로 좋을 것이라고 생각하는 것을 말한다. 남자친구와 사랑에 빠지면 그는 광채가 나고 모든 면이 멋있어 보인다. 사소한 것 하나마다 의미를 부여하며, 다른 것은 보이지 않는다. 콩깍지에 씐 연인 사이는 연애 초기에 서로에 대한 어떤 단점도 보이지 않는다. 그렇다 해도 콩깍지가 벗겨지기 전에 평소에 최소한의 자기관리가 필요하다.

남자들은 종종 여자친구에 대해 불만을 말한다. "여자친구는 긴 생머리에 곱게 화장을 하고, 외모는 빈틈이 없을 정도로 깔끔한 이미지예요. 그런데 휴대전화 하나를 찾으려면 가방을 다 뒤져야 하고, 파우치 안에 다 쓴 휴짓조각이 들어있는 것을 보면 실망하게 돼요."

반대로 사귀는 남자친구의 가방이 쓰레기통처럼 온갖 잡동사니로 가득해 평소 생활을 어떻게 하는지 신뢰가 잘 가지 않는다는 여자들도 있다. 평소에 기본은 유지해야 환상이 깨져도 관계를 유지하는 데 좋다. 시간이 흐르면서 긴장이 풀려도 기본은 되기 때문이다. 깔끔하게 정리하기 어렵다면 휴대전화나 키홀더 같이 작은 물건들은 가방의 수납함에 넣고, 손수건은 작은 파우치에 넣는 것도 좋은 방법이다.

매력 대신 추함이 보일 때 시작되는 사랑

일본 애니메이션 영화 〈하울의 움직이는 성〉에서 여주인공 소피는 마법에 걸려 90세 노인으로 변하는 소녀로 나온다. 소피에게는 청순하고 사랑스러운 소녀의 모습과 노인의 모습이 함께 있는데, 소피가 외모를 의식하지 않고 진정한 자기를 인식하면서 점차 원래 나이로 돌아간다. 자신의 독특성, 가치나 존재에 대한 확신이 있는 사람은 상대방을 이상화하여 자신의 결핍을 채우려 하지 않는다. 오히려 상대방의 결핍까지 채워줄 수 있는 여유가 있다. 여주인공 소피처럼 말이다.

소피는 마법사인 동시에 흉측한 괴물인 하울을 사랑한다. 카리스마가 넘치고 멋있는 마법사의 모습뿐만 아니라 추한 괴물의 모습까지도 품는 것이 사랑 아닐까? 그때가 사랑을 본격적으로 시작할 것인지를 결정하는 순간이다.

사랑을 시작할 때는 내가 보고 싶은 것만 보려고 해서 상대방의 단점이 보여도 인정하려 들지 않는다. 그러나 단점이 드러나기 시작하고, 내 기대를 저버리면 화가 난다. 그것이 자신이 만든 환상이고, 콩깍지임을 안다면 상대방을 비난할 일은 아닌데도 말이다. 실체를 외면한 연인에 대한 환상은 피상적이고 공허한 사랑이 될 수밖에 없다.

콩깍지가 잘 생기는 대표적인 유형 두 가지를 소개하려고 한다. 첫번째 유형은 샴쌍둥이처럼 서로 심하게 몰입하는 유형이다. 처음에는 서로 만족해도 시간이 지날수록 각자의 생활은 없고, 상대방의 사생활이나 친구 관계까지 통제하려고 해서 답답해할 수 있다. 그뿐만 아니라 관계 이외의 독립적인 생활이 없어, 그 시기에 개인적 성장이 멈추었다는 것을 뒤늦게 알고 후회할 수 있다.

두 번째 유형은 부모와 자녀 관계 같은 돌봄의 관계이다. 아빠 같은 남자와 딸 같은 여자, 엄마 같은 여자와 아들 같은 남자의 결합이다. 한쪽은 의존적이고 다른 한쪽은 돌보는 역할로 인해 찰떡궁합처럼 보인다. 그러나 돌보는 역할을 하는 남자친구는 여자친구가 처음에는 귀엽고 자기에게 잘 맞춰주는 것이 마음에 들지만, 점차 기대기만 하고 아이같이 의존하는 여자에 대해 염증을 느끼게 된다. 마찬가지로 의존적인 여자친구는 처음엔 자기를 돌봐주는 남자친구가 든든하고 의지가 되지만, 나중에는 통제로 인한 답답함에서 벗어나고 싶어 할 것이다.

이처럼 사회나 다른 관계에서 유리된 채 두 사람만이 부둥켜안고 가는 것은 빈약한 사랑이다. 내 남자의 실체와 주변 상황, 즉 예민한 성격, 병약함, 친구, 부모까지도 인정하고 수용하는 것이 성숙한 사랑이며, 궁극적으로 자신을 편안하게 만든다. 남자의 좋은 면만 인정하려 하면, 힘들게 하는 것들이 튀어나올 때마다 고통스러울 것이다. 그리고 사랑에 빠져 주변을 무시하면 두 사람은 결국 고립될 것이고 자원도 끊기게 될 것이기 때문이다. 처음 한 남자가 마음을 사로잡았을 때, 이것이 사랑일까 두렵고 혼란스러웠을 것이다. 콩깍지가 벗겨지는 것에 대한 두려움 때문에 상대방에게 좋은 모습만 보여주려고 할지도 모른다. 그러나 처음부터 자신의 실체를 조금씩 보여주는 것이 필요하다. 콩깍지가 벗겨져도 상대방을 신뢰하고, 사랑을 멈추지 않겠다는 마음, 끝까지 가보겠다는 의지만 있으면 충분하다.

니체는 《인간적인 너무나 인간적인에서》에서 '근시안의 사람은 반하기 쉽지만, 그의 20년 뒤를 상상할 수 있다면 아주 편안할 수 있음'

을 말해준다.

처음 사랑에 빠지면, 콩깍지로 인해 남자에 대한 환상을 만들어낸다. 그래서 '이 남자와 끝까지 가보자, 이 남자가 아니면 안 된다'며 자신의 선택에 대해 확신을 갖지만, 차츰 그의 단점이 보이기 시작하면 힘들어하고 흔들리기도 한다. 그러나 10년, 20년 뒤 그의 모습을 상상해보면 좋을 것 같다. 현재의 멋있고 사랑스러운 모습뿐만 아니라 그가 언젠가는 드러낼 연약하고 추한 모습까지도 상상해본다면, 그것들이 드러난다 해도 그렇게 두렵지만은 않을 것이다. 추함을 감당하기로 마음먹는 순간, 사랑은 시작되는 것이다.

심리학 TIP

처음엔 멋있고 귀여워 보이기만 하던 남자친구에게서 감지 않아 머리카락에서 냄새가 나고, 밥 먹는 소리도 듣기 싫어진다면 이제는 콩깍지가 벗겨진 것이다. 남자는 원래부터 그랬었는데, 사랑이 시작될 때는 미처 내가 보지 못한 것이다. 그때는 보이지 않던 것들이 시간이 지나면서 눈에 너무 잘 보인다면 사랑이 식기 시작했다는 증거이며, 그가 지겨워지기 시작한다. 훈남으로만 보였던 그가 못생겨 보인다. 그때 스스로 최면을 걸어보라. "잘 생겼다~ 잘 생겼다~ 잘생긴데 무슨 이유가 필요한가요?" 김연아가 우쿨렐레를 들고 부르던 SK텔레콤 광고처럼 말이다. 그의 단점과 벗겨진 실체를 다 알지만, 그를 포기하지 않겠다는 의지를 한번은 가져봐야 하지 않을까? ✿

02

💎

그는 왜 나에게 사랑을
고백하지 않을까?

짝사랑만 하는 남자, 늘 상상 속에서 사랑하고 혼자 진도 나가는 남자들이 있다. 하지만 그들은 사랑을 위한 어떤 시도도 하지 않는다. 자기 속에 갇혀 사는 남자, 자기애성이 강한 나르시스틱한 남자들이다. 그런데 꼭 이런 남자만 좋아하는 여자들이 있다. 사랑의 실체나 진전도 없어 속마음은 타들어 가고, 아프다. 이런 남자에게 끌리는 여자들의 심리는 무엇일까?

H는 J라는 산악 등반 동호회 선배를 좋아한다. J는 산에 대해 제법 아는 것이 많다. 암벽등반을 할 때도 다른 사람에게는 관심을 안 보이면서도, H에게는 말없이 챙겨주고 항상 조심하라는 조언도 잊지 않는다. 집이 같은 방향이라 지하철도 같이 타고 갈 때가 많다. J는 미술이나 예술 방면까지 박학다식해서 들려주는 얘기가 재미있다. 그래서 H는 J에게 이성적으로 끌리게 되었다. 그가 자신에게 특별히 관심을 보

이는 것 같아 H는 적극적으로 대시를 하기 시작했다. 메신저로 안부 인사도 하고, 갤러리 티켓을 선물하기도 했다. 등산 가면 그 옆에 바짝 붙어 따라가며 애교도 부렸다. 동호회 회원들과 1차 모임이 끝나고, H는 J에게 술이나 한잔 더 하러 가자고 말도 걸어봤지만, 이상하게도 J는 반응이 없다. 동호회 회원들과 함께 있을 때는 J는 H와 즐겁게 농담을 하고, 자상한 모습을 보이다가도 둘만 남으면 말이 없어지고 무관심해지며 심지어는 냉랭한 모습으로 변한다.

어느 날 H는 답답한 마음에 잔뜩 술 마시고 "선배에게 호감이 있어요."라고 고백을 했다. J는 "나도 너를 좋아해. 그런데 연애는 별로 관심이 없어. 나중에 관심 생기면 얘기할 테니 기다려줄래?"라는 것이다. H는 그 말에 희망을 갖고, 기다렸지만 대답은 없고 2년이 흘렀다. J가 늘 집에도 데려다주고, 가끔 메신저도 하는데, 따뜻한 눈빛을 보면 J가 나를 좋아하는 것이 분명 맞는 것 같은데 그의 마음을 알 수가 없다.

요즈음 더 놀란 건, 알고 보니 J는 H와 집이 반대 방향이었다는 사실이다. J는 H와 같이 가고 싶어서 거짓말을 했다. H는 이 남자가 자기를 좋아하는 건 분명한데, 가까이 와주지 않는 것이 답답하고 원망스러울 것이다. 자존심을 버리고 좋아한다고 용기를 내서 고백했는데, 지금이라도 'J가 사귀자는 말을 해주면 얼마나 좋을까?'라고 생각하지만, 상대가 반응을 보이지 않으면 막막할 뿐이다. H처럼 자신도 여자를 좋아해서 늘 집에까지 바래다주지만, 막상 여자가 적극적으로 나오면, '더 가까이 와서 귀찮게 하면 어떡하지, 내게 호감 있다고 말하지만, 나를 정말 좋아하는 것은 아닐 거야.'는 생각이나 '사랑한다 해도 결국 내 곁을 떠나겠지.' 등의 불안과 두려움으로 거리를 두기 때문에 짝사랑으로 끝나는 경우가 많다.

짝사랑은 나르시스틱(narcisstic)한 사랑이다. 나르시스틱한 사랑은 사랑에 대한 환상과 이상이 커서 현실적인 사랑을 하기가 어려운 것을 말한다. 혼자만의 세계를 즐기기 때문에 관계의 교류를 통한 사랑이 아닌 자기가 만들어 놓은 환상과 하는 사랑이며, 짝사랑으로 끝나는 경우가 많다. 짝사랑하는 사람들에게는 나르시스틱한 사랑만이 안전한 사랑, 가장 아름다운 사랑이다. 사랑하지만 바라만 보는 아프고 슬픈 사랑이다. 잠들지 못하며 미열이 나는 경험을 하기도 한다. 속으로만 사랑하고 내색은 하지 않지만, 짝사랑 대상이 다른 사람과 있는 걸 보면 고통스러워하며 집착한다. 그러나 결코 프러포즈를 하지 않는다.

짝사랑하면서 마음을 주지 않는 남자들은 자기 속에 갇혀있어 다른 사람에 대한 공감능력이 거의 없다. 좋아하는 감정을 여자에게 들켰다는 것을 안 순간, 마음의 문을 더욱 꽁꽁 걸어 잠근다. 한두 번은 이해가 가지만, 매번 나르시스틱한 남자만 좋아하는 여자는 사랑을 시작하지도 못하고 늘 아프다. 이런 여자들은 성장하면서 배려나 보살핌을 받는 경험이 거의 없는 경우가 많다. 사랑받고 싶지만 배척당했던 경험이 익숙하기 때문에 오히려 배척하는 남자에게 끌리는 것이다.

이런 여자일수록 사랑받기 위해 과도하게 남을 배려하고 맞춘 사람이다. 속은 외로우면서도 겉으로는 친절과 웃음을 보이면서 사랑을 갈구한다. 마음을 주지 않은 남자를 이해하려고 한다. 하지만 남자가 자기애가 강하다는 것이 가장 큰 이유일 것이다. 나르시스틱한 남자들은 자기 속에 만들어 놓은 어떤 환상과의 사랑을 하기 때문이다. 그래서 이들은 실제로 사랑이 불가능한 남자들이다. 그런 남자를 붙잡고 희망을 품는 것에서 돌아서야 한다. 이제 그런 사랑 그만두라고 말하고 싶다.

짝사랑 매뉴얼

드라마 〈신사의 품격〉에서 주인공 김도진(장동건 분)은 서이수(김하늘 분)가 사는 집 근처를 배회하면서 그녀를 숨어 지켜보지만, 사랑을 고백하지 못한다. 속으로만 좋아하는 남자, 시작도 하지 않은 사랑을 남들이 알까 봐 전전긍긍하는 남자, 시작도 하지 않고 이제 그만하자고 하는 남자, 자신만의 성을 만들어놓고 그 속에서 사랑을 나누는 남자, 나르시스틱 사랑이다. 사실 자신만 사랑할 줄 아는 사람이다.

차갑고 자기중심적이던 주인공 도진은 이수를 만나 사랑에 빠지면서 변하기 시작한다. 갇혀있던 자신만의 세계에서 빠져나와 이수와 교감을 나눈다. 도진은 이수도 자신을 사랑한다는 것을 확인한 후 짝사랑 매뉴얼을 이수에게 보낸다. '하루 종일 밥도 안 먹고 잠도 안 자고 내 생각하기, 전화를 받지 않거나 메시지 답변이 없으면 상처받고 전전긍긍하기. 혹시 마주치지 않을까 사무실이나 집 근처를 배회하지만 먼발치에서만 지켜보기' 등의 내용이다. 이수는 발끈 화를 내면서도 깜찍하게 이 매뉴얼을 실천하는 귀여운 모습을 보인다. 짝사랑하는 사람의 애타는 마음과 심리를 잘 표현해준 매뉴얼이다.

짝사랑은 아름답지만 아픈 사랑이다. 혼자 사랑하는 마음을 키워가다 보면 착각의 늪에 빠지기도 한다. 선배라고 반응했을 뿐인데, 남자는 여자가 자신을 좋아한다고 생각한다. 여자가 거절하면 왜 안 만나주냐고 화를 낸다. 그러면 남자가 공격적으로 느껴져 여자는 더 멀리 도망가고 싶어진다. 연애할 때 순수한 마음도 좋지만, 센스와 지혜가 필요하다. 사생활까지 간섭하거나 사귀는 관계도 아닌데 자신도 감당 못 할 얘기를 늘어놓기 시작하면 그나마 좋던 친구 관계마저 끊기게 될 수 있다.

짝사랑만 하는 남자들은 나르시스틱해서 자기중심적이고 폐쇄적인 성향이기 때문에 개방적이고 맞춰주는 사교적인 여자를 좋아한다. 이들은 사랑을 표현하는 것이 서툴고 자기 안에 갇혀있어 사회성이 부족한 경우가 많다. 자신에 대한 우월감과 독특성으로 오만해 보이기도 하며 칭찬에 약하다. 겉으로 말을 잘하고 유머가 있어 보여도 여러 사람이 있을 때나 피상적인 관계에서만 가능하다. 둘만 남게 되면 불편해하고 거리를 두기 때문에 냉랭한 모습으로 보이기도 한다. 사랑하고 싶은 마음이 없는 것은 아니지만, 짝사랑으로 끝나는 경우가 많다.

보편적으로 나르시스틱한 남자들은 표현을 잘하고 감정 표현이 풍부한 히스테리적인 성격의 여자에게 끌린다. 쾌활한 분위기를 이끌어주며, 자신에게 맞추는 여자가 자기와는 너무 다르기 때문이다. 이들은 관계와 긴밀한 교류가 부족하고 주변이나 자신을 철저하게 통제하고자 하는 강박증적인 사람들이다.

'나는 문제가 없고 귀찮게 하는 타인이 문제'라는 생각을 하기 때문에 자신은 완벽하다고 생각한다. 라캉은 강박증을 치료할 때, 타인에 대한 교류와 욕망이 있다는 사실을 인정하게 하고, 자신의 감정을 마음껏 표현하게 하는 히스테리 기법을 사용하여 수정한다.

　자신이 만든 환상에 빠져 현실로 나오지 못하는 남자, 짝사랑만 하는 남자에게만 끌리는가? 그렇다면 배척을 당하면서도 왜 그에게 매달리는지 자신을 점검해 보아야 한다. 그러나 꼭 그런 남자와 사랑이 이루어지고 싶은가? 그렇다면 화사하고 밝은 모습으로 이미지 메이킹을 해야 나르시스틱한 남자의 관심을 끌 수 있다. 이런 남자에게는 프러포즈를 기다리지만 말고 먼저 다가가야 사랑이 이루어진다. 하지만 너무 가까이도 멀리도 아닌 적절한 거리와 타이밍을 맞추어야 한다.

심리학 TIP

나르시스틱한 남자와 꼭 사랑을 하고 싶다면 먼저 다가가는 것이 필요하다. 물론 그가 정말 나를 좋아하는지에 대한 객관적인 확신이 전제되어야 한다. 그가 좋아하는 주제로 접근하면 방어적이지 않고 자연스럽게 가까워질 수 있다. 스포츠나 영화와 음악에 관련된 취향들에 대해 너무 호들갑스럽지 않게 맞장구를 쳐주고 그가 그 분야에 대해 잘 아는 것을 칭찬하라. 하지만 한두 가지 그와 다른 나의 취향에 대해서도 얘기를 나눠라. 나르시스틱한 남자들은 칭찬에 약하지만, 자기 세계가 없는 여자는 싫어하기 때문이다. ✿

03

💎

사랑, 완벽한 독점이
가능할까?

커플 사이에 두근거림이 없어진 지 오래고, 달달하고 쫄깃한 데
이트나 연애가 끝난 상태처럼 난감한 일은 없다.

10년 동안 한 사람과 연애하는 후배를 알고 있다. 늘어지기 시작한
연애지만 그렇다고 다른 대안도 없다. 둘은 헤어지고 만나고를 반복했
고, 결혼은 유보상태이다. 두 사람은 결혼은 할 생각이지만 큰 기대도
없다.

사회학자 바우만(Zygmunt Bauman)은 《리퀴드 러브(Liquid Love)》
에서 '커플들의 유통기한은 만족을 느낄 때까지이고, 끊임없이 새로
운 만남과 기회를 찾아 떠나는 것과 불안'에 대한 문제를 제기하고 있
다. 지속적인 관계에서 오는 안도감과 감정은 식었어도 끝까지 가겠다
는 책임의식은 사랑의 조건 중에 중요한 요소이다.

한 사람을 좋아해서 영원히 가면 간단한 일인데, 많은 사람이 김승

옥의 소설《무진기행》의 주인공처럼 '사랑'이라는 주제에 대해 끊임없이 고민한다.

주인공 '나'는 부자 장모와 아내가 있고, 확실한 승진이 보장되는 서울이 기다리고 있다. 그러나 무미건조한 현실에서 만족을 느끼지 못한다. 세속적 욕망이나 좌절, 허무를 느끼는 점은 서울을 떠나 '무진'이라는 새로운 장소를 가도 마찬가지이다. 다른 점이 있다면, 그곳에서 인숙이라는 여인과의 짧은 만남이 그에게 희망을 준다는 점이다. 한 여인에게 투사된 자신의 모습을 보고 사랑을 느낀다는 점에서, 주인공에게 새로운 사랑에 대한 욕망은 단지 한 여인을 얻고자 하는 것이 아니었을 것이다. 남루한 삶을 버리고 새로운 삶에 대한 용기를 시험하고자 했는지도 모른다.

자신이 살아온 삶의 방식을 깨기란 쉽지 않다. 포스트 모던사회에서는 다양성과 감성이 중요시되지만, 여전히 모던사회의 규범과 이성이 중요하다. 변화는 사람들에게 불안과 두려움을 주기 때문이다.

《무진기행》의 주인공에게 '무진'이라는 곳은 인숙이라는 여인에 대한 사랑을 통해 세속적 욕망을 버리겠다는 자신에 대한 약속의 상징이다. 주인공은 자신의 용기없음에 깊은 수치심과 좌절을 느낀다. 우리도 주인공처럼 바람(want)과 행동(doing)의 간극을 좁히지 못하고 살아간다. 자책하면서도 타인에게 책임을 전가하고 합리화하면서 스스로를 위로하는 것이다.

어떤 선택이든 후회가 남지 않는 것이 중요하다. 그것이 전적으로 부모나 타인의 결정과 규범에 의존한 결과가 아니라, 최종적으로 자신의 선택이었으면 좋겠다. 미결정상태의 유보가 오래가면 사람을 지치게 하고 정서적 황폐를 가져온다.

얼마 전에 남자친구와 사귄 지 1,000일이 된 후배 D가 있다. 둘 다 사랑으로 시작했지만, 후배는 남자친구의 열정이 식은 듯해서 불안하다. D가 먼저 연락하는 날이 많고, 기념일 챙기는 것도 매번 먼저 말을 해줘야 했다. 500일이 지나면서 조금씩 늘어지기 시작한 연애가 거의 짝사랑으로 바뀐 것 같아 자존심이 상한다. D는 사랑이 변할까 봐 마음 졸인다. 그러나 남자친구는 "각자의 사생활을 간섭하지 말자"는 말을 많이 한다. 게다가 남자친구 주위엔 늘 여자들이 있다. 후배, 동생, 직장 동료라고 말하지만, 그러기에는 너무 친해 보인다. 다른 여자 애들이 남자친구 팔짱이라도 끼고 장난이라도 치면 속상하다.

D의 남자친구가 말하는 사랑이란, '서로 믿고 각자의 삶을 인정해 주는 것'이다. D 역시 사랑하는 사람의 자유를 속박하는 순간 사랑은 달아나버린다는 것쯤은 알고 있을 것이다. 그러나 그것은 상대에 대한 믿음이 존재할 때의 얘기다.

D는 시간이 지나면서 두 사람의 관계가 변한 것인지, 처음부터 남자친구를 더 많이 사랑해서 마음에 안 드는 것이 있어도 포기하면서 관계를 이어왔는지 명확하게 짚어볼 필요가 있다. 남자친구가 말하는 사생활을 보호받고 싶은 이유가 D의 간섭이 싫은 것인지, 아니면 여러 여자를 사귀면서 자기 마음대로 살고 싶어서 하는 말인지 판단해보아야 할 것이다.

결혼을 해도 서로 존중해주는 것이 필요하다. 상대방을 독점하고 조정하려고 할수록 자신만 더 힘들어진다. 신이 사람에게 '자유의지'를 주었기 때문인지 몰라도, 사람이 가장 싫어하는 것이 통제받고 속박당하는 것이다. 대부분의 사람은 상대방이 사랑하고 집착해주기를 바라면서도 한편으로는 자기만의 시간과 공간을 확보하는 개별성을 갖고 싶어 한다.

D는 남자친구를 속박하는 것이 사랑이 아니고 집착이라면 왜 그러는지 심각하게 고민해볼 필요가 있다. 그러나 남자친구가 사랑에 대한 진정성이 보이지 않아서 생긴 문제라면 그 부분을 요청할 수 있어야 한다. 다른 여자들과 구분된 연인이라는 자리의 독자성을 당당히 요청해도 바뀌지 않는다면 그 관계를 유지할지 말아야 할지 고민해봐야 한다.

독점적 연애, 몽둥이로 해결될까?

한 사람만 바라보는 모노아모리(monoamory; 독점적 연애)가 가장 보편적이다. 언젠가 20대 후반의 제자는 친구, 애인, 누나 같은 다수의 여자와 만나고 싶다며 자신이 폴리아모리(polyamory; 다자연애)를 좋아하는 것 아니냐고 너털웃음을 짓던 모습이 떠오른다. 그것이 어찌 남자들만의 생각이겠는가?

데이트, 사랑, 연애에 대한 교양강좌를 강의할 때 학생들에게 물어보면, 여학생들은 일처다부제(polyandry)가 좋다며 외친다. 이것을 잘 표현한 영화가 있다. 〈아내가 결혼했다〉가 바로 그것이다.

덕훈(김주혁 분)은 인아(손예진 분)에게 "어떻게 평생 한 사람만 사랑할 수 있어?"라는 말을 듣고도 결혼을 감행한다. 반쪽짜리라도 아내를 독점하고 싶어서이다.

오랜 기간 비교문화연구를 해온 인류학자 머독(G. Murdock)은 조사대상 565개의 사회 중에 약 4분의 1만이 엄격한 일부일처제를 지키는데 반해, 약 70% 이상의 사회는 일부다처제를 유지하고 있다고 보고하고 있다(문형진, 2005). 공식적으로는 일부일처제를 유지하고 있으면서도 심리적 별거 부부들이 존재하고, 혼외관계와 성매매 등이 음성적으로 성행하고 있다. 핀란드·영국 등의 정부 산하기관이 펴낸 '유엔 미래보고서 2020, 2025'는 세계의 미래학자들과 나눈 대화들을 묶었다(박영숙 외, 2011). 여기에서 일부일처제는 남성의 외도를 막으려는 여성을 위한 법인데, 다중관계 즉, 생의 동반자를 여러 명 둔 사람이 나타나고 있다고 한다. 또한, 개인의 자유 확대와 수명 연장은 한 사람과 100년 동안 함께 사는 것을 불가능하게 만들 것이라고 예견한다. 저자는 '다중 동반자'의 혁명이 사회제도로 정착되는 데는 몇 년 또는 몇십 년이 걸릴 수도 있겠지만, 우리에게 미래의 가족 형태로 가까이 다가와 있음을 경고한다.

우리나라는 체면의식과 가계계승의 가부장적인 문화로 인해 일부일처제가 겉으로는 잘 유지되는 것처럼 보인다. 그러나 총각파티가 성매매로 이어지기도 하고, 직장에서 일이나 정서를 공유하는 오피스 스파우즈(office spouse; 직장 내 배우자. 연애하는 건 아니지만, 실제 배우자만큼 돈독한 관계를 유지하는 직장 동료)로 대체되기도 한다. 별거, 이혼,

사별로 인한 연속적 일부일처제도 있으니, 100세 시대에 일부일처제가 완벽하게 지켜지는 것은 신화가 되어가고 있다.

내 남자는 오로지 나만을 바라보아야 한다, 일부일처제는 지켜져야만 한다, 다양한 연애는 있을 수 없다는 규범이 강할수록 자신이나 가족이 그 형태를 벗어날 때의 상실감은 크다. 폴리아모리는 체질이 아니고, 모노아모리로 한 사람에게 몰입하여 사랑을 주고받는 것이 좋은 성향인가? 그렇다면 상대방을 강박적으로 통제하고 의심하며 스스로 불행해 하지는 말아야 할 것이다. 사랑에서도 자신의 선택을 신뢰하는 사람은 남을 탓하거나 합리화하지 않으며, 주도적인 삶을 살아갈 수 있을 것이다.

심리학 TIP

사랑이 변하지 않고 영원할 수 있을까? 본질 자체는 흔들림이 없다 해도 사랑하는 모습은 변한다. 그 사실을 인정하지 않으면 계속 처음을 강조하면서 갈등할 수밖에 없다. 심지어는 지금 사랑조차도 첫사랑과 비교되어야 하고, 거기에서 오는 결핍 때문에 불행할 수밖에 없다. 사랑은 자신의 투사체를 만나는 것이다. 자신 속의 다양한 모습 중 한 면만 발견해도 서로 통하는 듯하고 친밀감을 느낄 수도 있다. 그런데 얼마나 많은 연인이 사귄다는 이유 하나만을 믿고 상대방의 취향도 생각도 무시하고 통제하는지 모르겠다.

요즘 커플 중엔 휴대전화 비밀번호나 일정을 공유하는 커플이 있는데, 두 사람이 좋아서 그런다 해도 어느 한쪽이 불편해지는 것은 시간문제이다. 더구나 남자들은 자유에 대한 욕구가 여자보다 강하다. 서로를 존중하면서 적절한 거리를 유지하는 것이 관계를 지속하는 데 도움이 된다. 남자친구 이외의 다양한 관계들을 유지하는 것도 집착을 줄이는 한 방법이 될 수 있다. ✽

04

💎

구속당하는 것을
좋아하는 여자

여 자가 사랑에 빠지면 남자가 위험해 보이고, 그 때문에 내 삶이
망가질지도 모르는데 왜 사랑하는 것을 멈추지 못하는 것일까?

영화 〈트와일라잇(Twilight) 1(2008)〉에서 주인공 벨라(크리스틴 스튜
어트 분)는 에드워드(로버트 패터슨 분)를 보는 순간 첫눈에 반한다. 벨라
는 에드워드가 학교에 나오지 않는 일주일 동안 교정에서 그를 기다리
는데, 음악 밴드 '블루 파운데이션(Blue Foundation)'의 '아이즈 온더
파이어(Eyes On The Fire)'가 울려 퍼진다. 저음의 기타 음을 깔고 나
오는 코러스의 비장함은 에드워드를 좋아하지만 상대방 마음을 알 수
없기에 애타는 벨라의 마음이 강하게 느껴진다.

재회한 벨라와 에드워드는 교감의 눈빛을 나누고, 첫 만남에 둘은
급속도로 가까워진다. 뱀파이어라는 한계를 아는 그는 벨라에게 "나
는 너에게 위험한 존재다. 너는 나를 멀리하는 게 좋을 것이다"라는
경고를 하지만, 그녀는 "상관없다"고 말한다.

사랑에 빠지면 상대방을 독특한 존재로 인식해서 신비로운 존재로 만들고, 위험하게 보이는 것들과 대면하게 된다. 집안배경으로 인한 부모의 반대나 주변 시선, 종교, 경제력, 성격, 술이나 담배 같은 기호품, 취미나 소비패턴이 다른 것들은 두 사람의 앞날에 먹구름을 예상하면서 두려움을 느끼게 한다. 그러나 그의 실체를 다 알게 되어도 거부할 수 없는 마약과도 같은 것이 사랑이다.

뱀파이어가 등장하는 영화를 보면, 주인공이 뱀파이어를 피하거나 도망가는 것이 아니라, 자신도 흡혈귀가 된다는 결말이 이 영화의 공통점이다. 트와일라잇에서 벨라도 처음엔 에드워드가 뱀파이어임을 알고 두려워하지만, 결국 사랑하는 남자 때문에 스스로 뱀파이어가 되어 사랑의 포로가 되는 것, '피그말리온 사랑'이다.

그리스신화에 '피그말리온'이라는 조각가가 여인상을 만들고 사랑에 빠진다. 이 말은 여신인 아프로디테가 여인 조각상에게 생명을 넣어 살아나게 했다는 이야기에서 유래되었다. '피그말리온'은 타인의 영향력을 말할 때 쓰인다. 관심과 기대가 사람을 성장시키기도 하지만, 그것이 정도를 벗어나거나 통제수준이 되면 결과는 달라진다.

H의 엄마는 편집증이 있었다. 집이 얼마나 깔끔한지 모델하우스 같았다. 외동딸인 H의 도시락은 그냥 먹기에 아까울 정도로 예술작품에 가까워서 늘 친구들이 부러워했다. H의 엄마는 H의 옷을 늘 깔끔하게 다려 입혔고, 지저분한 것을 보지 못했다. H는 엄마의 그런 면이 싫어서 털털한 남자를 만나고 싶었지만, 역시 깔끔하고 차가운 느낌의 남

자가 눈에 들어왔다. 차도남('차가운 도시 남자'의 준말)의 외모와 달리 남자친구는 거의 매일 강의실이나 동아리방에 나타나 음료수나 도시락을 배달시켜주었고, 차로 집에 데려다주어 친구들이 다 부러워할 정도였다. 다들 선망하는 남자친구에게서 생각지 못한 공주대접을 받다니 행복 그 자체였다.

그런데 갈수록 남자친구가 피곤해지기 시작했다. 남자친구를 볼 때마다 느끼는 건 엄마와 똑같다는 것이다. 얼마나 깔끔한 지 몇 년 동안 흐트러진 모습 한 번 본적이 없다. "훈남에 세련되고 잘 챙겨주는 남자친구에게 무슨 불만이냐?"고 친구들은 말하지만, 남의 속도 모르고 하는 얘기다.

남자친구는 H와 사귀기로 한 지 얼마 안 되어 본래의 성격이 드러나기 시작했다. H의 일거수일투족을 감시하고, 메시지 답변이 바로 없거나 전화가 제때 연결이 안 되어도 잔소리가 심하다. 부재중 통화 20통은 기본이다. 처음에는 애교로 봐주었지만 갈수록 지쳐간다. 헤어스타일에서부터 전공, 앞으로의 진로, 심지어는 용돈관리까지 모든 것을 코치하려고 한다. 그래서 그것 때문에 수없이 싸웠다. 게다가 의심이 많은데, 다른 남자들에 대한 질투가 너무 심해서 남자 동창이나 선후배 관계가 거의 끊긴 상태이다. 남자친구는 "자기는 아무것도 필요 없고, 자기 옆에만 있어 달라고 한다. 제발 자기가 하라는 대로만 하라"고 강요한다.

'오빠가 다 해줄게'의 덫에 빠지면

처음에는 세심하게 신경 써주고 챙겨주는 남자친구의 행동이 사랑이라고 생각했을 것이다. 그러나 날이 갈수록 남자친구는 자기가 하고 싶은 방식대로만 하기 때문에 자연스레 거리를 두게 된다. 사람은 누구나 심지어는 아이들이라고 해도 자율성과 주도성이 확보되지 않으면 인격적으로 무시당한다고 느끼기 때문이다. 챙겨주는 것이 많아도 자유를 속박당하면서까지 만나야 하는지 진지하게 고려해야 한다. 그러나 H처럼 남자친구가 없는 것은 외로워서 참을 수 없다면 주저앉기 쉽다. 그동안 해준 것도 없는데 헤어지자고 말하면 그를 배신하는 것 같아 이러지도 저러지도 못하는 것이다. '모든 것을 챙겨주지만 통제하는 엄마를 닮은 남자친구에게 더 이상 끌려다니는 것이 싫다'는 이 여자의 심리는 뭘까?

정신분석이론에 의하면 '삼켜버림', 즉 '통제적인' 엄마에 대해 공포이다. 통제적인 엄마가 무섭고 싫었지만, 그것에 익숙해져 자기도 모르는 무의식적 끌림이 있다. 통제적인 엄마에게서 자라 나약하고 의존적일수록 세고 강한 남자들에게 끌리는 이유이다. 이를 핸드릭슨(Hendrikson)의 이마고 이론으로도 해석할 수 있다.

이마고 이론의 성격발달단계 중에 '관심 단계'가 있다. 부모를 돌보는 '성인 아이'의 역할을 했던 사람들은 성인이 되어도 보호자형이 된다. 남자를 만날 때도 자신의 돌봄이 필요한 고독형의 남자에게 끌린다. 사랑과 돌봄을 주는 보호자형과 고독형은 둘 다 어릴 때 '돌봄의 부재'로 인해 공허감과 외로움의 감정이 있다. 역할만 다를 뿐이지 서로의 결핍된 감정을 채우려 하는 점에서는 같다.

실제로 많은 사람이 부모와 정서적으로 미해결된 문제가 있을 때, 그 문제와 걸려있는 이성을 만나는 경우가 많다. 여자들은 부모와의 관계의 연장선에서 남자를 선택한다. 경제적 무능력과 늘 집 밖으로 돌던 아버지, 대신 생계를 꾸려나가기 바빴던 어머니 밑에서 자란 사람은 사랑을 제대로 받지 못해, 늘 사랑의 허기짐이 있다. 이것이 고독형이며, 어릴 때는 애어른(child adult)처럼 혼자 알아서 크는 것 같은데, 성인이 되면 끊임없이 애정을 갈구하는 성인 아이(adult child)가 된다.

이런 경우, 애정을 채우는 데 모든 에너지가 집중된다. 그러나 받은 적이 없어 오히려 주는 역할이 편하다. 보호자 역할을 하는 사람은 잔소리와 통제가 많다. 상대방은 통제가 싫어도 지금은 외롭고 힘이 없어 떠나지 못한다. 그러나 언젠가 힘이 생겨 독립적이 되면 떠날 것이다. 그 역할이 끝나면 사랑도 결말이 나기 쉽다.

보르헤스(Jorge Luis Borges)의 소설 《알렙》에서 주인공은 베아트리스를 짝사랑한다. 그녀는 "나의 맹목적인 헌신이 그녀에게 넌더리를 내도록 만들었다."라고 한다. 여자든 남자든 한쪽의 맹목적인 헌신은 두 사람을 모두 망가뜨린다는 것이다. 한 사람은 의존적인 사람으로 다른 한 사람은 통제적인 사람이 되어 일정 기간 상호보완적인 관계는 유지하지만, 결국에는 파괴적인 관계로 끝나기 때문이다. 의존하고 통제하는 역기능적인 관계를 멈추고 독립적인 한 사람으로 서야만 단단한 사랑을 만들어 갈 수 있다는 것을 잊지 말자.

피그말리온 사랑을 하는 사람은 자기의 희생을 순애보로 미화시키지만, 극단으로 가면 자기학대적이 된다. 한쪽은 보살피는 대가로 통제하고, 다른 한쪽은 의존에서 벗어나지 못하는 피그말리온 사랑법의 빛과 어둠이다. 정신분석에서는 이를 '삼켜버림에 대한 공포'라고 한다. 통제적인 부모에 대한 공포이다. 이마고 이론에서는 보호자형과 고독형의 결합으로 설명한다. 한쪽은 보호와 양육을 해주면서 통제하고, 다른 한쪽은 의존하는 것이다. 아이러니하게도 통제적인 아버지에게서 자란 남자는 그것이 싫으면서도 또 통제적인 여자에게 끌린다. 맹목적인 사랑을 하는 여자는 희생하지만 '내 말대로 하라'는 통제를 보상으로 바라게 된다. 그런 여자에게 남자는 자유를 담보하고, 자신의 성취와 욕망을 채우는 피그말리온 사랑은 위험하면서도 달콤하다. 서로의 성장을 위해 적정수준을 찾아가거나, 역할을 바꾸어 하면서 균형을 맞춰가는 것도 방법이 될 수 있다.

심리학 TIP

남자친구가 모든 것을 다 해주는 것이 처음에는 달콤할지 모르지만, 그렇다고 꼭 좋은 것은 아니다. 그 이면에는 해준 만큼 보상받고자 하는 마음도 크다는 것을 잊지 말자. 해주는 것을 다 받지 말고 관계를 허용할 수 있을 만큼만 받아라. 일일이 간섭하고 잔소리하는 것이 사랑으로 느껴진다면 상관없다. 그러나 끌려다닌다고 느낀다면 이미 선을 넘은 것이고, 어떻게 끝이 날지 뻔하다.

인간의 본성은 쉽게 바뀌지 않는다. 연애 초반에는 여자의 마음을 사기 위해 어떤 노력도 불사한다. 목적을 위해 '잠깐' 다른 모습을 보여줬을 뿐이다. 지금 변했다고 생각하는 그의 모습이 실제 모습이라고 생각한 적은 없는가? 씁쓸할지 모르지만 현재 그의 모습이 실제 그이다. ✿

05

데이트 비용, 여자가
더 내면 안 되나

데이트할 때 남자들이 데이트 비용을 더 많이 내고, 이벤트를 준비하며, 여자에게 아기자기한 선물을 해주어야 한다는 생각을 많이 한다. 그래서 여자가 밥을 사면 남자는 괜히 미안해한다. 그러나 데이트 비용이나 이벤트를 남자만 준비해야 할까? 남자도 꽃, 향수, 아기자기한 선물, 여자친구가 정성껏 준비한 이벤트를 좋아한다.

직장 생활 초년생인 제자 H는 남자친구와 데이트할 때 거의 1년간 자기가 데이트 비용을 전담했다고 한다. H와 남자친구는 갈매기살, 항정살, 안심, 등심 등 고기라면 가리지 않는다. "힘들게 번 돈으로 데이트 비용까지 혼자 부담하는 것이 버겁지 않냐?"는 질문에 "괜찮다"고 한다. "남자친구가 대학생이라 공부하느라 아르바이트할 시간이 부족하니 데이트 비용을 내가 더 내는 것은 당연하다"는 반응이다. "주로 먹는 데이트다 보니 살이 좀 찌는 게 문제지 다른 문제는 없다"

며 호탕하게 웃는다. 그러다 1년쯤 후에 남자친구가 취업해 요즈음은 남자친구가 데이트 비용을 더 많이 낸다고 한다.

보통 더치페이라고는 해도 데이트 비용을 남자가 더 많이 내는 것 같다. H와 달리 보통 여자들은 데이트 비용을 자기가 더 부담하는 것에 대해 자존심이 상하는 일이라 생각한다. 그래서 남자들이 "데이트 비용 때문에 연애하기 힘들다"는 말을 한다.

연애할 때 남자들의 학력, 직장, 돈이 자기보다 많아야 한다고 생각하는 여자가 많은 것은, 단지 개인 취향이 아니라 가부장적인 문화 때문이다. 데이트 비용에도 남녀의 권력구조가 나타나는데, 남자가 가족을 부양하고 여자는 가사를 담당하는 이분법적인 성 이데올로기가 데이트 비용에도 적용된 것이다. 이러한 가부장적인 문화는 데이트 비용에서도 남자가 더 많이 분담해야 한다는 관습으로 굳어져 왔다. 요즈음 더치페이가 대세라지만, 그래도 아직은 남자가 돈을 더 내야 할 것 같고 여자는 덜 내야 품위가 유지될 것 같다는 고정관념이 지배적이다. 그래서 여자들이 데이트 비용을 내는데 주저하는 것이다.

돈이 매개된 화폐경제에서만 개인주의가 가능하다는 지멜(Georg Simmel)의 주장을 데이트 비용 분담에도 연결하여 생각해볼 수 있다.
돈이 매개되면 사람 사이에도 거리를 둘 수 있는 '안전거리'가 생긴다. '안전거리'는 관계를 지속시키고 결속시키는 데 도움이 된다. 데이트하는 사람, 연인 사이, 가족관계에서도 돈이 매개되는 것을 개인주의, 황금만능주의로 치부할 수만은 없다. 한 사람이 밥을 사고, 상대방은 술을 사는 것이 갖는 의미라면, 뭔가 도움을 받고 차를 사는 것은 돈이 직접 오고 간 것이 아니니 어찌 보면 원시시대의 물물교환형태나 마찬가지이다. 관계를 중시하는 사회나 개인일수록 돈이 오가는 것이 정이 없다고 생각한다. 더치페이를 하는 것이나 물건으로 교환하는 것이나 뭐가 다른가? 더구나 계속 주기만 하고, 받기만 하는 관계란 없다.

돈만 쓰고 사람을 잃지 않으려면

남자친구가 고시공부를 하는 동안, 데이트 비용을 거의 혼자 내고 몇 년이나 뒷바라지한 제자가 있다. 남자친구는 '고시공부를 중단하고 취업을 할까?' 라는 고민한 적도 있다고 한다. 그러나 제자는 자기는 괜찮으니 좀 더 해보라고 용기를 주었다.

남자친구가 도서관에서 공부하니 따로 데이트도 못 하고 도서관 한쪽에서 공부할 때가 많았다. 나이 많은 선배, 게다가 고시에 언제 합격할 수 있을지도 알 수 없고, 집이 부자도 아닌 장래의 사윗감을 부모님은 탐탁지 않게 여기셨다. 그럴 때마다 제자는 남자친구를 두둔해 부모님께 당당히 맞섰다. 자취하는 남자친구 집에 가서 빨래, 청소, 음식 만들기 등 할 일도 많았다. 대학 때부터 시작한 내조는 직장 다닐 때까지 계속되었다. 3년 정도 지났을 무렵, 남자친구는 고시에 합격해서 지금은 세무사 사무실을 개업했다. 제자를 보면서 부모의 반대가 심하고 직장도 없는 상황에서 장래가 불확실한 남자친구를 어떻게 꿋꿋하게 견디며 기다렸는지 궁금했다. 제자의 답변은 간단했다. "남자친구를 사랑하는 마음과 좋은 감정이 있었고, 남자친구가 무엇을 해주지 않아도, 자주 만나지 못해도 괜찮다는 생각이 들었다. 괜찮다고 마음 먹으니 기다리는 것은 어렵지 않았다."는 것이다.

이런 마음을 알아주는 남자를 선택한 제자의 안목이 있었던 것 같다. 맹목적 희생 후에 남자가 배신하고 떠난 뒤 우는 여자들과의 차이점은 어디에 있는 걸까?

엘리스(Ellis)의 인지행동 심리학에서는 감정, 사고, 행동은 분리된 것이 아니라 연결된 것으로 본다. 때로는 감정, 혹은 사고, 행동이 선행된다. 그에 대한 후속반응으로 이 세 가지가 동시다발적으로 일어나기도 한다.

제자 역시 상황은 좋지 않았지만, 남자친구에 대한 긍정적인 감정, 사고, 행동이 연결되어 사랑의 결실로 나타난 것이다. 제자는 남자친구와 결혼을 했고, 지금은 함께 맛있는 것도 먹으며 여행을 다니기도 하고, 보드를 타러 다니면서 알콩달콩 사랑을 쌓아가고 있다. 신혼의 단꿈에 빠져있어도 가끔 롤러코스터를 타듯 힘들 때도 있지만, 잘 견뎌내며 단단해지고 있는 것을 보면 대견하다.

돈만 쓰고 사람을 잃지 않으려면 어떻게 해야 할까? 관계를 단단하게 하는 장치, 즉 그 속에 마음이 꼭 들어있어야 한다.

좋아하는 사람과 데이트를 하면서 지갑이 비어있는 것 같으면, "오늘은 내가 살게" 미리 얘기하면 긴장감이 줄어들 것이다. "밥 좀 사줘라. 오늘 돈이 없다." 솔직하게 얘기하면 자신감이 있어 보여서 좋다.

다른 대학 동창 얘기를 해보려고 한다. 대학생 때 축제에 초대를 받았다. '옥슨(oxen)80'의 노래와 캠프파이어의 열기로 우리는 춤을 추고, 저수지 앞 벤치에서 얘기도 나누며 즐겁게 놀았다. 우리는 축제가 끝나고 학교 근처 호프집으로 향했다. 비용이 몇십만 원 정도 나온 것 같다. 지금이야 더치페이지만, 그때는 주선자가 내는 분위기였다. 주선자인 남자는 지갑에 돈이 부족했고 당황하는 눈치였다. 친구가 선뜻 돈을 주선자 남자에게 건넸다. 그 광경이 내게는 놀라웠다. 아마 그 남자도 같은 생각이었을 것이다. 그날 이후 이들은 본격적으로 사귀기 시작했고, 1년 정도 사귀고 결혼을 했다. 그때 얘기를 하면 친구는 어렴풋이 기억이 난다며 웃는다. 이제 중년이 되었고 맞벌이를 하면서도 지금도 여전히 새벽에 일어나 남편과 자녀들에게 따뜻한 밥을 해먹이는 친구를 보면서, 데이트 때 방식이 결혼 생활까지 이어지는 것을 보게 된다. 여자만 희생해야 한다고? 절대 그 말이 아니다. 데이트 때 돈 쓰는 것을 보면 앞으로 두 사람의 관계를 예측할 수 있다는 것을 강조한 말이다.

데이트를 어떻게 하는가에 대한 내용보다 거기에 담긴 감정이나 생각이 더 중요하다. 무엇을 먹고, 어디를 가며, 데이트 비용을 누가 내느냐가 행복을 좌우하지는 않는다. 좋아하는 사람과 함께 있다는 것이 더 중요하지 않을까? 그러나 돈 쓰는 것이 사랑의 척도가 될 수 있으니, 남자친구의 주머니에서 돈이 나오도록 유도하고 자존심을 지키는 것도 필요하다.

데이트 비용을 누가 내든 상관없다. 각자 좋은 방식대로 하면 된다. 그러나 돈을 쓰는 것을 보면 앞으로 어떤 관계로 발전할지 보인다.

그 사람의 경제력과 비례해서 데이트 비용을 적절하게 쓰고 있는가? 많이 쓴다는 것은 돈이 많아서일 수도 있지만, 돈을 써도 아깝지 않다는 생각이 있어서일 것이다. 여자가 경제력이 있다면, 데이트 비용을 더 부담할 수도 있다. 하지만 아직까지도 "남자가 데이트 비용을 더 내야 한다.", "돈을 쓰는 것과 사랑이 비례한다."는 사회통념은 여자들의 자존심을 건드리기도 한다. 자존심 때문에 데이트 비용을 더 내는 것이 고민된다면 남자가 두 번 낼 때 여자가 한 번 내거나, 비용의 삼분의 일 정도를 분담하는 식으로 해도 좋을 것이다.

그래도 눈앞에서 직접 돈이 오가는 것이 더치페이가 영 불편하다면, 커플 통장을 이용해 보는 것도 방법이다. 매월 각자의 수입에 비례하는 적당한 돈을 입금하고 카드는 남자의 지갑에 넣어주는 센스도 발휘해 보자. ✿

06

늘 사랑받는 여자가
되고 싶다면

요즈음은 자기감정이나 욕구에 솔직한 여자가 많아졌다. 전경린 소설 《난 유리로 만든 배를 타고 낯선 바다를 떠도네》의 주인공 은령이 생각난다.

"자아와 세계 사이의 침묵의 경계가 너무나 뚜렷해서, 절대로 섞이지 않는 외로운 사람의 모습을 그대로 보여줄 수 있는 여자" 말이다.

전통사회에서는 조신하고 자기감정을 숨기는 여자가 사랑을 받았다. 남편에게 할 말이 있으면 아이들을 빌어서, 시어머니에게 할 말이 있어도 남편을 빌어서 말이다. 《사랑손님과 어머니》에서도 여주인공은 연모하는 남자에게 직접 말하지 못하고, 딸인 옥희의 입을 빌려 말한다. 그러나 요즈음은 자기 생각이나 욕구를 솔직하게 잘 표현하는 여자들이 환영을 받는다. 그것이 지나쳐서 남자친구의 헤어스타일, 흡연, 술 마시는 것 등 하나하나를 간섭하는 여자들이 있다. 남자들도 자기만의 방식이 있고 자기 정체성을 확보하고 싶어 한다.

클리닉에서 만난 Y라는 여자는 남자친구가 근육질의 운동마니아에 노래도 잘하고, 잡기에 능해서 한눈에 반했고 사귀게 되었다고 한다. 데이트를 할 때 남의 주목을 받느라 좋았지만, 연애 기간이 길어질수록 남자의 인기가 신경이 쓰였다. '자기만의 사람으로 묶어두고 싶은데 마음대로 안 되어 속상하다'는 것이다. 그러나 묶어두려 하면 할수록 남자는 도망가고 싶은 마음이 강하게 든다. 사랑스러운 여자는 남자를 한 인간으로 존중해주는 사람이다.

S는 남자친구가 '성실하게 일하는 모습은 좋지만, 야근이 많다 보니 데이트할 시간이 부족한 것' 때문에 자주 싸운다. 상대방의 입장에서 생각하지 않고 자신의 기준과 방식만을 고집한다면, 갈등에서 오는 감정소모로 인해 관계도 어려워질 수 있다.

노무사로 일하는 친구가 있는데, 그녀의 별명은 쌈닭이다. 그런데 놀랍게도 일하는 현장에서는 치열하게 싸우지만 애인에게는 한없이 부드럽다. 그녀에게 난 이중인격자라며 놀린다. 화만 내면 주변을 초토화시키고 자신을 망가뜨리는 일이 잦다면 상대방을 탓하기 이전에 자신 속의 화를 인정하고 그 근원이 어디에서 왔는지 진지하게 고민해봐야 한다.

과거에 사랑스러운 여자는 어떤 여자였을까?

남자가 밖의 일을 하면 여자들은 남편이 벌어다 주는 돈으로 살림을 하고 시부모 부양하면서 아이를 양육하는 것이 중요한 업무였다.

그래서 두 사람 간에 돈독한 사랑보다는 남자들에게 있어서 자기 부모에게 잘하고 자기혈통인 아이를 잘 키워주는 여자가 사랑스러운 여자였다. 지금도 전통적인 남성상을 가진 남자들은 조선시대 여성상인 조신하고 자기 말에 잘 따라주는 여자를 사랑스럽게 생각한다.

남자들은 갈등하는 상황이나 싸우는 것을 못 견뎌 하는 경우가 많다. 여자가 미인이 아니어도 좋고, 몸매가 좋지 않아도 상관없지만, 따지고 싸우려 드는 여자는 피하고 싶어 한다.

남자도 사랑받고 싶다

내가 만난 A는 겉은 조선시대, 속은 현대판 여자이다. 남자친구는 동갑내기 그녀가 "조신해서 좋다"고 한다. 남자친구가 데이트 주도권을 잡고 있고, A는 남자친구의 말을 잘 따른다. 그녀 역시 속으로는 불만이 있고 표현도 하고 싶지만, 남자친구가 싫어할까 봐 표현은 하지 않는다. 사귄 지 불과 1~2개월밖에 되지 않았는데, 남자친구는 '자기가 원하면 결혼까지도 할 여자로 생각'하는 듯하다.

형은 결혼해서 분가했고 현재 자기가 홀어머니를 모시고 있는데, 결혼해도 어머니를 모시고 살 거라며 쐐기를 박았다. 여자친구가 별 반응이 없자 "듣고 있냐?"고 묻는다. 여자친구는 속으로는 황당했지만, 겉으로는 간단하게 대답했을 뿐이다. 남자친구는 맛집을 찾아다니며 여자에게 잘 해주지만, 부담스럽다. 남자친구가 좋아하는 조신한 여자로 연기하고 있긴해도 언제까지 사귈지는 모르기 때문이다.

겉은 수수하고, 남자들에게 다 맞추는 여자들이라도, 속은 화려한 삶을 꿈꾸고 자기주장도 하고 싶어 한다. 남자와 단둘의 로망을 꿈꾸며 도시풍의 세련된 분위기에서 살고 싶은 마음이 여자들이라면 다 있다. 어떤 여자들이 사랑받을까?

우리는 가족주의가 쇠퇴하고 있고, 개인의 행복이 우선되는 시대를 살고 있다. '가족의 행복'보다 '나의 행복'이 중요해지고 있다. 과거에는 남자가 자기에게 마음을 열지 않을 때, 미래의 시부모에게 잘 보여서 남자를 자기 것으로 만들려는 여자들도 있었다. 그러나 시부모와 결혼하는 것이 아니라면 남자와 잘 맞는지, 만나면 편안한지, 추구하는 방향이 같은지에 비중을 두어야 하지 않을까?

또, 과거에는 여자들이 자기보다 남자가 100만 원 이라도 월급을 더 받았으면 좋겠다고 생각했었다면, 이제는 여자가 남자보다 더 높은 경제력이나 자원이 있으면 남자를 지원해주면서 사는 것도 괜찮다고 생각하는 여자들이 늘고 있다. 사회가 경제적으로 어려워져서일까? 남자들도 여자의 외모보다도, 돈 잘 벌고 생활력 있는 여자를 좋아한다고 드러내놓고 얘기하기 시작했다. 과거에는 여자들이 돈을 많이 벌어 가계를 부양하면 남자들이 고마워하면서도 자기권위가 떨어진다 생각하거나, 자존심 때문에 자기를 무시하냐며 큰소리를 내기도 했다. 여자들이 남자와 대등하거나 더 높은 교육수준, 대화, 경제력이 생겨서이기도 하지만 포스트 모던사회에서 사고나 가치관의 다양성이 연애나 결혼에서도 적용되는 것 같다.

사회학자 버나드(Jessie Venard)가 말한 '여자는 자기보다 사회경제적 지위가 조금이라도 높은 남자와 데이트를 하고 결혼을 한다'는 '사랑의 경사이론'에 다 적용되지는 않는다는 것을 알 수 있다. 과거에는 최하위층의 남자들과 최상위층의 여자들은 결혼하기 힘들었는데, 요즘 현대판 평강공주가 증가하고 있다. 남자가 차가 있어야 연애한다는 말들을 했지만, 요즈음은 차 없는 남자친구를 자기 차로 집에 바래다주는 것을 대수롭지 않게 생각하는 여자들이 늘어나고 있다. 스스럼없이 남자들이 '자신은 바보온달, 여자친구는 평강공주'라고 하며 능력 있는 여자들을 만나는 것에 대해 드러내놓고 자랑하기도 한다.

남자는 내세울 것 없는 스펙에 훈남이 아니어도 이에 상관없이 자기를 가장 멋있게 바라봐주는 여자가 사랑스럽다. 냉소적으로 사회를 비판하고, 아는 것도 많은 여자가 멋있어 보이지만, 겁도 난다. 자신의 말이나 행동에서 무언가 하나쯤 비난거리를 찾아낼 것만 같아 두렵다. 가끔 칭찬해줄 때도 있지만, 그것조차도 한 수 위에서 조롱하며 냉소적인 느낌이 들어 싫다.

성격이 약하고 민감한 남자일수록 센 여자를 힘들어한다. 남자들의 열등감이라고 합리화시키면 그만이겠지만, 자신을 돌아볼 필요도 있다. 말투나 행동에서 남자를 무시하는 듯한 태도가 없는지, 어쩌면 그것이 자기 속의 열등감 때문은 아닌지.

남자들은 일이 잘 풀리지 않아 고통스러울 때, 아플 때, 잠이 안 올 때, 실수할 때도 자기를 잘 받아주는 여자를 찾는다. 그런 여자를 변별할 수 있는 테스트가 있다면 뭐라도 해볼 것이다. 헬스, 요가, 다이어트, 피부 관리까지 완벽한 여자라고 해도 차갑고 이기적인 성격이라면, 남자들은 고민을 한다. 자기를 사랑하고 아껴주는 여자일 때, 진심이 담겨 있을 때, 남자의 마음은 설렌다. 자기는 이기적이면서 영혼까지 사랑해주는 남자를 만나도 싶어 한다면 영원히 만나지 못할 것이다. 남자들은 '자기 영혼을 돌보는 여자가 존재할 것'이라는 환상을 가지고 있다. 남자들도 사랑받고 싶어 한다. 프랜시스 잠의 〈순박한 아내를 가지기 위한 기도〉를 보면 남자들의 욕망은 어쩌면 아주 단순하다. 남자들은 자신의 꽃을 돌보듯 세심하고 따뜻하게 돌보는 단단한 여자를 찾고 있으니 말이다.

> 그녀의 마음속에 부드러운 순결이 간직돼있어
> 서로 껴안으며 암 말없이 미소를 짓게 해 주소서
> 그녀가 튼튼하게 되어, 꿀벌이 잠자는
> 꽃을 돌보듯
> 내 영혼을 돌보게 해 주소서.

심리학 TIP

남자들이 이성을 보는 기준은 매우 단순하고 동물적이다. 예쁘고 세련되고 몸매가 끝내주는 여자를 좋아한다. 그러나 그것이 사랑의 지속을 장담하지는 못한다. 궁극적으로 남자에게 여신은 '자신의 모든 것을 받아주고 영혼을 돌보는 여자'이다.

또, '가족의 행복이 나의 행복'이라고 생각하는 남자에게 사랑스러운 여자란 '자신보다도 자기 부모나 형제를 신경 써주는 여자'이다. 가족주의 풍조가 약해지고 있어서 나의 행복을 채워주는 여자를 찾고 있는 남자가 많기는 하다. 어느 쪽을 택하든 '본인의 행복'을 잃지 않으면서 여우답게 처신하자. ✽

Part 3

여자의 매력
업(Up) 시키기

01

◆

소개팅 애프터,
나는 왜 못 받았을까?

첫 인상은 중요하다. 첫 만남에서 '이 여자가 내 스타일이다'는 생각이 들면, 남자들은 그다음 데이트 신청을 하게 된다. 혹은 헤어진 후 잘 들어갔는지 메시지를 주고받다 보면 자연스럽게 데이트로 연결된다.

대부분 여자는 소개팅에 나가서 자기 맘에 드는 남자가 나올 것인지에 촉각이 곤두서있다. 남자를 샅샅이 살피고 이것저것 묻고 대화도 해보니, 마음에도 들었는데 연락이 없으면 실망하게 된다. 심지어 마음에 들지 않아도 애프터 신청이 없으면 자존심이 상하고, 애프터 신청 없는 일이 반복되면 소개팅 나가는 게 두려워지기도 한다. 실제로 스펙, 외모 모든 것을 겸비한 Y가 그랬다. 마음에 드는 남자는 팅기고, 마음에 들지 않는 남자마저도 연락이 없는 날들이 계속되면서 나이는 20대 후반으로 접어들었다. 이러다 데이트 한번 못 해보고 결혼은 점점 멀어지나 위기를 느껴서 상담실을 찾아왔다.

Y 역시 소개팅에 나갈 때는 하늘하늘한 원피스에 액세서리를 하고, 공들여 화장하고 낭만적인 분위기를 연출하는 것으로 다 됐다고 생각했다. 자신의 매력을 외적으로 부각시킨 점에서 Y는 합격점이었다. 그러면 무엇이 문제였을까? 아름다운 외모에 명문대를 나와 대기업의 비서로 일하는 Y는 도대체 이유를 모르겠다는 것이다.

그녀를 상담하면서 몇 가지 단서들이 포착되었다. 싫을 때와 좋을 때의 표정이 극렬하게 대비되어 나타난다는 점, 남자를 볼 때도 싫고 좋음에 대한 분명한 기준이 있었다. 어떤 면에서는 솔직한 성격과 남자의 선호도에 대한 기준이 있다는 것은 장점이 될 수 있는 것들이다. 그러나 Y는 소개팅 첫 만남에서 자신의 성격이 너무 적나라하게 표출되어 남자들이 싫어한다는 것을 본인은 모르고 있었다. 마음만 먹으면 자신의 마음을 들키지 않고 남자를 속일 수 있다고 생각한 것이다. 무엇인가 싫으면 자신도 모르는 사이에 싫은 표정이 얼굴에 역력하고 미간이 찌푸린 채 목소리 톤이 쨍쨍 신경질적인 소리로 바뀌었다.

그런데 좋아하는 사람 앞에서는 잘 보이려 하고 친절하며 상냥하게 하려는 이중적인 모습이 있었다. 문제는 좋아하는 사람 앞에서 잘 보이려고 신경 쓰면 쓸수록 더 긴장되는 법이다.

이중적인 잣대로 사람을 보는 Y의 평소 습관이 소개팅 자리에서도 그대로 표출되었다. 마음에 드는 남자에게는 잘 보이려다 보니 경직되어 부자연스럽고, 상대방을 긴장하게 만드는 것이었다. 마음에 안 드는 사람에게는 싫은 표정이 그대로 드러나 상대방 기분을 상하게 하는 두 가지 패턴이었다. 어차피 아닌 사람은 한번 만나고 끝낼 텐데 무슨 상관이냐는 논리이니 할 말은 없다. 그러나 마음에 쏙 드는 남자에게 점수를 못 따는 것이 속상하다는 것이다. 소개팅 나갈 때 외모만큼 중요한 것이 성격이다.

오늘 내가 만나는 남자는 누군가의 첫사랑이었다

마이어스와 브릭스(Myers & Briggs)는 심리학자 융(Carl Jung)의 이론을 적용해 사람들의 성격을 분류했다. 첫 만남에서 상대방에게 호감이 잘 전달되는 것은 외향형과 감정형이라고 한다. 따라서 첫 만남에서 밝고 활기찬 이미지를 연출할 필요가 있다. 평소보다 목소리 톤을 약간 높이고 즐거운 표정을 지으면, 처음 만나는 자리라도 어색하지 않고 편안하게 느낄 것이다. 말을 하면 시원시원하게 반응해주고, 더 할 말이 있는지 물어보면 남자는 긴장도 줄어들고 배려받는 느낌을 받게 된다.

데이트도 악기를 다루거나 운동을 하는 것처럼 연습이 필요하다. 오랜 시간 단련해야 근육이 생기고 악기에서도 잡음이 나지 않는 것과 같은 원리이다. 방법은 아주 간단하다. 어떤 남자가 나오든 마음을 열고 대하라는 것이다. 소개팅남의 장점 하나를 꼭 붙들고 소개팅 자리에 나가는 것도 필요하다. 그리고 데이트 중에도 상대방의 장점을 생각하며, '이 사람은 참 괜찮은 사람'이라는 암시를 스스로에게 하라. '오늘 내가 만나는 이 남자는 누군가의 첫사랑이었다'.

그도 언젠가 누군가에게 열렬히 사랑을 받던 상대라고 상상해보자. 그의 매력이 쉽게 보일 것이고, 존중하는 마음으로 대하게 될 것이다.

웃고 반응해주는 것은 최소한의 매너이다. 싫다고 싫은 표정 다 드러내고 표현을 다 하는 것이 솔직한 것은 아니다.

소개팅에서 Y에게 준 첫 번째 미션은 애프터 신청을 받는 것이었다. '이렇게까지 해야 하나?' 생각되었지만, 이미 자존심이 구겨질 대로 구겨진지라 마지막으로 선택한 방법이었다. 남자는 중하위권 대학의 전망 있는 학과를 나와 중소기업에 다니는 남자, 얼굴은 보통, 키는 중간, 성격 좋고 대화 통함. 이 조건이라면 예전 같으면 기본적인 반응 이외는 보여주지 않고, 형식적으로 밥 먹고 차 마시고 왔을 것이다.

나는 Y가 데이트가기 전에 상대방의 장점 몇 가지를 상기시켰다. 소개팅 갈 때부터 마음속으로 학과 좋지, 직장은 가늘고 길게 다녀도 괜찮아. 얼굴이 뭐 밥 먹여주나, 성격 좋지, 말 통하고, 키는 이 정도면 됐어. 장점만 되뇌며 마인드 컨트롤을 했다. 그러고 나니 리액션도 확실하게 했다.

남자는 첫 데이트에서 여자를 아주 마음에 들어 했다. 먼 거리지만 여자를 차에 태워 데려다주고, 그 다음 날부터 데이트로 연결되었다. 3개월 정도 지나자 결혼 얘기가 오고 갈 정도였다. 여기에서 끝나면 평범한 이야기가 될 것이다. Y의 SNS에 프로필 사진이 화사해지고 달달한 느낌이 나오자, Y를 차버리고 갔던 첫사랑이 다시 나타나 프러포즈를 하는 일이 생겼다. 결국, 두 마리 토끼 중의 하나를 선택해야 하는 행복한 고민을 하게 된 것이다.

사람마다 자신도 모르는 나쁜 소개팅 습관이 있는데, 그것을 따끔하게 충고해줄 수 있는 친구나 주변 사람이 있으면 좋다. 항상 좋은 얘기만 해주는 사람들만 있다면 그것은 독이 된다. 가능하다면 전문가 코칭을 받아서라도 자기의 데이트 맹점을 찾아내는 것이 중요하다.

평소처럼 호탕하게 웃는 모습이 어떤 남자에게는 매력이 될 수도 있다. 말을 잘 못하고 수줍어하는 사람은 누군가가 대신 말을 해주고 웃어주니 좋아할 수도 있다. 그러나 대부분의 남자는 여자에 대한 환상을 갖고 나온다. 국민 여동생 수지 같은 여자가 나타나 청순한 미소를 지어주기를 바란다. 그런데 처음 만남인데도 자기의 화를 다 드러내거나 피해의식으로 꽉 찬 여자, 술만 들어가면 매번 소개팅 자리라는 것을 잊고 3차까지 달리는 여자, 새침 떠는 것이 최고의 매력이라고 굳게 믿고 어떤 남자를 만나든 새침만 떠는 여자, 농염한 여성적 매력으로 남자를 사로잡겠다는 일념으로 가슴이 푹 파인 옷과 아슬아슬한 각선미 외에는 어떤 것도 내세울 것이 없는 여자, 자기 얘기나 자랑만 늘어놓는 여자 등, 남자들의 기대를 저버리는 유형은 셀 수 없이 많다.

뭉크(Edvard Munch)의 그림 중에 '흡혈귀(Vampire)'를 보면, 드라큘라 여인이 자신의 먹잇감인 남자를 덮치고 있는 듯한 모습이 인상적이다. 남자들은 이런 여자들이 무섭고 피하고 싶어 한다. 첫 만남부터 너무 주도적이면 남자들은 부담을 느낀다. 첫인상이란 외모, 즉 얼굴, 의상, 행동 등을 말한다. 특히 옷은 경제, 교육수준, 성격, 취향을 드러내는데, 첫인상은 잘 바뀌지 않는다. 처음 만날 때 표정, 나누었던 대화로 첫인상을 형성하는데, 이를 '대인지각'이라고 한다. '대인지각'은 처음에 긍정적으로 지각한 것이 계속 유지되는 것과 마찬가지로 부정적 지각 역시 쉽게 바뀌지 않는다는 점을 유념해야 한다.

소개팅 첫날에는 과한 것보다는 덜한 것이 낫다. 외모, 식사, 말, 자기개방 등 무엇이든 첫날에는 적절한 경계선을 지키는 것을 잊지 말자. 그리고 깔끔한 이미지가 무난하다. 너무 큰 귀고리를 주렁주렁 달거나 과한 액세서리는 오히려 하지 않는게 낫다. 포인트가 될 수 있는 것 한두 개 정도면 좋다. 물론 남자들의 성격이나 취향에 대한 정보를 입수해서 그 사람의 성격에 맞추면 좋을 것이다. 하지만 생기 있는 리액션이 더 중요하다. 늘 만나던 사람처럼 편하게 대해주는 것이다. 이런 스킬은 쉬워 보이지만, 마음에 들지 않는 남자 앞에서는 하기 힘들어 연애의 고수만이 가능하다. 연애의 고수들은 상대방을 외모로만 판단하지 않고, 최고의 매력남으로 대한다. 싫은 표정을 바로 드러내기보다는 몇 번 만나보고 상대방의 장점을 찾아보는 것도 중요하다. 싫든 좋든 최소한 2~3번은 만나보고 그 이후에 만남을 지속할지를 결정해도 늦지 않을 것이다.

심리학 TIP

첫인상을 결정하는 데 3초면 충분하다. 그 3초를 위해 여자들은 3시간을 투자해 최대한 예쁜 모습으로 소개팅에 나가지만, 얼굴, 몸매, 스타일로 첫인상이 결정된다. 혹시 그의 취향과 달라 외모로 점수를 따지 못했어도 대화를 즐겁게 이끌어간다면 애프터를 받을 확률이 높아지니 미리 포기하지 말 것. 또, 남자의 첫인상이 마음에 딱 들지 않아도 리액션만 잘

해주어도 호감을 갖게 된다. 가끔 물개 박수를 치거나 큰소리로 웃어야만 리액션이라고 오해하는 사람도 종종 있다. 오히려 처음 만난 상대에게 리액션은 비언어가 더 중요하다. 몸을 기울이기, 눈 마주 보기, 미소 짓기 세 가지만 해도 충분하다. ✿

02

💎

여자가 너무 잘해주면
호감 떨어진다는 남자

늘 친절하고 상냥하게 희생하며 참아주면 남자의 마음을 잡을 수 있다고 생각하는 여자들이 있다. 그럴 때마다 남자들의 여자에 대한 호감지수는 1포인트씩 떨어진다는 것을 아는 사람이 얼마나 될까?

이유는 간단하다. 여자를 원하는 것이지 엄마를 원하는 것이 아니기 때문이다. 엄마에게 아기 취급이나 통제당하며 살아온 남자일수록 더 그렇다. 의식적으로는 고맙고 좋지만, 무의식이 그렇다는 얘기다.

밥해주고 빨래해주고 용돈도 주는데, 왜 남자는 떠나가는 걸까? 엄마에게 원하는 것은 양육이며 보호본능이다. 엄마의 역할만 할 줄 아는 여자에게는 이성의 감정이 느껴지지 않는다. 그래서 군대 기다려주고, 취직할 때까지 밥 사주고, 술 사주고, 뒷바라지 다 해서 성공시켜 놓으면, 나중에 뒤통수치는 남자들이 있다.

D는 그동안 잘해준 여자와 헤어지면서 약간의 미련과 죄책감으로 인해 마지막으로 해준 말이 있다.

"남자들에게 너무 잘해주지 말아라, 만만하게 보이지 말아라. 그러면 네 단물만 쪽쪽 빨아먹고 연애는 딴 여자랑 한다."

이런 말을 하는 남자에게도 일말의 양심은 살아있다.

여자에게서 도망가고 싶은 남자들이 있다. 여자들은 '남자에게 잘해주는데, 뭐가 문제일까?'라고 생각한다. 그러나 잘해주는 여자들의 경우, 대부분 남자의 인생을 통제하려 한다. 승진, 연봉협상에 사사건건 조언하며, 매일 밥은 먹는지, 메시지를 받고 왜 답변을 바로바로 안 하는지, 전화는 왜 그렇게 간단하게 말만 하고 끊는지 등 불만이 많다. 남자들은 차라리 자기에게 뭔가를 적게 해주고 잔소리 적은 여자를 좋아한다.

K는 남자가 자신을 좋아한다는 것을 확신하게 되면서부터 '내조의 여왕'이 되기 시작했다. 자취방에 가서 밥을 해주고, 김치를 가져다 나르고 갈비를 재어다 주었다. 그런데 집에 한 번 두 번 갈 때마다 혼자 살고, 제대로 챙겨 먹지 않아 걱정된다며 안쓰러워하면서도 잔소리는 늘어만 갔다.

남자는 잔소리만 늘어놓는 K가 처음에는 여자로 보여 연애하는 기분이었는데, 점점 엄마 같고 아줌마처럼 느껴진다. 여자친구가 지겨워지기 시작한다. 이때부터는 가슴 떨림이나 설렘이 없어진다.

연하 남자친구가 있다면, 그 연하 남친에게 "오빠"라고 불러보라.

반응이 괜찮으면 계속하면 된다. 남자들은 연하여도 남자답게 보이고 싶어 하는 면이 있다.

K는 남자친구에 대한 사랑의 확신이 커서 하는 행동이겠지만 그것은 자기애일 뿐이다. 나르시스틱한 자기애적인 여자일수록 자학적인 희생을 감수하면서도 자신의 내조로 남자를 성공시켰다는 말을 듣고 싶어 한다. 사실은 자기애를 충족시키기 위한 것이다. 그 후에 보상을 기대하기 때문에 남자들은 미안해하면서도 거리를 두게 된다.

일반적으로 여자도 마찬가지지만 남자들도 데이트하고 연애할 때만큼은 다 잊고, 아무 생각 없이 소소한 대화를 하며 편안한 시간을 갖고 싶어 한다. 남자들은 '일을 잘해야 하고, 성공해야 한다'는 강박관념이 있다. 칭찬받고 싶어 하고 인정받고 싶어 한다. 장래에 대한 고민이 많다. 그런 남자일수록 여자가 통제하고 가르치려는 것을 싫어한다. 그래서 남자들은 여자에게 가르치고 해결책을 제시하는 것을 좋아한다. 아무리 못난 남자도 자기가 사랑하는 여자에게는 잘난 사람이고 싶어 하며, 자존심 상하는 것을 제일 싫어한다. 남자가 여자에게 "멋있다", "고맙다"는 말을 듣고 싶어 하는 이유이기도 하다.

도도한 여자가 남자를 자유롭게 한다

또 다른 형태로는 거절당할까 봐, 버림받을까 봐 두려워서 남자친구에게 맞추고 과도하게 잘해주는 여자들이 있다.

J는 피아노전공의 재원이다. 남자친구가 "수요일에 보자. 부모님께 널 소개해드릴 거야."라고 하자, 평소에 매번 하던 수요예배 반주를 다른 사람에게 맡기고 남자친구를 만나러 가는 여자이다. 그러나 앞으

로 이런 상황이 또 생기면 어떻게 하면 좋을까? 고민이 되기도 한다.

J를 아는 사람들은 집안, 실력, 외모 모든 면에서 J가 J의 남자친구보다 객관적으로 스펙이 좋다고 한다. 그러나 J는 남자친구가 자기보다 잘 난 것 같다. 그래서 남자친구의 페이스북을 다 뒤지며, 옛 여자친구는 어떤 사람이었는지 찾아봤더니 자기보다 예쁘고 섹시해서 불안하다는 것이다. 이런 경우 불안한 마음에 남자친구에게 더 잘해주려고 하고, 말 한마디에도 신경이 쓰게 된다. 남자친구를 다른 여자에게 뺏길까 봐 불안하기 때문이다.

거절을 두려워하는 사람들은 '버림받음'에 대한 공포가 있다. 그래서 상대방을 이상화하여 맞추고 과도하게 잘해주며, 그러다가 지치면 자신이 먼저 헤어지자고 하기도 하고 평소 상대방에게 매우 의존적인 특성을 보인다.

R은 대학 새내기 시절, 학과 친구들과 MT 가서 보드를 탔다. 보드를 타다가 밤이 되어 친구들 사이에서 혼자 떨어지게 되었다. R은 위급한 상황에서 자기를 구해준 선배와 친해지게 되었다.

졸업 후 남자는 오로지 연극배우로 성공하고 싶다는 마음으로 극단을 찾아다니며 도전을 했다. R은 한때 배우가 되고 싶었던 자신의 꿈을 남자가 이뤄줄 것 같은 보상심리로 그를 사랑하게 되었다. 선배가 언젠가 배우가 되어 명성을 떨칠 것이라는 믿음도 갖고 있다. 그래서 R은 선배에게 경제적 도움과 뒷바라지를 해주었다. 그런데 남자는 "평생 함께하자"고 말만 하고, 구체적인 프러포즈나 장래에 대한 계획을 말하지 않는다. 연인 사이의 스킨십도 없고, 만나면 연극 얘기만

한다. 선배는 "지금까지 고생하며 뒷바라지한 것이 고맙고 미안하다. 그런데 자기는 아직 누구를 책임질 준비가 안 되었다"며 아리송한 말만 한다. R은 선배와 만난 지 5년이 되었고, 30대 초반의 나이가 되니, 미래가 불안하고 이 관계를 유지해야 하나? 고민이 되기 시작한다.

여자는 자신도 한때 되고 싶었던 배우의 꿈을 남자에게 투사하여 이상화하고, 자기가 희생하면 언젠가 남자의 사랑을 얻게 될 것이라는 환상을 버리지 못하고 있다. 선배는 여자가 자기를 좋아한다는 것을 담보로 희생을 받고, 여자에게 막연한 희망을 품게 하는 나쁜 남자다. 여자의 희생이 싫지는 않겠지만, 여자로서의 끌림은 없는 경우가 많다. 외롭고 힘들 때 기대었지만, 연인으로 발전시킬 마음은 없는 것이다.

잘해주기만 한다고 사랑받는 것이 아니다. 자신은 보상을 바라지 않고 순수한 마음으로 희생한다고 해도, 서운한 마음이 조금이라도 있다면 다시 생각해보아야 한다.

자기를 배려하지 않는 희생은 상대방의 사랑을 끌어낼 수가 없다. 남자에게 과도하게 잘해주는 심리의 이면에는 자신도 사랑받고 의존하고 싶은 욕구를 반영해준다. 자기 세계가 있는 도도한 여자가 남자의 사랑을 받는 것은 의존하거나 매달리지 않고 남자의 자유본능을 채워주기 때문이다. 남자가 부르면 무조건 달려가는 여자보다는 자기 스케줄, 취미생활, 일도 소중히 여기는 여자가 매력 있다. 남자도 든든한 버팀목 같은 여자에게 기대고 싶을 때가 있기 때문이다.

심리학에서는 '좋아하는 것'과 '사랑하는 것'을 동질 개념으로 보기도 하지만, 이질 개념으로 보는 학설이 있다. 즉, 동질 개념은 '친구 사이가 오래되면 연인이 되는 것이다'는 것이고, 이질 개념은 '친구의 느낌이 나는 사람과 연인의 끌림이 있는 것이 본질적으로 다르다'는 것이다. 처음 볼 때부터 연인이 되기도 하지만, 친구가 연인이 되기도 하고, 친구도 다시 연인이 될 수 있는 것이 남녀관계이다.

남자에게 여자는 친구, 연인, 어머니, 남매의 느낌이 들기도 하고, 일적으로 만나는 관계가 될 수도 한다. 친구나 일로 만난 사람이 연인이 되기도 한다. 엄마의 역할만 할 줄 아는 여자에게는 이성의 감정이 느껴지지 않기 때문에 연인 대신 친구로 남자는 남자들이 있다. 친구가 아닌 여자, 연인의 관계로 발전하고 싶다면, 남자에게 어머니같이 행동하는 보호본능을 줄이고, 여자로서의 시크하고 섹시한 모습을 보여주기도 하고, 다양한 자신의 매력을 발산하는 것도 방법이다.

심리학 TIP

사랑도 파워게임이다. 데이트 약속을 잡아놓고 종일 남자의 연락만 기다리거나 남자의 스케줄에 본인의 일정을 맞추는 것을 피하라.

설상가상으로 잔뜩 예쁘게 꾸미고 나왔는데 남자가 갑자기 바쁜 일이 생겼다며 약속을 취소한 상황에는 보통 세 가지로 여자들이 반응한다.

첫 번째 유형은, 상대방에게 무시당해 기분 나쁜 감정을 바로 드러내며 화를 낼 것이다. 두 번째 유형은 거절당했다는 느낌이 들어도 겉으로는 싫은 내색을 하지 못하고 집에 가서 이불 뒤집어쓰고 울 것이다. 둘 다 자존감이 약한 여자들의 반응이다. 마지막 유형인 도도한 여자는 설사 남자가 거짓말을 했더라도 긍정적으로 생각한다. 다음에 만나면 되고, 계속 연락이 안 오면 인연이 아니라고 생각할 것이다. 내친김에 친구들을 만나 수다 떨며 남자를 곧 잊어버릴 것이다. 당신이라면 어떻게 할 것인가? ✿

03

💎

끼로 남자를 흔드는
여자가 되고 싶다

여자들 눈에는 여자가 끼 부리는 게 잘 보이고 거슬리는 데, 남자들은 여자들이 끼 부리는 것을 좋아한다. 끼 없는 여자가 보면, 배가 아플 일이다.

어딜 가나 천성적으로 끼 있는 여자가 있다. 넘치는 끼를 자신도 주체 못 하니 주변에 늘 남자들이 있다. 천성적인 끼는 없어도 하다 보면 느는 법. 끼 부리는 것도 성격이 된다. 식당에 가서 숟가락 놓는 것은 못해도 고기에 상추쌈 싸서 남자 입에 넣어주고, 안주를 먹여주는 것은 잘한다. 여자들이 보면 기분이 나쁘지만, 남자들은 자기에게 관심을 보이니 싫어할 일이 없다. 끼 부리는 여자는 여자들의 공공의 적이지만 남자들에게는 인기가 있다.

알랭 드 보통(Alain de Botton)은 《슬픔이 주는 기쁨》에서 "유혹하는 여자 자신도 의식하지 못하기 때문에 자신의 중요한 자산을 내세우지 못한다"는 말을 했다. 보통 여자들이 자신만의 매력을 미처 알지 못해 의기소침한 경우들이 얼마나 많은가?

끼 부리는 여자들은 자신의 매력을 알고 상황에 따라 다른 매력을 발산한다. 클럽 갈 때 입는 옷 한두 벌쯤은 가지고 있으며, 자신의 외모에 대한 매력 포인트를 살리게 옷을 입을 줄 안다. 남자들을 많이 만나면서 그들에게 예쁘다는 말을 많이 들어 자신만의 매력을 열심히 가꾸어왔는지도 모른다.

끼 있는 여자들은 클럽에서 맘에 드는 남자가 있으면 자기도 모르게 그 옆에 서고, 소심녀들은 남자가 먼저 말 걸어주기를 기다리기만 한다. 마음에 드는 남자에게 눈인사, 말 걸기, 핸드폰 번호 알아내는데 몇 달이 걸리지만, 끼 있는 여자들은 1시간이면 끝난다. 기다리는편보다는 말을 거는 것이 더 쉽기 때문이다.

끼 부리는 여자들은 남자의 사랑을 쟁취하기 위해 자기도 모르게 온몸으로 사랑의 호르몬인 페로몬을 뿜어댄다. 특히, 정말 마음에 드는 남자에게는 집요하다. 사냥감이 된 남자는 이런 여자의 덫에 걸려들고 만다. 끼 부리는 여자들은 미인이 아니어도 훈녀로 보인다. 왜냐하면, 자기 나름의 매력을 가꾸어왔기 때문에 타고난 미인이 아니어도남들이 보면 매력적으로 보이기 때문이다. 즉 자신을 가장 아름답게보이는 방법을 알고 있다.

자기 매력을 아는 여자만이 남자를 유혹할 수 있다

사랑을 갈구하는 촉촉한 눈빛, 나긋나긋한 목소리나 교태의 몸짓은 단련되어 몸에 배어있고 자연스럽다. 그래서 보통 남자들이 경계의 줄을 풀어놓게 되고, 그냥 여자가 사랑스럽게 보인다.

남자가 키스하려 할 때, 빼는 듯하면서도 자연스럽게 해서 남자들은 편안하게 느낀다. 유혹의 전문가라 할 수 있다. 기분이 좋을 때나 남자가 믿음직스러울 때는 끼 부리는 것이 더 심해져서 다혈질적인 유쾌함을 드러낸다.

때로는 자기도 모르게 끼 부리는 일도 있다. 사랑받고 싶은 마음에 무의식적으로 하는 행동이기 때문이다.

여자들이 끼 부리는 목적은 대부분 '관심 끌기'로 사랑받기 위한 것이다. 이 '관심 끌기'가 성공적이었던 경우가 많은데, 보상을 받다 보니 강화가 된 것이다. 뭔가 자신에게 없는 무엇을 보여주려고 하기보다는, 이미 가진 사소한 것 하나로도 사랑받을 수 있다는 자신감을 가지고 다가가면 좋을 것이다.

끼와는 거리가 먼 여자들이 사랑받고 싶어 끼 부리기를 하면, 남자들이 반응이 없다. 만나도 손도 잡지 않는 냉랭한 커플 얘기를 해보자. 여자친구가 안 입던 미니스커트에 망사스타킹을 신고 끼를 부리면, 남자는 의아해한다. '이 여자가 왜 갑자기 이러는 것일까?' "누구에게 잘 보이려고 이러나?' 라는 생각에 남자들은 불안해진다. 너무 예쁘고 섹시한 여자친구를 다른 남자들이 침을 흘릴까 두려워 퉁명스럽게 화를 내는 것이다.

심리적으로 끼 부리는 여자는 감성이 풍부하고, 타인의 관심을 잘 끌며 유혹적인 히스테리적인(hysterical) 성향이 있다. 그래서 특별히 노력하지 않아도 남자들의 시선을 사로잡으며, 남 의식하지 않고 자기의 감정이나 욕구를 잘 표현한다. 스트레스와 긴장이 많은 사회생활에서 쉬고 싶은 남자들은 히스테리적인 끼 있는 여자들이 매력적으로 보인다. 평소엔 시크한데 장난끼나 애교로 남자의 마음을 사로잡는 것도 끼다. 여자들에게는 누구에게나 독특한 매력이 하나쯤 있다. 사랑에 빠지고 싶은 대상이 나타나면 내 남자로 만들기 위해 자신의 매력을 믿고 '끼 부리는 여자'에 한번쯤 도전해보자.

심리학 TIP

끼로 남자를 사로잡고 싶어도 여자 사이에서 공공의 적이 되기 때문에 무서워서 자제하는가? 남녀가 함께 있는 직장 혹은 학교에서는 은밀히 끼를 부리는 것이 좋은지 아니면 끼 부리는 여자로 찍히더라도 일관성 있게 행동하는 것이 좋을지 고민이 될 것이다.

정말 매력 있는 여자들은 여자친구가 많고, 남자들에게 인기도 많은데, 비결은 뭘까? 그것은 바로 여자들에게는 여성성의 매력을 칭찬해주면서 남자들에게는 중성적 매력을 보이는 것이다. 그러면 여자들의 적이 안 되면서 남자들에게 인기가 있을 수는 있다. 하지만 둘 다 맞춰가는 줄타기를 계속해야 하는데 피곤해서 어떻게 살 수 있을까? 그냥 자기 스타일대로 가라. 연예인으로 살아갈 것이 아니라면 한 남자의 애인으로 살아가는 것도 나쁘지 않다. 끼로 남자를 흔드는 것은 외모가 꼭 예쁘지 않아도 자신감에서 나온다. 자신에게 여성적인 매력이 있다고 믿고 당당하면, 끼가 발산되어 남자를 사로

잡게 된다. 체면과 자존심을 지키기 위해 남자를 경계하면서 남자를 끌어당길 수는 없다. 활짝 열린 여성성으로 남자의 공격적인 남성성을 자극하라. ✿

04

그의 이상행동,
방어기제를 알면 보인다

데이트하는 커플은 자기가 생각하는 것과 반대의 행동을 한다. 이것을 '반동형성'이라고 하는데, 자기 마음이 들킬 것에 대한 두려움 때문이다.

미니스커트 입은 여자만 보면 "너무 짧은 거 아냐?" 라고 과잉반응하며 얼굴을 돌리는 남자의 심리는 무엇일까? 아무 느낌이 없으면 가만히 있었을 텐데, 드러난 각선미와 섹시함에 자신도 모르게 올라온 충동을 억압한 것에 대한 반작용이다. 지하철에서 애정표현을 하는 닭살 커플을 보면서 "쟤네 뭐하는 거야? 정말 싫다." 라고 반응하는 여자들의 속내는 무엇일까? 어쩌면 '공공장소에서의 기본 에티켓을 지켜야 한다.'는 신념일 수 있다. 그러나 남자친구가 평소에 남들 앞에서 사랑 표현하지 않는 것에 대한 서운함일 수도 있다.

규범이 강한 집에서 자란 사람일수록 일탈의 욕구가 크다. 더구나 연애 기간이 긴 커플은 가끔 새로움을 추구하고 싶어 한다. 그러나 행동으로 옮기기란 쉬운 일이 아니다. 늘 청바지에 티셔츠만 입고 다니던 여자친구가 어느 날 미니스커트를 입고 나타난다면, 신선한 매력을 느끼지 않을 남자들은 거의 없다. "미니스커트가 뭐냐?"라고 말하는 정말 센스 없는 남자 빼고는 말이다.

사람들은 자기 마음속 불안을 낮추고 자아를 보호할 목적으로 '방어기제'를 사용한다. 방어기제는 프로이트의 '정신 역동' 개념을 도입해 그의 막내딸인 안나 프로이트(Anna Freud)가 정리한 것으로, 초기에는 10개 정도였는데 지금은 40개 이상이 된다.

'정신 역동'이란 '인간의 무의식적 동기와 행동의 충돌이 일어나는 것'을 말한다. 방어기제를 사용하는 것을 보면, 남자친구의 마음을 알고 이해하는 데 도움이 된다. 또한, 나와 잘 맞는 남자인지도 알 수 있다.

만나기만 하면 칭찬을 늘어놓는 남자는 인정받고 싶은 욕구가 강하다. 칭찬해주라. 하지만 너무 드러내놓고 칭찬하면 싫어할 수 있으니 조심해야 한다. 여자친구의 진심 어린 칭찬 한마디에 남자친구는 하늘을 나는 기분이 될 것이다. "칭찬은 고래도 춤추게 한다."는 말을 잊지 말자.

남자가 "자기는 사랑에 잘 빠지는 사람이 아닌데, 혹시 자기를 유혹한 것 아니냐?"며 여자친구에게 질문하는 심리는 무엇일까? 자기가 먼저 좋아해서 여자친구를 유혹해놓고 자존심을 지키려 하는 것으로, 자신의 충동이나 행동을 타인에게 돌리는 '투사'를 하는 것이다.

투사와 비슷한 것으로 투사적 동일시(projective identification)가 있다. 예를 들어, 독립적이고 리더십이 있는 성격을 억압하고, 의존적으로 살아온 여자는 어떤 남자와 사랑에 빠질까? 겉보기에 독립적이고 리더십이 있어 보이지만, 의존적인 남자와 사랑에 빠진다. 의존적인 여자는 독립적이고 리더십이 있는 남자를 찾고 있어 자기가 찾고 있는 모습이 강조되어 보인다. 사랑에 허기진 사람은 상대방이 조금만 친절을 베풀어도 사랑을 줄 수 있는 사람으로 착각하는 것과 비슷한 심리이다.

데이트하는 남녀의 대화를 잘 들어보면 주지화(intellectualization)를 많이 사용하는 것을 보게 된다. 대화만 시작하면 가르치려는 남자, 밥 먹으러 가서 음식의 영양소나 조리법에 대해 설명하느라 여념이 없는 여자가 있다. 주지화는 '감정은 없고 지식이나 논리로 말하는 것'이다. 지적으로 보일 수도 있지만, 감정교류에는 도움이 되지 않는다. 데이트까지 와서 강의식의 지루한 대화를 할 필요가 있을까?

가르치기를 좋아하는 남자나 여자는 주지화를 많이 쓰는 사람들로, 냉철하고 이성이 발달한 사람이다. 그래서 자기와 다른 감성이 풍부한 사람을 만나 사랑에 빠질 가능성이 크다.

가끔 데이트 약속 시각을 까맣게 잊어버리거나, 내비게이션을 잘못 찍어 다른 장소에 가 있는 경우가 발생할 수 있다. 정신분석에서는 실수는 우연이 아니라고 한다. 싫은 것을 하게 되었을 때 하는 억압의 결과라고 설명한다. 만나는 것에 대한 부담이나 가기 싫은데 어쩔 수 없이 가게 될 때 실수를 한다는 것이다.

억압은 '감정이나 사고, 욕구를 무의식적으로 감추는 것'이다. 사귀다 보면 성격이 바뀐 것처럼 보이는 데, 억압했던 원래 성격이 나중에 나오는 것이다. 평소에 상대방에게 맞추고 화 한번 내지 않는 사람은 감정을 억압하는 경우가 많다. 억압했던 감정들이 언젠가 튀어나올 수 있다.

소개팅에서 거절당하고 "어차피 내가 좋아하는 스타일이 아니다."는 식으로 말하는 사람들이 있다. 합리화로 자기변명이나 자신의 행동에 대해 정당화하는 것이다. "너 예뻐졌다?"라고 남자친구가 말하면 여자는 "아니야, 뭐가 예뻐졌다고 그래."라는 식으로 말마다 토를 달거나 아니라고 말하는 것은 '부정'이라는 방어기제를 쓰고 있다. 부정을 많이 사용하면 상대방을 위축시키고 마음의 문을 닫게 한다. 합리화나 부정은 모두 상대방에게는 변명처럼 느껴지기 때문에 오해가 생길 수 있다. 상대방의 말이 틀린 것 같아도 일단 인정하고 다시 생각하고 말하는 것도 서로 이해하는 데 좋은 방법이 될 수 있다.

잘나가는 친척, 친구 얘기하는 남자친구

만나면 유머로 분위기를 바꾸거나 재미있는 이야기로 여자친구를 즐겁게 해주는 남자가 있다. 심각한 얘기를 하면 상황을 바꾸어 웃음으로 전환해버리는 남자. 왜 그런 것일까? 고민 없이 행복해 보이고 유머 넘치는 남자도 어두운 면이 있다. 남자는 자기의 어두운 면이 드러날 수도 있다는 불안 때문에 사람을 만나면 가벼운 얘기만 하고 심각한 분위기를 싫어하는 것이다. 관계가 진전되고 이 여자에게 자신의 진짜 모습, 어두운 모습까지도 보여줄 수 있게 되면 고민도 얘기하고 힘들었던 과거도 털어놓을 것이다. 항상 유머로 가볍기만 한 남자친구를 비난하기보다는 웃어주고 맞장구쳐주라. 여자친구가 자기를 받아주는 것이 느껴지고 신뢰감이 생기면, 진지한 내면의 모습을 보여줄 때가 올 것이다.

남자친구가 운동이나 취미에 심하게 몰두할 때가 있어 속상해하는 여자들이 종종 있다. '승화'란 '스트레스를 사회가 인정하는 방식으로 푸는 것'을 말한다. 승화를 방어기제로 사용하는 남자들은 윤리의식이 높고 반듯하다. 답답하기도 하지만 변함없는 사람이고, 충동적인 어떤 행동으로 여자친구를 속상하게 하는 일은 거의 없다. 그런 남자친구에게 "운동 좀 그만해라"고 해도 잘 변하지 않는다. 오히려 남자친구가 하는 운동이나 취미생활을 함께하면서 생활을 공유하는 것을 통해 교류하는 것도 괜찮다.

만나는 남자가 만날 때마다 집안 얘기나 잘나가는 친척, 친구 얘기를 많이 하고, 자기 얘기가 별로 없다면 자기 확신이 부족한 사람일 수도 있다. 잘나가는 사람들을 자기와 동일시하면서 자기도 높아지기를 바라는 점에서 열등감이 있을 수도 있다. 자신은 실현할 수 없을 것 같아 타인이 성취하는 것을 통해 대리만족하는 것이 '동일시'이다. 동일시를 많이 쓰는 남자라면 좀 거리를 두고 지켜보는 것이 좋을 것이다. 다른 사람의 성취를 자기 것으로 착각하는 사람보다는, 작은 꿈이라도 현실을 바라보고 노력하는 사람과 함께 가야 하지 않을까?

외모에 자신이 없는 남자는 공부나 일의 성취를 통해 보상받으려는 심리가 있다. 또는 여자친구에게 명품백 하나 사주고 싶지만, 여유가 없을 때 대신 여자친구에게 재롱을 부리며 즐겁게 해주려는 남자도 있다. 자신이 생각하기에 열등한 부분을 다른 것으로 대체하려는 '보상'의 방어기제를 사용하는 것이다. 그런 남자친구의 마음을 안다면 그가 훈남이 아니라고, 명품백 선물을 하지 않는다고 불평할 수 있을까?

'이화방어기제'에 의하면 위에 제시한 방어기제를 성숙의 정도에 따라 구분한다. 즉, 성숙단계(유머, 승화), 미성숙단계(동일시, 퇴행), 자아도취단계(투사와 부정), 신경증적 단계(반동형성, 합리화)이다. 반드시 성숙단계의 방어기제가 좋은 것이고 미성숙단계가 나쁜 것은 아니다. 그보다는 커플이 주로 어떤 방어기제를 주로 사용하는지, 그 속에 숨겨진 마음을 보고자 하는 관심이 있다면, 두 사람의 관계를 더욱 성숙하게 할 것이다.

심리학 TIP

'가벼운 사람과 진지한 사람'과 '독립적인 사람과 의존적인 사람', '거리를 두는 사람과 쫓아가는 사람'과 '이성적인 사람과 감성적인 사람'은 서로 끌린다. 나와 다른 성격 때문에 끌린 것을 알게 되면 상대방에 대한 비난이나 오해가 줄어들 것이다. ✿

05

◆

팜파탈, 나도 그 마력을
갖고 싶다

슈 퍼모델 출신으로 프랑스 퍼스트레이디가 된 카를라 브루니 (Carla Bruni)는 '맨 이터(man eater)'라는 별칭처럼 많은 남성에게 남자라면 누구나 그녀의 애인이 될 수 있다는 판타지를 심어줬다. 아마 그녀는 남자들의 갈망과 욕구를 잘 알고 있었을 것이다. 뇌쇄적이고 육체적 매력만으로도 팜파탈에 등극하겠지만, 브루니처럼 감성과 정신이 결합하면 무서운 파괴력과 흥분이 일어난다. 남자를 유혹하는 교태와 매혹적인 여자는 딱 질색이라는 남자들도 이런 여자를 만나면 그녀의 매력에 빠지게 된다. 알고 보면 남자의 심리를 잘 알고 자신의 매력을 자유자재로 쓰는 여자를 싫어할 남자는 없지 않은가?

그런데 '팜파탈 여자는 나쁜 여자, 가까이하면 위험해진다'는 생각을 하는 사람이 많다. 처음에는 사랑해주다가 이용하고 나중에 버림받는다는 얘기들이 난무하기 때문이다. 어쩌면 사랑을 얻지 못해 화가 난 남자들이 만들어 낸 이야기인지도 모른다. 팜파탈도 알고 보면 우리 주변의 평범한 사람들이다. 단지 그들이 사랑에 많은 에너지를 쏟고 있는 것뿐이다. 이들은 다양한 감정의 눈빛으로 남자 마음속 감정들을 잘 읽어내고 투사해준다. 따뜻하고 섬세하며, 때로는 도도하고 내칠 듯해도 다시 품기 때문에 이들의 덫에 빠지기 쉽다. 팜파탈이 모두 그렇지는 않지만, 거쳐 가는 사람으로 대하는 사람이 많다. 좋아한다거나 사랑한다는 말을 쉽게 하고, 자상하고 친근하게 대한다. 남자들은 이런 사소한 말들을 진지한 사랑으로 착각할 수 있다.

팜파탈의 여자들의 말투는 오히려 교태 있지 않고, 편안해서 남자의 마음을 끌 수 있다. 눈빛이 맑지만 촉촉하며, 때로는 도도하며 청초하면서도 장난기가 넘친다. 키스할 때 달콤하고, 목소리는 나긋나긋하며, 자기에게 맞는 향수를 선택할 줄 안다.

'팜파탈' 하면 화려한 화장과 치장을 연상한다. 오히려 화장은 아주 자연스럽고 민낯 느낌인 경우도 많다. 의상도 단아한 블라우스를 입으면 겉옷은 화려하게, 혹은 안이 섹시하면 밖은 신경 쓰지 않은 듯한 외투를 입어서 반전의 매력을 보일 줄 아는 센스가 있다. 또, 자신에게 잘 어울리는 매력적인 헤어스타일을 유지한다. 정장으로 분위기를 내면서도, 청바지에 티셔츠 하나만 걸쳐도 멋스럽다. 자신의 여성적 매력을 드러내는데 천부적 재능이 있다. 거기에 지식과 우아함까지 겸비한 여자에게 남자들은 헤어나기 힘들고, 여자들에게는 질투의 대상이 되기 쉽다. 팜파탈, 되고 싶다고 아무나 되는 것은 아니지 않는가?

팜파탈의 심리적 현상은 사랑의 갈망이 남다르다는 것이다. 자신을 세련되게 가꾸는데, 이들은 단골 네일샵이 있는 경우가 많으며, 정기적으로 마사지를 받고, 연극무대에서 연기하듯 말하고 행동한다. 이성뿐 아니라 동성에게도 생기 있고 매력적으로 보인다. 과하지 않는 센치한 감성도 거든다. 진정한 팜파탈은 자신의 감성을 확장하고, 타인의 관심 끌기를 잘하는 사람들이다. 자기 하고 싶은 대로 하는 것이 아니라, 남들의 시선을 의식하고 자극받고 완성해나간다.

말이 두서가 없거나 사람들에게 인기가 있다고 자기 자랑을 하면 매력이 떨어진다는 것을 안다. 산책하거나 쉬면서 여유를 찾으며 도도함을 유지하려고 한다. 팜파탈에게 도도함은 중요하기 때문이다. 이들은 거의 자기를 연예인급으로 관리하며, 학교 다닐 때 여신소리도 한번쯤 들어봤을 것이다. 꼭 예쁘거나 잘생기지 않아도 사람을 끄는 흡인력이 있다. 풍부한 감성과 표정이 살아있으며 단아하지만 화려하며, 감정에 솔직하지만, 포커페이스로 신비감을 준다. 액세서리, 꽃, 유명 브랜드 제품을 좋아하며, 늘 관심받고 사랑받는 것을 즐기기 때문에 이것저것 자신에게 필요한 것을 남자에게 요청할 줄 안다. 사랑하지 않는 인생은 죽은 것이라고 생각하며, 뭇 남성들로부터 주목과 사랑을 받는 것을 즐긴다. 더 좋아하는 사람이 있지만, 동시에 여러 사람을 상대한다. 들키면 친구 사이라고 말하거나 "너는 내게 특별하다"는 식으로 변명한다. 상대방이 그것을 모르는 것이 아니라도, 믿고 싶어 하는 심리를 이용하는 것이다.

그녀들은 여러 사람의 주목과 사랑을 받고 있어 한 사람에게 많은 시간을 내주지는 못한다. 그러나 연애의 고수이며 전문가여서 각 사람에게 충실히 하려고 노력한다. 지금 만나고 있는 그 사람이 가장 사랑받는다고 느끼도록 해주는 것도 배려라고 생각한다. 이들에게 배울 점은 좋고 싫음을 극렬하게 표현하지 않고, 상대에게 가장 매력이 넘치는 사람이라는 느낌을 투사해준다.

적당히 말고, 치명적인 용기를 내보자

대조적으로 연애에 무지한 순진무구한 여자들은 자기가 사랑하는 사람의 마음도 사로잡지 못하는데, 이것은 좋고 싫음을 그대로 드러내버리기 때문이다. 항상 로맨틱하고 즐겁지 않더라도 가끔 생기 있는 미소 한번 날려주는 센스를 발휘하면 어떨까? 가끔은 여우도 괜찮지 않은가? 또, 남자친구가 없을 때는 외롭다고 불평하다 남자친구가 생기면 그 남자에게 너무 집착해서 자기 생활도 없고, 상대방도 질리게 하는 성격은 아닌지 돌아볼 필요가 있다. 한 사람 만나 결혼에 성공하는 것이 인생의 목표인 듯 달려가지 말고, 주변도 돌아보고 이 친구, 저 친구도 만나보라.

많은 사람은 옷이나 화장품을 살 때도, 제품의 성격이나 특징을 살펴보고 사용법을 세심하게 읽는다. 그런데 정말 사랑하는 사람을 만나기 위해서 그만한 열정과 열린 마음을 쏟아 본 적이 있는가? 꼭 팜파탈이 될 필요는 없다. 그러나 남자에게 주목받고 싶고, 여자로 사랑받고 싶은 마음이 있다면, 그것을 인정하면 된다. 그들은 자신들의 매력을 주고 사랑을 얻는 것이다. 속으로는 누군가의 사랑을 받고 싶으면서 마음을 굳게 닫고, 상대방의 장점을 보려고도 하지 않는다면 점점 매력을 상실하게 된다. 자신의 매력 포인트를 부각하고, 여성으로서의 매력을 발산하는 것이 꼭 나쁜 것일까?

정말 놓치고 싶지 않은 남자를 만났을 때 팜파탈의 여자로 변신해도 당신은 무죄이다. 팜파탈의 여자들의 개방성, 관계의 모호함, 감정의 불투명성, 사랑에 대한 목적의식이 분명한 것, 각 남자에게 충실한 면모를 끌어다 사용해보라. 그녀들이 진지함이 부족하거나, 한 사람에게 몰입하지 못하는 것과 같은 한계만 알고 조심하면 된다.

카를라 브루니. 그녀는 자신의 매력을 가꾸기에 게으르지 않았으며, 사랑을 얻는데 에너지를 쏟고 진취적이었다. 패션계의 슈퍼모델로 감성적인 뮤지션이었으며, 수많은 남성의 사랑을 받는 치명적인 매력과 당당함이 있었던 점에서 진정한 팜파탈이었다. 니콜라 사르코지(Nicolas Sarkozy)가 프랑스 대통령이 되자마자 이혼하고, 카를라 브루니가 퍼스트레이디로 등극했다는 점에서 세간의 주목과 지탄을 받았다. 하지만 그녀는 자기가 원하는 사랑을 쟁취하기 위해 한 치도 양보를 하지 않았다.

자신을 돌아보자. 사랑을 원하면서도 남자에 대한 부정적이고 폐쇄적인 생각을 한다면 기회는 오지 않을 것이다. 남자를 좋아하는 마음, 장점을 찾는 습관을 먼저 갖는 것이 필요하다. 사랑이 찾아오기를 수동적으로 기다리지만 말고, 남자에게 다가가고, 만나고, 유혹해보라. 사랑은 쟁취하는 것이다.

날라리라고 했던 팜파탈 친구들이 여러 사람 사귀다가 정말 괜찮은 남자와 연애하고 결혼에 골인하는 것을 보면 부러울 때도 있는가? 그렇다면 연애박사들의 도움을 받는 것도 나쁘지 않다. 부자가 되고 싶다면서 가난한 친구들끼리만 어울리고, 부자가 되지 못한 것을 한탄하면서 부자들을 비난한다면 그런 행동에서 얻는 것이 무엇일까? 부자와 밥을 먹으면서 그들의 습관, 사고, 행동을 모델로 자신의 삶을 새롭게 리모델링하는 것이 부자가 되는 지름길인 것과 같은 이치이다. 팜파탈은 자신의 감성을 확장하고, 남자의 관심 끌기를 잘한다는 점에서 진정한 연애박사들이다. 연애하고 싶다면 비난하는 것을 멈추고 그녀들과 친해져라. ✿

06

💎

무슨 말인지도
모르면서 안다고?

커플이 연애하면서 힘들어하는 것 중에는 마음은 그게 아닌데 오해로 긴장과 갈등이 유발되는 상황들이 있다. 대화를 하면 오해가 풀릴까 싶지만, 오해가 더 커질 때 막막하다. 오해가 생기지 않도록 한 번 더 생각하고 말을 하는 것도 방법이다.

상대방에게 자기의 감정을 이해한다는 느낌을 주려면, "많이 힘들었겠다.", "화 많이 났구나."라고 상대방의 감정을 '반영' 해주면 된다. 또는 작은 것에 고마움을 표현하는 것도 상대방의 마음을 여는 데 도움이 된다. "내 말을 잘 들어 줘서 고마워.", "용기 줘서 고마워."처럼 말이다.

우리는 상대방을 내 방식대로 고치려고 한다. 20년 이상 살아온 삶의 방식이 변하기란 쉽지 않다. 그럴수록 상대방은 마음의 문을 닫아 버리게 된다. 상대방의 단점까지도 수용하는 것이 먼저이다.

영화 〈슈렉2〉에서, 피오나 공주는 슈렉의 키스를 받으면 마법에서 풀려날 것을 기대하지만, 마법에서 풀려난 공주는 뚱뚱한 녹색 괴물로 변한다.

원래 공주는 괴물이었다. 슈렉 역시 멋진 왕자님이 아니고 괴물일 뿐이다. 예쁜 데다 공주라는 완벽한 신분의 피오나가 자신과 걸맞지 않다고 생각한 슈렉은 그녀의 곁을 떠났었다. 그런데 그렇게 완벽한 피오나가 자신과 같은 괴물이었다는 사실을 알고, 용기를 내어 피오나에게 다가가 사랑을 고백한다.

자신 속에 있는 괴물의 모습을 다 보여줄 수 있고, 상대방 속에 있는 괴물의 모습을 기꺼이 받아 줄 수 있을 때 비로소 가까워질 수 있다.

	대화기술 nokay	대화기술 okay
배려 nokay	학대	오해
배려 okay	조정	공감

[그림 2] 의사소통의 태도와 기술
《부부대화법1》, 채규만·최규련 외 역, 한국가족상담교육연구소, 1996)

소통은 대화기술 이전에 배려가 있어야 한다. [그림 2]와 같이 소통의 종류에는 네 가지, 즉 오해, 조정, 학대, 공감이 있다. 상대방을 배려하는 태도와 대화기술 두 가지를 교차하여 어느 곳에 위치하는지 보면 된다.

배려하는 마음은 있지만, 말하는 방법을 모르면 오해가 생긴다. 상대방에 대한 배려가 부족하고 대화기술을 몰라 함부로 말하면, 상대방은 학대받는 느낌을 받게 된다. 배려는 하지 않으면서 말만 잘하는 것은 조정이다. 말은 그럴듯한데 마음에 와 닿지 않으면 상대방은 조정당한다고 느낀다. 그래서 "너는 말은 잘해, 물에 빠지면 입만 동동 뜰 거야."라고 말하는 것이다. 상대를 배려하면서 동시에 대화기술이 있다면 상대방은 공감받는다고 느낀다.

남녀가 사귀면서 가장 많이 일어나는 일은, 서로를 오해하는 것이다. 교제하다 연락 없이 관계를 끊으면 상대방은 연락이 안 되는 이유를 모른 채 답답해할 뿐이다. 이때 상대방이 문제라고 생각하기 쉽다. 무슨 말인지도 모르면서 안다고 끄덕끄덕하고, 뒤돌아서서 섭섭하거나 화를 내기도 한다. 평소에 자기도 모르게 상처를 주는 말을 무심코 하거나, 배려가 부족한 것은 아닌지 생각해볼 일이다.

오해를 줄이는 유용한 소통의 기술 중에 '나 전달법(I message)'과 교류분석(TA)이 있다. '나 전달법'은 상대방의 행동에 대한 나의 감정에 초점을 두기 때문에, 상대방은 비난받는 느낌을 받지 않는 점이 장점이다. 즉, "네가~ 할 때, 나는......이라고(을) 느껴. 앞으로 무엇을 (또는 어떻게) 해줬으면 좋겠어."라는 식으로 하면 된다. '나 전달법'으로 감정을 표현하고, 원하는 것을 말하면 서로 오해나 갈등을 줄여 나갈 수 있다.

영혼 없는 좋은 말만 하는 것은 "노(NO)"

같은 표현이라 해도 자신 속에 어떤 마음이 있느냐에 따라서 성인, 아이, 부모 방식으로 표출되게 된다. 이것이 바로 '교류분석 대화법'이다.

데이트에 자주 늦은 남자친구에게 하는 아이(child) 방식은 "데이트 때마다 늦으면 어떻게 해요. 오래 기다렸잖아요. 히잉." 과 같이 말하는 것이다. 그러나 어리광부리면서 가볍게 얘기하면 상대방은 심각하게 생각하지 않는다.

부모(parent)방식은 "왜 데이트할 때마다 늦어요? 늦는 것도 습관이니 고치세요." 라고 훈계하듯 말하는 것이다. 이 경우, 상대방은 비난받는 느낌을 받는다.

성인(adult)방식은 "데이트할 때마다 늦는데, 기다리는 사람도 생각해주면 좋겠어요." 라고 말하는 것이다. 성인방식은 감정을 빼고 합리적이고 이성적인 수준에서 말하는 것으로 성숙한 의사소통방식이다. 상대방은 잘못을 지적받았지만 존중받는 느낌을 받기 때문에 자신의 행동을 돌아보게 된다.

말은 잘해도 진심이 없을 때에는 뭔가 공허한 울림만 있다. "사랑하는 것 알지?", "미안해", "바쁜 일 곧 끝나니 자주 만나자." 등 말만 남발하는 것이 바로 그 예이다. 오히려 말하는 기술이 좀 부족해도 상대방을 향한 진실한 마음이 있으면, 그다음에 복구하기 쉽다. 무조건 상대방에게 맞추고, 행동을 바꾸는 것이 다는 아니다. 대화는 두 사람 모두에게 만족스러워야 하기 때문이다.

서로의 의사소통에 대해 의견을 나누는 것을 '메타커뮤니케이션'이라고 한다. '의사소통에 대한 의사소통'이다. "우리 요즘 대화가 별로 없는 거 같아, 말 안 하는 네 모습 보면 차갑게 느껴져.", "너는 내 말이 맘에 들지 않으면 언성이 높아지더라, 그때 난 주눅이 들어." 라는 식으로 메타커뮤니케이션을 활용하면 좋다. 연인끼리 갈등이나 오해가 있더라도 풀어나가는 것이 중요하다.

폴란드 시인 비스와봐 쉼보르스카(Wisɫawa Szymborska)는 "양파는 아무런 두려움 없이 스스로의 내면을 용감하게 드러내 보일 수 있다. 양파 안에는 오직 양파만 있을 뿐 비비 꼬인 내장 따윈 찾아볼 수 없다"고 했다. 양파가 사람보다 낫다. 많은 사람이 자신의 좋은 모습만을 보여주려고 한다. 언젠가는 실제 자기 모습을 보여주어야 할 텐데, 미루다 보면 서로 거리감이 좁혀지지 않는다. 그러다 보면 '정말 사랑하는 걸까?'에 대한 의문과 오해까지 생길 수 있다. 솔직함은 자신과 상대를 신뢰할 때 가능한 것이다.

심리학 TIP

울고 싶은데 웃으며 말하고, 아픈데 괜찮은 척하는 것은 왜일까? 솔직하게 말하면 거절당할까 봐 두려워하기 때문이며, 오해는 거기서부터 시작된다. 사람 사이에 오해가 생기지 않고 신뢰 있는 관계로 발전할 수 있으려면, 가면을 벗고 자신의 감정을 솔직하게 표현하는 것부터 시작하면 된다. 평소에 밝은 모습만 보인 사람은 외로움, 슬픔, 서운함, 화나는 감정을 표현해보자.

대충 듣는 게 습관이 된 사람은, 상대방 말이 이해되지 않아도 알아들은 척한다. 하지만 몇 마디 더 하다 보면 바로 들통이 나게 되고, 상대방을 화나게 한다. "무슨 말인지도 모르면서 안다고?"라는 말을 듣게 되는 것이다. 가장 좋은 방법은 습관을 바꾸는 것이다. "잘 못 들었어. 한 번 더 얘기해줄래?" "아, 네 마음을 잘 모르겠어. 내용은 알겠는데 감정이 잘 전달되지 않아." 등과 같이 솔직하게 말하면 진정성이 느껴져서 그의 마음도 풀릴 것이다. ✿

07

💎

끝낼 것이 아니라면
바닥만은 절대 보이지 말라

싸우면 그동안 남자친구에게 섭섭했던 것을 다 끌어올려서 억울함을 표현하거나 인격모독까지 하고서야 끝내는 여자들이 있다. 그래서 그동안 쌓였던 것들을 거의 한꺼번에 쏟아낸다. 이렇게 싸우고 나면 자기가 싸움에서 이긴 것처럼 보이지만, 남자친구에게 향했던 비난의 화살은 자신의 마음을 찌를 것이다. 그래서 남자들은 화난 여자친구 달래느니, 귀여운 강아지와 주말을 보내고 싶다고 한다. 이 것이 펫(pet) 족이 증가하는 이유이기도 하다.

심리학자인 셀리그먼(Martin Seligman)은 '긍정적인 감정과 사고로 즐거움, 몰입, 삶의 의미를 찾는 것'이 행복이라고 했다. 21세기에는 문제보다는 긍정적인 면이 강조되는 심리학(positive psychology)이 대세이다. 남자친구와의 갈등상황에서도 긍정적인 마음을 가질 수만 있다면 상황은 많이 달라질 것이다. '소심해서 일일이 따지는 것이 피곤하지만 성실한 면은 인정하자.' 라거나 '욱하는 성격이 있긴 해도 잘해줄 때는 한없이 자상하지.' 등의 긍정적인 면들을 바라보는 것이다.

남자들은 정직하고 올바른 여자, 합리적이고 논리적으로 남자를 설득하여 이기는 여자를 멋있어하고 존경할 수는 있지만, 한편으로 피하고 싶어 한다. 밝고 긍정적인 시각으로 남자의 부정적인 사고를 직면해주거나 부드러운 말과 미소로 얘기하면 남자들은 뜨끔해 한다. 그리고 자기가 옳다고 확신했던 것이라도 돌이켜보게 된다. "이 여자와 오래 함께하고 싶다.", "이 여자라면 나를 변화시킬 수 있겠다."는 마음이 생긴다. 남자들도 자신이 문제가 있다는 것을 안다. 단지 자존심을 세울 뿐이다.

타인과의 관계 맺는 방식은 사람마다 다르지만, 어린아이처럼 칭얼대면서 불만을 토로하는 여자들이 있다. 남자들은 이런 여자들을 피곤해한다. 어린아이와 상대하는 기분이 들고, 동등한 관계로서의 느낌은 들지 않기 때문이다. 어떤 여자들은 자신의 주장을 펼 때, '강하게 표현해야만 받아들일 것이다.' 라는 생각 때문에 공격적으로 말하는 경우가 있다. 그러면 남자는 '여자가 늘 싸우려 든다.' 는 느낌이 든다.

비난하는 말투가 습관인 경우도 있다. "내가 뭐라고 그랬어? 내 말 안 듣더니 좋은 일이 뭐가 있어. 참 말 안 듣는다!" 라며 통제적이고 비난하는 말투는 마치 부모가 어린아이에게 하는 느낌을 준다. 그 순간은 "잘못했다"고 시인해도 방어적이 되고 피하고 싶어질 것이다.

막장 드라마 찍는 주인공이 따로 있나요?

아무리 남자친구의 행동이나 말을 비난하고 싶더라도 감정을 가다 듬고 차분해졌을 때 시작하는 것이 좋다. "이런저런 것들이 이해가 잘 안 돼. 너의 생각을 듣고 싶어." 또는 "넌 날 너무 함부로 하는 거 같아. 내가 어떻게 변하면 다르게 대해줄 건지 궁금해."라는 식으로 서로의 생각을 묻고 협상하는 방식으로 하다 보면 감정을 조절할 수 있을 것이다. 대부분은 대화의 내용보다는 말투나 감정조절이 안 돼 큰 다툼으로 번지는 경우가 많기 때문이다. 때로는 서로 다투다가 화를 못 이기고 신체적 폭력을 행사하는 일도 생긴다. 막장 드라마 찍는 주인공이 따로 있는 게 아니다.

처음에 L은 사소한 일로 남자친구와 다투었다. 남자친구는 뮤지션인데, 섬세하고 예민한 부분을 인정한다지만 좀 유별날 때가 있다. 그는 냄새에 민감해서 로션이나 핸드크림을 사도 항상 쓰는 브랜드와 향이 일정했다. 하지만 신제품이 출시되면 옛날 제품은 팔지 않는 게 흔한 일인데, 남자친구는 평소 쓰던 제품을 사기 위해 여러 곳을 돌아다녀서라도 평소에 쓰던 것을 사는 성격이다.

L은 평소에도 남자친구의 머리나 등을 장난삼아 때릴 때가 있었다. 다른 때는 감정을 섞지 않고 때렸는데, 이때는 지치고 화가 나서 감정을 섞어서 손바닥으로 머리를 세게 치며 "너 정신병자 아니야?"라고 했던 것이 화근이 되었다. 남자친구도 여자의 머리를 세게 내리치며, "너도 정신병자야"라고 했다고 한다. 둘이 폭력을 행사하다 서로를 정신병자로 만든 것이다.

L은 예상치 못한 남자친구의 그런 행동에 충격을 받아 화가 났을 것이다.

남자친구가 사과하면 그냥 받아주는 여자들도 있다. 그러나 너무 실망해서 며칠 연락도 안 받고 멀리하다가, 남자친구와 헤어질 수는 없다는 생각이 들어야 겨우 닫힌 마음을 열게 된다.

L처럼 장난삼아 하는 함부로 하는 습관이나 비난하는 말투가 싸움을 크게 하고, 두 사람 관계를 위태롭게 할 때가 있다. 순간의 말실수 때문인지 공격적이고 거친 말투나 행동의 이면에 분노나 적개심 같은 자신의 오랜 습관이 숨어있는 것은 아닌지, 아니면 남자친구에 대한 불만스러운 감정 때문인지 변별할 필요가 있다.

L 역시 남자친구가 뮤지션 활동으로 자기에게 소홀한 것이 늘 섭섭했고, 그것을 핑계 삼아 때리는 것으로 남자친구에 대한 미움을 풀어냈던 것을 인정했다. 남자친구 역시 여자친구가 평소에 자기에게 함부로 하는 것이 싫었는데, "화장품을 사는 것을 핑계로 여자친구를 힘들게 데리고 다니는 것으로 복수한 것 같다"며 속마음을 드러냈다. 이처럼 갈등을 표출하는 것이 반드시 나쁘지만은 않다. 싸우면서 서로 섭섭했던 감정들을 표현하고 관계를 회복시키는 선순환으로 가는 것은 바람직하다. 그러나 습관적으로 싸우거나, 거친 표현과 행동들이 오가다 보면 두 사람 간의 사랑에 금이 가기 쉽다. 다투더라도 인격적인 모욕을 하거나 상대방의 비밀을 폭로하는 등의 바닥을 보이는 행동은 조심해야 할 것이다.

다툼이 선을 넘어갈 때 거기에서 멈춰야 둘 관계가 깨지지 않는다. 갈등이 고조되었을 때 조심할 것은 상대방의 약점을 파헤치거나 상대방에게 상처가 될 만한 말들을 골라서 하는 일은 피해야 한다. 또, 한쪽이 흥분해서 옛날에 섭섭했던 일들을 낱낱이 거론하며 화를 낼 때, 같이 흥분하며 맞받아친다면 싸움은 거세질 것이다. 이때 타임아웃(time out)으로 화를 진정시킨 후에 대화를 다시 시도하는 것이 필요하다. ✿

08

◆

대시(Dash), 전화번호부터
물어봐도 되나요?

더운 어느 여름날, 30대 초반인 S는 평소처럼 헬스클럽에 들어섰다. S가 주로 뛰는 러닝머신 바로 옆자리에 30대 중반 정도의 훈훈한 외모의 남자가 한두 달 전쯤부터 보이기 시작했는데, 그날따라 그 훈남이 눈에 확 들어왔다. 단단한 근육질 몸과 훤칠한 키, 서글서글한 눈매를 보는 순간 '바로 이 사람이다'는 생각이 들었다. 그날 이후 헬스클럽을 가려고 하면 남자의 근육질 팔뚝이 생각났다.

S는 오랜만에 온 기회를 놓치고 싶지 않아 이런저런 생각을 해보았지만 제대로 눈길 한번 주지 못하고 시간만 갔다. 평소에 솔직하고 화끈한 성격이라는 말을 들었지만, 연애에서만은 안 되니 답답하기만 했다. 친구들은 일단 말을 걸어보라고 했다.

하루는 용기를 내어 커피 하나를 내밀었다. 그런데 이 매너 없고 눈치 없는 왕짜증 남자가 있을까? 그녀가 내민 커피를 거절하며 이상한 눈빛으로 쳐다보니 어디론가 숨고만 싶어졌다.

S는 '이게 무슨 망신이람.' 온갖 욕이 떠올랐지만, 뒷걸음쳐 나왔다. 그리고 헬스클럽을 6개월이나 미리 등록한 자신을 심하게 질책하며, 남은 등록 기간에 그 남자와 마주칠까 봐 다른 시간대로 바꿔버리는 아픔을 겪었다. S는 이전보다 더 외로워졌다.

S는 마음에 드는 사람이 나타나면 마음이 급하고 앞서가는 자신의 성격을 알면서도 그 상황이 되면 같은 일을 반복하게 된 경우이다. 그래서 누군가와 제대로 교제한 적이 없다고 한다. 이런 S를 지켜보던 나는 밴더빌트(Gloria Bvanderbilt)의 시 〈사랑은 조용히 오는 것〉을 읽어보게 하였고, 1~4차 수준의 미네소타 대화법을 소개했다.

과거와 달리 남자들이 여자들에게 먼저 프러포즈를 하는 시대는 지난 것 같다. 과거에도 길거리 헌팅은 종종 있는 일이었다. 그런데 요즘은 여자들이 대쉬하는 비율이 늘어나고 있다. 여자들도 홍대나 신사동 가로수길을 걷다가 멋있는 남자가 지나가면 한 번 더 쳐다보게 되고, 피트니스 클럽이나 동호회 같은 데서 마음에 드는 남자들을 보면 말을 걸고 싶어질 때가 있다. '여자인데 어떻게 먼저 말을 걸어 자존심 상하는 것 아닌가, 우습게 보면 어떡하지?' 망설이는 사이에 다른 여자가 그 남자의 팔짱 끼고 가는 것을 보게 될 지도 모를 일이다.

조금만 천천히 가자- 대화의 4단계

사람들이 가까워지는 데는 단계가 있는데, 남녀의 사랑은 더욱 그렇다. 밀러(S. Miller) 등이 개발한 미네소타 대화법을 보면, 사람이 친밀한 관계로 발전시켜 나갈 때 1~4차의 대화 수준을 따라가는 것이 효과적임을 말했다. 1차 수준은 인사, 2차 수준은 일, 친구, 애완동물 등의 주제, 3차 수준은 자신이나 상대방의 외모, 신앙, 건강 등에 대한 것들이며, 4차 수준은 관계중심의 대화로, 내면의 감정까지 표현하는 단계이다(한국가족상담교육연구소, 1996).

사람을 처음 만날 때, 1차 수준에서 4차 수준으로 서서히 말을 걸어야 상대방이 덜 위협적으로 느껴 도망가지 않는다. 친해지기도 전에 갑자기 3, 4차 수준의 사적인 얘기나 내면의 감정까지 노출하는 대화를 하면 불편해할 수 있다.

S처럼 자신이 쿨하다고 생각하는 사람들은 평소에 "솔직하고 거침이 없다"는 말을 많이 들었을 것이다. 그래서 좋아하는 남자가 생겼을 때도 같은 방식으로 접근하기가 쉽다. 그러면 대부분의 남자는 지레 겁을 먹는다. 이상한 눈으로 쳐다보거나 바쁘다는 핑계를 댈 수도 있다. 더구나 S가 만났던 훈남 정도라면 자신이 어느 정도 인기가 있다는 것을 이미 알고 있을 것이며, 한두 번 정도는 프러포즈도 받아보았을 것이다. 그래서 쉽게 거절도 했을 것이다. 꼭 싫어서 거절하는 것이 아니라, 그날 기분이 아닐 수도 있고, 거절하면서도 상대방에게 관심이 있을 때도 있다. 시간대까지 바꿔가면서 도망갈 일은 아니라는 것이다.

보편적으로 남자들은 칭찬에 약하다. 여자가 관심 있다고 말했는데, 그 말을 한 번쯤 떠올리지 않을 남자는 거의 없다. 자기에게 호감이 있다는 데 싫을 사람이 누가 있겠는가?

그런 위험부담이 싫다면 처음에는 마주칠 기회들을 자연스럽게 만들어 가볍게 눈인사 정도를 한다. 그렇게 1~2주 지나면서 자연스럽게 날씨 인사를 한다. "요즘 무척 덥네요.", 혹은 칭찬하는 말을 한다. "꾸준히 나오시네요. 열심히 하시네요." 등의 1차 수준 대화를 이어간다. 그것이 잘 된다 싶으면, 다음에는 칭찬과 연결해서, "그것은 어떻게 하는 거예요? 가르쳐주실래요?" 정도로 하면 된다.

처음 만나는 사람에게 갑자기 커피를 건네거나, 휴대전화 번호를 달라고 하면 당황한다. 처음에는 날씨 인사나 눈웃음으로 자연스럽게 안면을 트다가 좀 지나서 남자가 먼저 번호를 달라고 하거나 밥 먹자고 할 수도 있고, 아니면 그렇게 몇 주 지나 "지난번 운동 가르쳐주셔서 감사했어요. 제가 차 한 잔 살게요."라고 하면서 자연스럽게 이어갈 수 있다.

오랜만에 마음에 드는 남자를 만나면 성급해지기 쉽다. 두 사람이 사귀기로 마음먹으면 일사천리로 가게 된다. 그러나 천천히 차근차근 밟아가면서 만들어야 실패할 확률이 낮다. 마음에 드는 사람이 있으면 눈인사부터 시작하자.

자신을 외면했던 사람들이 문제가 아니라 자신이 문제였던 것을 느끼는 순간, 문제의 실마리가 풀린다. 사랑에 대한 확신만 있다면 외로운 날들은 아무것도 아니며, 관심 몇 번 가지다가 시들해지는 거짓 꽃들도 드러나게 될 것이다. 자신의 마음만 변하지 않으면 된다. 씨앗이 싹트듯 달이 커지듯 천천히 사랑을 만들어 가자.

마음이 급할수록 기다려야 한다. 사랑은 조용히 천천히 오는 것이다. 서로의 마음이 통하고 관심이 있어도 도달하는 데 시간이 걸린다. 하지만 그 기간이 3개월 이상 지나도 계속 1~2차 수준의 문안 인사나 날씨 얘기만 하고 있다면, 그때는 마음을 접어야 한다. 자신의 개인적인 일이나 서로의 감정을 나누는 3~4차 수준까지 넘어가고 있다면 호조이다. 그 이후에 다시 1~2차 수준의 대화만 반복하는지, 아닌지를 살펴보면 앞으로 어떻게 갈지 방향이 보이게 될 것이다. ✿

09

◆

의사소통만으로도 나와 맞는
사람을 찾을 수 있나요?

대화가 잘 통하는 사람을 만나면 행복하고, 영혼이 치유되는 기분마저 든다. 유머로 분위기를 즐겁게 하는 사람과 있으면 긴장이 해소된다. 눈빛이 깊은 사람을 만나면, 그 사람의 내면과 만나기도 한다.

처음 만나자마자 대화가 잘 통하는 사람도 있다. 한 마디 던지면 다른 한마디가 날아오고, 탁구공이 왔다 갔다 오가는 것처럼 대화가 유쾌하고 즐겁다. 직업, 종교, 이데올로기와 관계없고, 동일 관심사도 아닌 얘기들, 수다가 즐거운 사람이 있다. 이처럼 잘 통하는 대화에는 어떤 비밀이 숨어 있을까? 단순히 좋아하는 사람이기 때문일까? 그 이유를 성격마다 다른 의사소통유형에서 찾아볼 수 있다.

마이어스와 브릭스(Myers & Briggs)는 에너지 방향에 따라 성격을 크게 외향형과 내향형으로 구분하였다.

내향형의 의사소통방식은 심사숙고하여 말하고, 주로 들어주는 쪽이며, 외향형은 생각하기도 전에 말로 표현하고, 주로 말하는 쪽이다.

외향형끼리 대화를 하면 서로 얘기하려다 보니 경쟁이 붙고, 내향형끼리는 둘 다 말이 없어 답답하기도 하다. MBTI 성격유형 연구에서는 기본적으로는 같은 유형끼리 잘 맞을 거라는 가설과 이를 증명하는 연구가 많다. 사실, 내향형은 내향형끼리, 외향형은 외향형끼리 분위기나 느낌이 비슷해 더 편안하다.

외향형들은 사교적인 특성 때문에 데이트를 해도 북적거리는 곳을 좋아한다. 내향형들은 한적한 곳에서 단둘이 오붓하게 데이트를 하고 싶어 한다. 말하기를 좋아하고 표현을 잘하는 외향형과 들어주는 내향형의 매칭은 서로 보완되는 특성 때문에 끌린다. 내향형은 말 잘하는 외향형이 명랑하고 발랄해서 좋고, 외향형은 차분한 내향형의 신비로운 분위기가 좋기 때문이다. 사티어(Virginia Satir)는 비난형, 회유형, 초이성형, 산만형, 일치형으로 의사소통유형을 설명한다(성민선 역, 1993). 의사소통유형에 따라 커플매칭이 가능하다.

대신 싸워줄 남자가 필요했어요

회유형은 약하고 의존적인 유형으로, 타인이나 상황을 존중하지만 자신을 보호하기 위한 내면의 감정은 숨긴다. 그래서 무엇이든 다 좋다는 반응이다. 비난형은 자기주장이 강하고 지시적이다. 다른 사람을 비난하며 자신이나 상황을 존중한다. 내면에는 외로움, 긴장감이 많다. 회유형(placate)과 비난형(blame)은 반대유형으로, 회유형은 비난형이 리더십이 있는 사람으로 보인다.

초이성형(super reasnable)은 논리적이고 객관적인 사고의 소유자이다. 자신이나 타인의 감정은 무시하며, 상황만이 중요하다. 이성적이고 냉정하며 차분하다. 융통성이 부족하고 자존심이 강하며 외로움을 느낀다. 이와 정반대되는 유형이 산만형(irrelerant)이다. 생각이나 주제를 바꾸고 모임의 분위기를 바꿔놓는다. 의식하지 못하지만, 농담이나 산만한 행동으로 자신의 열등감을 감추고자 하는 것이다. 자신, 상황, 타인을 모두 무시한다. 초이성형이 볼 때, 산만형은 천진난만하며, 사람들과 잘 어울리는 사람으로 보인다. 산만형은 초이성형이 지적이고 진지해서 다소 가벼운 자신과는 달라서 끌린다.

이처럼 반대유형의 의사소통을 하는 사람들이 연인이 되는 경우가 많다. 혹은 회유형과 초이성형도 잘 만나는데, 이성적이고 냉정한 초이성형에게 회유형은 따뜻하고 자신에게 맞추는 성향을 느껴 좋아하고, 회유형은 초이성형에게 의존할 수 있어서 좋아한다.

일치형의 사람들은 자신, 상황, 타인을 모두 존중한다. 융통성 있고, 일치된 말과 정서를 보인다. 자존감이 높은 사람이다. 일치형 외에 4가지 유형은 역기능적인 유형이다. 일치형이 볼 때 다른 유형들을 만나면 그런 역기능적인 모습이 감지되어 끌리지 않기 때문에 어느 정도 거리를 둔다. 그래서 일치형들은 일치형을 만날 확률이 높다.

회유형은 비난형과 커플이 되기 쉬운데, 회유형은 다른 사람에게 의존하기 위해서라면 어떤 희생도 한다. 비난형은 자기주장이 강하고 지시적인 면이 있는데, 의존성이 강한 회유형은 카리스마 있고 리더십이 있는 비난형에 끌린다. 초이성형은 자신이 너무 진지하고 생각이 많아 아무 생각 없이 명랑한 산만형을 보면 걱정거리가 사라지기 때문에 좋아한다.

이렇듯 자신이 어떤 의사소통유형인지 알면, 앞으로 자기가 만날 커플이 보인다. 또한, 커플매칭에 따라 분위기도 달라진다.

니체는《인간적인 너무나 인간적인》에서 "결혼을 하기 전에 그대는 이 사람과 늙을 때까지 유쾌하게 이야기를 나눌 수 있다고 믿는가?"라는 질문을 던진다. '결혼에서 다른 모든 것은 일시적이지만, 관계 대부분의 시간은 대화에 속한다.'고 했다. 커플에게 대화가 얼마나 중요한지에 대해 말해주는 부분이다. 대화가 겉돌고 즐겁지 않다면 관계는 공허해질 수 있다. 말을 할수록 유쾌해지고, 영혼까지 치유될 것 같은 사람을 만나는 것은 신이 내린 축복이고 행운이다. 그런 사람이 가까이에 있다면 놓치지 말고 꽉 잡아라.

심리학 TIP

내향형 커플은 조용한 사색과 소곤거림으로, 외향형 커플은 밖의 활동을 하고 말을 하면서 에너지를 얻는다. 내향형과 외향형 커플이라면 한쪽은 열심히 말하고 다른 한쪽은 들어주는 상호보완적인 역할을 하면서 만족할 수 있다.

마찬가지로 의존적인 회유형들은 주장이 강하고 지시적인 비난형 뒤에 숨을 수 있어 안심된다. 사귀다 보면 그것 때문에 충돌이 생길 수 있고 힘든 것은 다반사다.

어떤 커플유형이 가장 이상적이고 행복하다고 단정할 수는 없다. 그러니 밋밋하지만 편안한 것을 원하면 같은 유형을, 지루한 것을 못 견디고 재머나게 살고 싶으면 반대 유형을 만나면 된다. ✿

10

💎

평생 연애하고
싶은 여자

본처 기질의 여자는 결혼해서 내 가정을 가지고 정착하는 것이 삶의 중요한 목표가 된다. 가정을 지키고자 하는 책임감이 강하고, 힘들어도 내 가정을 지키기 위해 인내력을 발휘하는 경우가 많다. 그래서 자기보다는 남편과 자녀가 중요하다. 남편의 출세와 자녀의 학업을 위한 뒷바라지를 하며 기쁨을 느끼고 그에 대한 대리만족을 통해 행복을 느낀다. 외적으로도 순박한 느낌을 풍기는 경우가 많다. 옷이나 보석에 대한 욕심을 내는 일이 많지 않고 자신을 위해 무엇을 하려면 돈이 아까워서 선뜻 시도하지 못한다. 그러나 자녀를 위해서는 사교육비를 아까워하지 않으며, 자신은 백화점 매대 진열 상품이나 이월상품에 눈이 가면서도 남편의 양복이나 아이들 옷은 기죽게 하고 싶지 않아 유명 브랜드에서 옷을 사서 입힌다.

본처 기질, 애첩 기질은 사람과 관계 맺고 표현하는 방식이 다르다.

심리학자 융의 성격유형이론에 의하면, 외향형인 사람이 내향형인 사람들 보다, 감정형인 사람이 사고형인 사람들보다 감정이 풍부하다. 그리고 표현하고 행동하는 것이 객관적이고 논리성에 기반을 둔 현실성이 있느냐, 좋고 싫음의 현재 감정에 충실하냐는 여부에 따라 사고형과 감정형으로 나뉜다. 성격유형에 따라 본처 기질과 애첩 기질을 생각해볼 수 있을 것이다.

그렇다고 본처 기질의 여자가 모두 전업주부는 아니다. 맞벌이하면서 가계에 보탬을 주기도 하고, 때로는 남편보다 생활력이 강해서 가계를 이끌어가는 당찬 모습을 보인다. 이들은 허리띠 졸라매서 남편 몰래 계를 들거나 저축을 하더라도 남편이나 자녀들이 급히 돈이 들 상황이 생기면 서슴지 않고 내놓는 경우가 허다하다. 시부모님을 모시는 것을 부담스러워하면서도 동시에 죄책감을 느껴 부양의 책임을 지고 가는 여자들이다. 본처 기질이라고 모두 애교가 없는 것은 아니지만, 자연스럽게 나오는 것은 아니다. 애교를 의식적으로 부려보지만 어색해서 이내 그만둔다. 자기관리도 한다. 단지 싼 곳을 찾아 돈을 덜 쓸 뿐이다. 그래서 본처 기질의 여자들이 남편이나 아이가 승진이나 원하는 학교에 입학하지 못하면 인생이 끝났다고 생각하며, 울분을 참지 못한다. 이런 여자일수록 남편이 은퇴할 때쯤에는 집 밖으로 나가 자신을 찾는 일에 불사르며 거의 목숨을 마친다. 어머니 세대가 대부분 이렇게 살아왔다. 우리의 어머니나 할머니를 생각하면 본처 기질을 떠올리기 쉽다.

애첩 기질은 자신의 본능에 충실한 여자들이다

애첩 기질은 어떤 여자를 말할까?

애첩 기질은 가족보다는 자신의 본능에 충실한 여자들이다. 그녀들에겐 결혼보다 누군가를 사랑하고 열망하는 것과 데이트나 연애에서 느끼는 감정이 중요하다. 그래서 결혼해도 남편에게 교태를 부리며 애교로 살살 녹인다. 자기를 꾸미는 일에도 열성이어서 대학생 딸과 다니면 언니나 이모냐는 말을 종종 들으며, 만년 소녀의 모습이다.

결혼적령기의 여자인 경우, 자신이 뒷바라지할 남자들은 눈에 들어오지 않으며, 재력이나 남성적인 기질로 자신을 이끌어주고 지지해줄 사람을 본능적으로 알아차린다. 살살 눈웃음도 잘 치고, 상대방에게 맞추기 위해서는 립 서비스도 하며, 이것저것 해달라는 요청이 많다. 남들이 볼 때 애첩 기질의 여자는 이기적이며 여우나 공주병으로 보일 가능성도 있다.

오늘날에만 애첩 기질이 있었던 것은 아니다. 옛날 시골에서 가마솥에 밥해 먹던 시절에도 애첩 기질의 어머니, 할머니들이 있었다. 아침에 쇠죽 끓이고 군불 때서 따뜻한 물 끓여놓는 것을 다 해놓고 부인을 깨우는 머슴 같은 남편들이 있었다. 읍내 가면 뭇국 좀 끓이게 쇠고기 한 근 사오라는 말 대신에 자기 얼굴에 바를 분이나 머리에 바르는 동백기름을 사달라며 남편을 조르던 여인네들은 애첩 기질의 여인들이었음이 틀림없다.

본처 기질 여자들은 선물을 고를 때에도 마지못해 싼 것을 요청한다. 돈으로 받는 것을 좋아하며, 그 돈을 모아 그 남자를 위해 쓴다.

또, 남자친구의 부모를 시부모 모시듯 하며, 남자친구보다도 시가 어른들과 더 친하다. 반면에 애첩 기질 여자들은 장차 시부모가 될지도 모르는 어른들에게 별 관심이 없고, 남자친구와 둘 사이의 관계와 데이트에 집중한다. 결혼해서도 어른들에게 책임은 다한다 해도 부부 둘 사이의 애정이 더 중요하며 크게 눈치 보지 않고 자연스럽게 사랑을 표현한다.

남자들은 애첩 기질과 본처 기질의 여자 중 누구를 더 좋아할까? 남자들은 대부분 데이트할 때 애첩 기질의 여자를 선호한다. 내 가정을 꾸리고 안정된 삶을 추구하는 몇몇 남자는 처음부터 본처 기질을 좋아하는 경우도 있다. 그러나 대부분 남자들은 마음속으로 자신을 위해주더라도 표현하지 않고 수더분하게 있는 여자보다 자신을 왕처럼 최고로 대우해주고 멋있다고 표현해주는 애첩 기질의 여자들에게 빠진다. 반면에 애첩 기질과 결혼한 남자들은 연애 시절에는 예쁘고 귀엽게만 보이던 모습이 철없이 보이고 지겨워지기 시작할지도 모른다. 결혼 전에는 애첩 기질이 좋아 결혼했는데 결혼 후에는 그 애첩 기질 때문에 힘들다고 남자들이 불평하며 상담을 요청해오는 경우가 있다.

애첩 기질 여자가 좋아 데이트를 했고 결혼을 했으면서도 그것 때문에 힘든 것을 인정하지 않고, 결혼 후에는 본처 기질로 변하기를 바라는 것이 남자들이다. 반대로 본처 기질의 여자가 자기 가족을 신경 쓰고 챙기는 것이 좋아 결혼상대자로 선택했으면서도 결혼 후에는 애교가 없다며 타박하는 것도 남자들의 이중적인 모습이다.

좋아하는 남자가 생기면 자기 본래의 성향을 다 버리고, 남자에게 다 맞추어 매력 없다는 말을 듣는 여자들이 있다. 사랑하는 사람을 놓치고 싶지 않은 마음 때문일 것이다. 결혼 전에는 애첩 기질이었더라도 결혼 후에는 본처 기질로 살아야 한다는 것을 적응의 문제로 보는 사람들도 있다. 본처 기질의 경우 애교를 배우면 되는 것 아니냐는 생각할 수 있다. 기질은 적응한다고 바뀌는 것이 아니다. 자신이 애첩 기질인지 본처 기질인지 알고 원래 성격을 그대로 보여주는 것이 사랑받는 비결이다. 어느 기질이든 각자의 매력이 있기 때문이다.

심리학자 융의 성격유형이론에 의하면, 어느 정도 자신이 갖고 있지 않은 성향을 개발해나갈 수는 있어도 기본성격은 잘 변하지 않는다고 한다. 느끼는 것이나 하고 싶은 말을 바로 표현하는 외향형과 좋고 싫음의 감정에 충실한 감정형은 애첩 기질과 닮아있다. 반면에 오래 참고 싫어도 내색을 잘 하지 않는 내향형이나 좋고 싫은 감정의 느낌보다는 객관적인 현실성을 고려하고 행동하는 사고형은 본처 기질과 닮아있다. 연애할 때부터 솔직한 모습을 보여주는 것을 두려워하지 말고, 자신의 있는 모습 그대로를 드러내되 숨겨져 있을지 모를 애첩 기질을 최대한 끌어내자.

남자들은 내 아이의 엄마가 될 여자를 고를 때, 연애하는 기분으로 데리고 다니며 자랑하고 싶은 여자와 평생 함께하고 싶은 여자 중 누구를 고를까? 아마 편안한 여자를 고를 것이다. 만나는 남자마다 나에게 기대려고만 하고, 엄마 노릇만 요구하는가? 이제는 거기서 벗어나고 싶고, 여자로 사랑받고 싶은가? 그러려면 여자로서 자신의 매력을 키워나가야 한다. 목소리를 콧소리를 내는 것이 아니라 자기감정을 솔직하게 표현하고 자기가 원하는 것은 요청하는 여자이다.

자기보다는 가족이나 다른 사람을 더 생각하는 성격이라면 때로는 자기를 위해 이기적이 될 줄도 알아야 한다. 특히 엄마로 의지하려는 마더 콤플렉스 남자들에게는 애인 같은 아내로 살 것이라는 암시만 주면 된다. ✿

11

💎

밀당, 꼭
필요한가요?

어느 날 이성과 데이트를 한 지 2년이 넘었다는 30대 초 솔로인 여성이 고민을 털어놓았다.

"회사에 직원이 새로 들어왔어요. 그런데 훈남에 유머 코드도 맞고 완전 제 스타일이에요. 밥 먹자고 했는데, 좀처럼 시간을 내주지 않네요." 나는 그 친구에게 "멋있고 괜찮은 사람이라면 누구에게나 매력적이겠지. 자신도 여자들의 시선을 느끼며 도도한 경우가 많아. 좋아하는 마음을 들키면 시작도 하기 전에 끝날 수 있으니 조심할 것"이라고 말해주었다.

알랭 드 보통은 "가장 매력을 느끼지 못하는 사람을 가장 쉽게 유혹할 수 있다."고 했다. 관심이 없을 때는 자연스럽게 대하다가 좋아지기 시작하면 어색해지고 마음을 들키게 되며, 내 남자로 만들고 싶은 급한 마음이 생겨 마음의 강약을 조절 못 하게 된다. 그러면 상대방은 달라붙는 느낌 때문에 거리를 두게 된다.

밀당은 연애 초기 단계에서뿐만 아니라 결혼이 결정되는 순간까지 일어나며, 결혼 후에도 계속된다. 좋고 나쁨을 떠나 존재할 수밖에 없는 것이 현실이다.

우리 삶은 밀당 즉, 힘겨루기로 이루어져 있다. 한쪽이 튕기면 저쪽이 당기고 싶고, 이쪽이 당기면 저쪽이 튕기는 그런 것이다. 정신분석에서는 이것을 '쫓아가는 자'와 '도망가는 자'로 표현하고 있다. 사랑하는 사람과의 관계에서도 보고 싶을 때 만나달라는 당기기와 다음에 보자는 튕기기가 반복되는 것은 일상이지 않은가?

항상 붙어있기를 원하고, 남자가 떠나갈 것 같은 것에 대한 불안이 있으면 밀당을 할 수 없다. 혼자 있는 것을 못 견디는 것은 '사람은 외로운 존재'라는 것을 인정하지 않는 사람이다. 밀당은 상대방의 마음이나 상황을 존중해주는 것이다. 어떤 사람들은 '밀당은 나쁜 것'이라 치부한다. 그러나 사람들 사이의 적절한 경계는 안정감과 보호받는 느낌을 준다. 댄스를 하듯 한발 앞으로 한발 뒤로, 상대방에게 맞추어가고 내게도 맞추어 달라고 요청하는 것, 그것이 밀당이 아닐까?

연애 초기에서의 밀당을 생각해보자. 남자가 전화를 잘 받지 않거나 메시지에 답이 없는 것은 나에게 관심이 없어서인 경우가 많다. 밀당 아닌가 생각하며 혼자 사랑의 스토리를 만들어 허송세월을 보낼 일은 아니다. 밀당은 더 많이 좋아하는 사람이 상대방의 관심을 끌기 위해 쓰는 심리적 기술이다. 즉, 평소에 관심 끌기를 하지 않아도 메시지나 전화를 해주고, 회사에 하루만 결근해도 궁금했다며 안부를 묻는 남자들이 주위에 포진해있다면 굳이 밀당이 필요하겠는가. 남자가 싫다고 하거나 관심은 있는 것 같은데 아직 마음을 주지 않으면 이런저런 방법으로 밀당을 해보는 것이다.

천릿길도 한 걸음부터: 프로필 사진부터 바꿔라

데이트와 연애를 하고 싶은데, 만날 기회도 별로 없고 방법도 모르겠다는 20~30대들에게 내가 나서서 커플 매칭을 시도해 봤다. 제법 효과가 있었다. 내가 나선 커플 매칭은 이들이 N세대(Net Generation)임을 고려하여 SNS를 통해 자기 이미지를 보여주는 것이 핵심이다.

요즈음은 스마트폰 자체가 알아서 보정해주어 이미 자기 얼굴은 없다. 사람들은 자기가 좋아하는 사람이 예쁘고 잘생긴 것이 허상임을 알아도 그대로 믿고 싶어 하는 것이다. 실제적인 밀당의 기술을 배워보자. 자신의 가장 매력적인 모습을 SNS에 보여주는 것으로 사랑의 관심 끌기를 시작하는 것이다.

1단계 : 프로필 사진 바꾸기 → 밀당의 1단계로 데이트 시작 단계에서 프로필 사진부터 바꾸어 이미지 메이킹을 한다. 내가 만났던 솔로 중에는 연애를 하고 싶어 하면서도 메신저 프로필 사진이 공백으로 되어있거나, 자연풍경, 꽃, 음료수 같은 것이 많았다. 물론 이런 프로필 사진을 띄워놓는다고 남자친구가 생기지 않는다는 것은 아니다. 단지 '나는 지금 연애를 하고 싶습니다.'는 이미지로서는 약하다는 것이다.

연애나 데이트를 할 때 프로필 사진만큼은 생기 있고 상큼하게 만들 필요가 있다.

행동주의 심리학자인 스키너(Skinner)의 이론에 의하면, 매력적 자극은 정적 강화인 보상이 따르고, 중성자극이나 혐오적 자극은 보상이 따르지 않는다고 한다.

연애에서 매력적 자극은 자신의 가장 아름답고 섹시한 사진이다. 중성적 자극에는 강이나 산 같은 자연, 바위 같은 무생물, 꽃 같은 식물, 컵이나 건물 같은 인공물이다. 중성자극은 크게 매력적이지도 혐오스럽지도 않아 별 관심을 끌지 못한다.

2단계 : SNS로 성향파악 → 밀당의 2단계로, 관심 있는 남자에게 SNS 친구신청을 해서 그의 일상을 엿본다. 평소 생활이나 댓글을 보면 성향이나 관심 분야를 알 수 있어 그것에 맞게 밀당을 하면 된다. 소심한 사람에게는 좋아한다는 표현을 하고 다가와도 된다고 용기를 줄 수도 있다. 완벽한 조건만을 내세우거나 경직된 사고방식을 고수하는 사람들은 밀당을 할 수 없다. 밀당의 다른 말은 '유연성'이기 때문이다.

문제는 남자들은 질투가 심하다는 것이다. 처음에는 '인기가 많은 여자네. 이 정도의 여자라면 나도 사귀고 싶다'며 도전정신을 유발할 수 있다. 하지만 사랑하는 마음이 본격적으로 싹트기 시작되면 인기 많은 여자친구가 가벼워 보여서 사절. 소심해서 시작도 하기 전에 도망가는 남자들도 있다. 더구나 데이트를 시작하고 사귀는 단계로 갔을 때, 여자의 일상생활을 간섭하거나 별 관계도 아닌 남자들까지 질투나 간섭의 대상이 되면 안 될 일이다. 그래서 남자친구와는 SNS 친구를 하지 않는다는 철칙을 지키는 사람도 있다.

애착(attachment) 이론에 '동조', '조율'을 뜻하는 '어튜닝(attuning)' 이라는 말이 있다. 아무리 좋은 악기도 튜닝하지 않으면 좋은 소리를 낼 수 없는 것과 마찬가지이다.

메시지를 주고받는 패턴만 보아도 이 관계가 지속될 지의 여부가 보인다. 파트너에게 사랑받고 싶어 접촉의 욕구를 가진 A라는 여자는 B라는 남자에게 만나자며 사랑해달라고 요구한다. B는 여러 이유로 거리를 둔다. 그러면 안달이 난 A는 부적절한 관심 끌기를 하며 사랑을 표현한다. 메신저에 좋은 문구를 줄기차게 보낸다든가, 선물을 주기도 한다. 그래도 만나주지 않으면 만나주지 않는다고 불평한다. 그러면 B는 A의 행동이 사랑으로 느껴지는 것이 아니라, 부담되고 공격적으로 느껴져서 도망가게 된다.

'거리 두기'는 파트너가 자신을 조정하고 통제하려 할 때 부담을 느끼며 쓰는 대처방법이다. 존중받지 못한다는 느낌을 받을 때도 회피한다. 주로 소심남들이 회피를 많이 쓴다.

사랑하는 사이라 해도 혼자 있고 싶을 때가 있다. 비사회적인 이들에게 처음에는 활짝 웃어주며 적극적으로 당기기를 했다가 남자가 거리를 둘 때, 멈추고 기다리는 밀당을 잘 해야 한다. 그가 여유가 생기거나 외로움을 느끼는 적절한 타이밍이 올 것이다. 그때 다가가면 된다. 인기남들이야 스스로 잘난 남자들이니 별 관심을 안 보이면 다른 여자와 반응이 다른 것이 신기해서 다가올 것이다. 밀어내다가 다가오면 잡아당기기만 하면 된다. 사랑이 존재하는 한 밀당은 계속될 것이다.

첫 데이트 후 집에 돌아가는 길에 메시지를 보내는 것이 좋을까? 인기남은 늘 관심을 받고 자신감이 있어 여자가 마음에 들면 알아서 메시지를 보낸다. 그에게 메시지가 올 때까지 조급해하지 말고 조금만 기다려라.

소심남은 좋아도 데이트 때 여자가 한 말이나 행동을 하나하나 곱씹으며, 생각을 많이 한다. 데이트 후에 바로 이모티콘을 살려서 귀엽고 가볍게 즐거웠다는 감정표현의 메시지를 날려주라. 단, 첫날이므로 짧게 보내는 것이 포인트다. ✿

Part 4

달콤한
섹스

01

체취도
스킨십이다

처음 연애할 때엔 손만 잡아도 짜릿하지만, 시간이 흐르면 감정이 조금씩 퇴색하고 첫 데이트하던 때가 그리울 것이다. 그러나 세월이 흘러도 남자친구의 안락한 품에 안겨 있을 때의 따스함, 냄새, 감촉들이 가물거리지만 존재할 것이다. 마음은 멀어져도 몸은 기억하는 것, 스킨십이 중요한 이유이다.

우리는 나쁜 남자에 빠지기도 하고, 이루어지기 힘든 사랑을 하기도 한다. 남들이 보면 정상(normal)이 아닌 만남이라도 사랑에 빠진 사람들에게는 그게 문제 되지 않는다.

"다른 것은 필요 없고, '정상'만 만나면 좋겠다."는 20대 후반인 싱글녀의 말에 웃음이 터져 나왔다. 물론 '정상'이란 성격파탄자만 아니면 되고, 최소한 직장은 있어야 하며, 술·담배까지 안 하고 자상하면 더 좋다는 등, 전제가 붙으면 '정상'을 찾기란 쉽지 않다. 사랑을 찾아도 끝이 있게 마련이다. "헤어지자"는 말 한마디에 "너 없이는 살 수 없다"며 안고 놓아주지 않는 스킨십은 남자친구의 어떤 말보다 호소력이 있다.

여자는 남자를 사랑해서 결혼까지 생각하지만, 남자에게 그 사랑의 감정이 미처 도달하지 않아 냉랭함을 보일 때의 좌절감은 뭐로 표현할 수 있을까? 눈물을 머금고 남자를 보내주며 마지막 잡은 손의 감촉은 오래 남을 것이다. 프루스트(Proust)의 소설 《잃어버린 시간을 찾아서》에서의 주인공 마르셀처럼 말이다. 홍차에 적신 마들렌 과자를 먹는 순간 무의식 속에 밀쳐두었던 과거의 기억들이 되살아나면서 달콤한 행복에 휩싸이기도 한다. 과거로 회귀하여 더듬어 가는 기억들을 누구나 하나쯤 갖고 있을 것이다. 이것을 '프루스트 현상(The Proust Effect)'이라고 한다. 파도처럼 밀려오는 무의식의 기억들, 그것은 말보다는 오감을 통해 전해지고 몸을 통해 잊히지 않는다.

사랑했던 그의 냄새는 잊을 수 없다. 아는 후배는 남편과 결혼한 이유가 남자의 냄새가 무향(無香)이었기 때문이라고 한다. 깔끔하고 빈틈이 없는 후배에겐 냄새로 전달되어 체취로 이어지는 끈적거림이 싫었을지도 모른다. 그래서 지금도 무향의 남자와 사는 것이 좋단다. 무향도 향기다. 그 사람 특유의 냄새를 감지하지 못했을 뿐, 냄새는 존재하니까. 일반적으로 스킨십은 키스나 섹스만을 상상하지만, 일상적인 스킨십이 무의식적인 각인으로 남는다는 점에서 체취도 스킨십이다. 상큼한 비누나 향수 냄새가 그의 후각에 닿는 순간, 말을 건넨 것보다 훨씬 높은 강도로 그의 몸과 마음을 강타한다.

남자들은 꼭 늑대가 아니어도 여자의 감촉을 느끼고 싶어 하고, 나신(裸身)을 상상하곤 한다. 가슴이 푹 파인 옷이나 민소매 원피스, 허벅지살, 하얀 발목을 살며시 드러낸 여자를 사랑한다. 남자들에게 여자는 알 수 없는 신비함과 사랑스러운 존재이다. 나이가 들어도 여자에 대한 욕정은 사그라지지 않는다.

어떤 사진작가의 책에서 미니스커트를 입은 여인이 나타나자, 잡담하던 노인이 침묵하고 거의 경건하게 여자의 뒷모습을 바라보는 사진을 본 적이 있다. 여자의 아름다움에 취해 바라보는 이 남자를 불온하다고 누가 판단할 수 있을까?

여자는 옷을 입어도 입지 않아도 아름답다. 거기에 스스럼없고 개방적인 성격까지 더해지면 더욱 그렇다. 맨살이 드러난 샌들 사이로 햇볕에 그을린 발등, 여름 바닷가를 다녀온 뒤 민소매 원피스 사이로 드러난 검게 그을린 피부도 생기가 넘치고 섹시하다.

한 번쯤 흐트러진 모습을 보여 주세요

H는 여자친구가 자기를 사랑하는 것은 분명한데, 흐트러진 모습을 거의 본 적이 없어서 불만이다. 여름에도 스타킹에 정장 차림이다. 철갑상어가 연상되고 냉기가 흐른다. 가끔 가슴에 안겨 어리광도 부리고 싶지만 만만하지 않다.

H의 엄마 역시 완벽한 분으로 빈틈이 없었다. 엄마 품에 안겨본 적도 머리 한 번 쓰다듬어 준 기억도 없다. 여자친구는 엄마와 너무 흡사

하다. 그래서인지 여자친구에게 "한번만 안아보자"는 말조차 하는 것이 두렵다.

프로이트(Freud)의 심리성적 발달이론에 의하면, H의 여자친구나 엄마 같은 사람은 항문기 보유형의 성격이다. 2~3세인 항문기에 고착된 것으로, 이들에게서 이완된 모습을 찾아보기란 어렵다. 강박적 깔끔함과 긴장이 있다. 이들은 로맨틱한 의상을 싫어한다. 군인처럼 강하고, 깔끔한 느낌의 매니시룩을 선호한다.

남자들은 완벽한 여자보다는 한 번쯤 흐트러진 모습을 보여주는 여자와 같이 있을 때 편안함을 느낀다. 긴장된 상태에서는 사랑의 감정이 잘 생기지 않기 때문이다. 스킨십을 시도할 때 짐승 취급을 해버리거나 비난하면 주눅이 드는 남자가 많다. 남자들은 편안한 여자에 대한 갈망이 있다. 데이트할 때 완벽한 코디와 색상까지 맞춰 입고 나온 여자를 보면 남자들은 예쁘게 꾸미고 나온 것을 다 안다. 자기를 위해 신경 쓴 것을 고맙게 생각하지만, 한편으로는 뭔가 기대를 충족시켜주어야 하는 부담도 느낀다. 그런 점에서 여자의 의상은 데이트 분위기를 많이 좌우한다. 일반적으로 남자들은 데이트할 때 여자가 화장이든 옷이든, 꾸민 듯 안 꾸민 듯한 것을 가장 좋아한다. 데이트 의상으로 딱딱한 정장보다는 여성적인 섹시한 차림이나 귀여운 페미닌 스타일이 좋다. 자신이 남자친구를 만날 때 거리를 두고 방어벽을 치는 항문기 보유형의 여자라면, 스스로에게 행동요법도 실시하는 것도 좋다. 시스루룩이나 니트로 몸매를 드러내 보기도 하고, 남방의 단추 한두 개 정도를 풀어 스스로를 몸의 긴장으로부터 해제시켜보라.

부드러운 스킨십은 커플에게 정서적 교감을 준다. 형식적으로 안아주거나 말로만 사랑한다고 하는 것이 느껴지면 사랑받는 느낌이 전달되지 않아 벽이 생기고 상대방을 외롭게 만든다. 스킨십이 꼭 어려운 것은 아니다. 자연스럽게 머리카락을 쓰다듬어주거나 포옹만 해도 충분하다. 말로 사랑을 표현해주는 것과 함께 작은 선물도 스킨십과 같은 따뜻한 느낌과 교감을 주는 사랑 표현법이다.

논픽션 스페셜 〈그 강을 건너지 마소〉에서 노인 커플은 몸무게가 줄어, 날개처럼 가벼워진 쪼그라진 소년과 소녀가 된 채 옆으로 누워 있는 장면이 있었다. 눈빛을 나누며 쓰다듬는 손마디는 굵어져, 짜릿함은 사라졌지만 따뜻함이 느껴져 뭉클했다.

노인의 성을 다룬 〈혼자라도 좋아〉라는 영화에서도 노인들에게도 여전히 성욕이 있고 노인들도 사랑을 나누는 것을 알 수 있다. 풋사랑은 10대에도 시작되고, 20대에 열정적인 사랑이 꽃을 피우지만, 30대를 지나 나이를 먹어도 여전히 계속된다. 욕망은 사라지는 것이 아니라 다른 형태로 진화하고 숙성된다.

에로스 사랑의 첫 단계는 스킨십인데, 강박적인 사람들은 스킨십을 즐기는 것이 아니라 일처럼 느낀다. 프로이트의 심리성적 발달이론에 의하면, 이것을 항문기 고착으로 설명할 수 있다. 항문기 보유형의 성격인 사람들에게서는 여유나 이완된 모습을 찾아보기 힘들다. 스킨십이나 포옹을 싫어하며, 경직된 경우가 많다. 강박적인 남자에게는 깔끔하고 완벽한 여자보다는 조금은 부족한 듯 백치미가 느껴질 때, 성욕이 생긴다. 사랑과 교감의 첫 단계인 스킨십이 차단되면 다음 단계

로 발전하기는 어렵다. 잊히지 않는 귓속말이나 그의 냄새를 지우려고
하지 말고 세포 속으로 깊숙이 흡수해보라.

심리학 TIP

남녀 간의 사랑인 에로스는 성관계만 뜻하는 것이 아니다. 살
닿는 감촉, 부드러운 입맞춤, 냄새, 귓가에 감미로운 속삭임
만으로도 훌륭한 섹스다. 흔히 쓰지 않던 신체 부위를 사용하
여 스킨십을 시도하면 서로의 알지 못하던 새로운 감각을 깨
울 수 있다.

손바닥이 아닌 손등이나 코, 뺨 등으로 스킨십을 시도해서 예
상 밖의 재미를 만들어보라. 이마부터 천천히 내려오는 키스
도 남자만 하라는 법은 없다. 혹은 머리를 맞대고 누워 있다
가 살짝 일어나 거꾸로 키스도 해보자.

영화 볼 때 살짝 기대거나 술 마실 때 가끔 눈이 풀리는 모습
을 보여주자. 새로운 자극을 받고 싶어 하는 남자들에게는 섹
시하고 로맨틱한 기억으로 남을 것이다. 가끔 흐트러진 모습
을 보여주는 것도 좋다. ✿

02

원 나잇(one night)에서 '진짜'를 만날 확률

나는 대학생 때 교양과목으로 여성학을 들었다. 그때 교수님이 추천해준 시몬 드 보부아르(Simone de Beauvoir)의 '제2의 성'을 읽으며, '사랑하면서도 남자에게 완전히 속하지 않는 자유롭고 독립적인 개체로서의 보부아르의 존재감'을 느꼈다. 그래서 '꼭 남자가 필요한 건 아니다. 성적 욕구를 혼자서도 해결할 수 있고, 남자와의 섹스(인터코스)가 아니더라도 음핵이라는 보물을 가지고 있으니까'라는 생각을 했었다. 〈섹스 앤 더 시티〉의 샬럿이 애용하는 바이브레이터 같이 성감대를 자극해 욕구를 충족시키는 용품들을 판매하는 섹스숍이 많이 생겼다. 요즈음 바이브레이터 하나쯤 갖고 있다고 부끄러워할 사람은 별로 없지만, 그때만 해도 참 생소한 물건이었다.

성욕도 배고픔, 목마름, 수면욕처럼 인간의 욕구라는 점에서는 같다. 목마르면 물 마시고, 배고프면 밥 먹고, 졸리면 자야 하는 것과 같은 이치이다. 적절한 양 조절이 필요하다는 점도 비슷하다. 음식이 제대로 조절되지 않으면 폭식증이나 거식증에 걸리고, 잠 조절이 안 되면 수면장애가 생기는 것과 같다. 성욕 역시 사람마다 참거나 견딜 수 있는 임계치가 다르다.

대학생들이나 직장 생활을 하는 친구들을 보면, 공부나 일에 쏟는 열정 못지않게 데이트나 연애에도 관심이 많다. 매일 혼자 밥 먹고, 자고, 영화 보고, 바이브레이터로 스스로 욕구를 해결하는 것만으로는 만족해하지 않는다. 그것이 생리적 욕구는 채워줄지 몰라도 궁극적으로 교감이 필요하다는 것을 말해준다. 초식남녀, 육식남녀, 초식남과 육식녀, 건어물녀와 육식남, 커플의 조합은 달라도 교감을 원하는 것은 같을 것이다.

서로에 대한 육체적 갈망과 상대에 대한 환상을 열정적으로 만들어 함께 있어도 시간 가는 줄 모르고, 상황이 안 되면 목소리라도 듣고 싶어 마음이 조급해진다. 연애 기간이 긴 커플이나 결혼한 부부에게 대부분 사라지는 것들이다. 물론, 주로 열정을 기반으로 한 격정적인 사랑이 아닌 우정으로 시작한 커플은 이게 무슨 말인지 이해가 가지 않을 수 있다. 오히려 무덤덤하지만, 서로를 위하고 책임지는 관계를 선호하며 '몸은 열정으로 타오르지 않지만, 마음만은 어떤 커플보다 진실한 사랑'이라고 자부하기도 한다.

육체적 갈망과 욕구가 강렬한 커플이든, 우정에 가까운 무덤덤한 커플이든 서로 만족하면 그만이다. 또, 열정적인 커플이 무덤덤해지기도 하듯이, 이성 간의 사랑이 몸과 마음이 따로인 우정 관계를 지속하다가도 어느 순간, 열정적인 사랑으로 바뀌는 경우도 있다. 이렇듯 몸과 마음이 어떻게 변할지 자신도 모르는 것이다.

보편적으로 남자와 여자는 성교를 통해서 다음 세대에 유전자를 전할 수 있다. 진화론적으로 볼 때, 남자들은 여자에게 적극적이고 공격적인 접근을 하여 자신의 정자를 전달해야 한다는 무의식적 강박관념이 있다. 사귈 때 새침 떠는 여자는 비호감이지만, 안정적인 연인관계나 결혼을 결정할 때는 얌전하고 정숙한 요조숙녀를 원하는 이율배반적인 모습을 보이는데, 성에 대해 적극적이고 개방적인 남자들조차 그렇다.

잘생긴 것보다 정신적 매력이 있는 남자와 자고 싶다

진화심리학에서는 남자들이 정절이 있는 여자를 선호하는 이유가 '아이가 자신의 혈통이라고 확신하기를 원하기 때문'이라고 설명한다. 생물학적으로 볼 때, 남자들은 정자의 배출을 통해 성욕을 충족시켜 공격적인 성향을 띤다. 그런 점에서 여자들은 적극적으로 남자들에게 접근하기보다는 수동적인 경우가 많다.

요즘은 여자 중에 육식녀들은 초식남들에게 적극적으로 대쉬하여 사랑을 획득한다. 하지만 남자가 적극적으로 할 때 연애의 성공률이 높은 이유는 진화론적 요소들이 남아있기 때문이다.

"남자들은 공격적이고 적극적이기 때문에 마음 없는 성교가 가능한 걸까?" "남자들은 몸 따로 마음 따로가 가능한 것일까?"는 의문들을 가진다.

Y는 회의가 든다. 3년이나 사귄 남자친구는 몇 번이나 바람피워 결

국 배신감에 헤어졌다. 새롭게 만난 남자친구 역시 알고 보니 양다리를 걸치고 있다는 것을 알게 되었다. 이미 결혼한 동창은 '나랑 잠이나 자볼까?' 하고 틈만 나면 연락을 해서 남자들이 신뢰가 가지 않는다고 말한다.

여자들은 배란기가 있지만, 남자들은 그렇지 않다. 남자는 언제든 섹스할 수 있다는 것이다. 하지만 남자 역시 배설을 통해 욕구가 충족되고 나면 정자를 다시 만들 동안에는 성욕이 생기지 않는다. Y와 같은 고민이 단지 여자들만의 고민일까?

요즈음 남녀 구별 없이 '서로 육체적으로 끌리면 본능대로 하룻밤지낼 수 있다'는 생각을 한다. 그래서 '원 나잇(one night)'이라는 말이 생겨났다. 결혼연령이 늦어지고 진지한 연애를 할 기회조차 없어 거세당한 성적 욕망은 탈출구를 찾게 된다. 이때 선택하는 게 '원 나잇'인 것이다. 나쁘다고 비난할 일만은 아니다. 하지만 성욕만을 채우려는 목적이 아니라면 서로에 대한 진실성에 의문을 가져야 할 것이다. 카프란(Kplan, 1978)은 "모든 접촉은 감각적이고 생각은 성애로 바뀌는데, 사랑하는 사람의 향기, 모습, 소리, 감촉은 성적 욕구의 강력한 자극제라고 한다"(《사랑의 심리학》, 최연실 외 역, 2001). 성적 교감은 단지 본능의 욕구를 충족시키는 육체만의 결합이 아니다. 고등 뇌에 해당하는 대뇌피질이 그 사람의 인격을 존경하고, 정신세계를 매력있게 지각할 때 끌림과 성적 교감도 상승한다. 여자들이 잘생긴 남자보다 정신적인 매력이 있는 남자와 자고 싶어 하는 이유이다.

마음이 가지 않는 사람에게서 향기가 날까?

외모가 연예인급이어도 내가 좋아하는 사람이 아니면 '나와 상관이 없는 것'이다. 마음이 먼저 가야 향기, 모습, 소리, 감촉뿐 아니라 모든 것이 마음에 드는 것이다. 마음이 가야 육체도 끌린다. 이것은 여자에게만 해당하는 것이 아니라 남자도 마찬가지이다. 육체적 끌림과 성적교감은 두 사람의 관계를 더욱 친밀하게 하고 단단히 할 수 있는 것임에 틀림없다. 남녀 간에 마음만 통하는 것은 우정이고, 육체만 통하는 것은 욕망의 대상이며, 마음과 육체가 결합하는 것이 성숙한 사랑이고 진짜 사랑이다. 그것은 누가 정해주는 것이 아니라 내가 정하는 것이다. 어떤 사랑을 하고 싶은지 고민해보고, 사랑하는 사람과 함께 의논하면서 몸과 마음의 조화로운 관계를 만들자.

심리학 TIP

'원 나잇(one night)'을 하며 하룻밤 육체적 본능을 채우는 것만으로도 만족해하는 사람이 있고, 몸이 끌려도 섣부르게 행동으로 옮기지 못하는 사람도 이유가 있다. 육체적 교감 후에 마음이 변할까 두렵기 때문이며 진지한 관계를 고려하기 때문이다. 섹스에 대한 확고한 신념 때문이 아니라면 이 또한 경험해 보지 않고서는 어떠한 조언이나 확답도 내릴 수 없다. 육체적 관계를 통해 더욱 진전하는 관계가 있을 수도 있고 그 반대의 경우도 있을 수 있기 때문이다.

어떤 경우이든 몸이나 마음만을 교류하는 것은 모두 반쪽이며 완전한 사랑으로 보기는 어렵다. 이때 한 가지 조언을 하자면, 서로의 성격을 알아가는 데 많은 시간을 쏟지만, 성을 알아가는 데는 생각보다 몇 번의 잠자리로 섣불리 판단해 버릴 수 없다. 몸과 마음은 분리할 수 있는 것이 아니다. 몸과 마음이 연결된 사랑을 해보자. ✿

03

◆

가까워지면 말이
줄어든다

사　내 커플 1년 차인 K 여성은 남자친구를 사귄 지 얼마 되지 않았을 때, 백허그를 당해 놀랐던 일을 털어놓았다.

사내 데이트 3개월쯤이었다. 어느 날부터인가 그 앞에서 말수가 점점 줄고 있었다. 등 뒤로 쏟아지는 그의 시선이 짜릿했고, 옆에 앉아만 있어도 두근거리는 가슴이 주체가 안 돼 농담을 하며 수다를 떨었다. 지나가며 손 꼭 쥐고 놔주지 않던, 천진난만하게 웃던 모습에 할 말을 잃었다. 어느 날 그에게 백허그를 당했을 때, 순간 당황했지만, 닿는 감촉이 싫지 않았다.

사랑에 빠지면, 말로 표현하지 않아도 제일 먼저 몸이 먼저 느낀다. 성적 리비도가 가득 차 손끝만 닿아도 찌릿찌릿한데 무슨 말이 필요하겠는가. 카페 한구석에 말하지 않고 서로 기대고만 있는 연인들은 참 편안해 보인다. 둘이 함께 있을 때 세상이 멈춰버려도 좋을 것만 같다면, 사랑에 빠진 것이다. 프랜시스 잠의 시 〈너는 나신이리…〉(프랜시스 잠, 곽광수 역, 1995)처럼, 사랑하는 연인의 무릎을 안고, 허리에 기대며 부드러운 나신에 울어버리는 것. 그것이 바로 사랑이다. 사랑은 말이 필요 없다.

> 나는 네 발밑에서 내 팔 안에 네 무릎을 안으리.
> 실버들 가지보다 더 우아한 몸매로 너는 미소 지으며,
> 그리고 부드러운 네 허리에 내 머리를 기댄 채
> 나는 네 더할 수 없는 부드러움에 그만 울어버리리라.

정신분석에서 말이 많아진다는 것은, 내면에 불안이 있다는 것이다. 데이트를 하면서도 계속 일 얘기만 하거나, 가르치거나 조정하려고 하면 두 사람 사이에 뭔지 모를 정서적 긴장감과 냉각이 흐른다. 그래서 말을 하지 않고 있으면 관계 속에서의 불편함이 느껴져, 쉬지 않고 말을 하는 것이다. 같이 있는 시간이 길고, 말을 많이 했는데 헤어질 때 뭔가 공허하다면, 진정한 교류는 없었다는 것이다.

2006년도에 방영된 〈행복한 부부, 이혼하는 부부〉라는 MBC 프로그램을 보면, 관계가 좋은 커플은 심장박동수가 비슷하게 나온다는 실험장면이 나온다. 데이트를 오래 한 커플들의 행동이나 말투를 보면 두 사람의 관계를 짐작해 볼 수 있다.

우리는 데이트할 때 상대방이 무슨 말을 했느냐에 관심을 둔다. 하지만 말하는 것보다 비언어가 더 중요하다. 더 가까이 앉고 싶어 하는 것은 많이 좋아하는 것이다. 만날 때마다 몸을 틀어 다른 곳을 향하고

건성건성 듣는다면 이야기가 재미없든 사랑이 식었든 그의 관심은 이미 다른 곳을 향하고 있다. 그런 면에서 비언어는 관계의 질이 반영된다. 또한 메타커뮤니케이션(meta-communication)을 알면 소통하기가 좋다. 메타커뮤니케이션은 '의사소통에 대한 의사소통'을 뜻한다. 상대방이 말은 "예스(YES)"인데, 행동이 "노우(NO)"인 경우에 "대답은 좋다고 하는 데, 표정은 아닌 것 같아"라고 말을 한다면 오해가 생기지 않는다.

처음에는 서로에 대해 잘 모르기 때문에 말이 많아진다. 궁금한 것도 많고, 물어볼 말도 많기 때문이다. 어느 정도 시간이 지나면 성향을 파악하게 되고, 굳이 말하지 않아도 유추해서 서로 마음이 전달되기도 한다. 가끔 오류가 있기도 하지만, 수정하기를 반복하면서 더 잘 알게 되고 서로의 관계가 돈독해진다.

아무 말을 하지 않아도 지루하지 않은 사이

동생이 '민트'라는 고양이를 키운 지 5년쯤 되던 때였다. 어느 추운 겨울, 중학교에 다니는 조카가 엄마 없이 돌아다니는 작은 새끼고양이를 집에 데리고 왔다. 배고픔과 추위에 떠는 새끼고양이가 조카의 마음을 졸이게 했던 것 같다. 고양이는 사람을 피하는 특징이 있는지라 일주일을 넘게 망을 보다가 극적으로 데리고 올 수 있었다. 이름은 '루피'로 지어줬다.

문제는 그때부터다. 루피가 우당탕 뛰어다니고, 동에 번쩍, 서에 번쩍 뛰어다녀서, 원래 키우던 민트가 얼마나 스트레스를 받았는지 모른다. 지금도 루피가 민트를 졸졸 따니며 귀찮게 하지만, 이제는 둘이 함께 자고, 밥도 같이 먹으며 잘 지낸다고 한다. 또, 조용히 둘이 가까이에 앉아서 뻐끔뻐끔 큰 눈을 뜨고 쳐다보기도 하고 뒹굴며 장난치기도 하는데 생긴 것까지 닮아간다.

오래 사귄 커플은 말투나 스타일까지 비슷해지거나 반대로 아주 다른 표정과 분위기를 띠고 있는 것에서 서로에 대한 수용 여부를 알 수 있다. 동일시 여부를 알 수 있는 부분이다. 미소나 고개 끄덕임, 응시나 몸의 방향만 보아도 느낌을 알 수 있다. 백 마디의 말보다 손 한번 잡을 때 느끼는 감촉만으로도 자신이 받아들여지는지, 거부되고 있는지를 알 수 있다. 사랑이 식어가고 있는지, 더 진해지고 있는지가 보이는 순간이다.

심리학 TIP

100일, 200일 만난 기념일의 날짜가 더해지고, 늘어가는 이벤트 횟수만큼이나 중요한 것은, 말이 필요 없을 정도로 교감하고 있느냐는 것이다. 말이 많아진다는 것은 두 사람 사이에 설렘이나 짜릿함이 멈추었을 때 나타나는 현상이다. 남녀가 가까워져서 연인으로 발전하게 되면 말이 급격히 줄어든다. 대신, 거친 숨소리와 채워도 모자란 열정만이 살아있다.
그런데 만날 때마다 연인이 쉴 없이 대화를 이어가려 하거나, 말을 많이 한다면 어떻게 좀 더 편안하고 집중된 분위기로 이끌 수 있을까? 보통 이해받지 못한다고 느낄 때 말이 많아진다. "힘들었겠네요." 같은 공감 단어나 "아, 그랬군요."라는 식으로 추임새나 듣고 있다는 반응을 해주면 말이 줄어든다.

그래도 계속되면 한번 다른 장소로 환기하는 것도 방법이다. 제일 좋은 방법은 솔직하게 "오늘 말이 많네요. 하고 싶은 얘기가 많았나 봐요." 정도로 얘기하면 다 알아듣는다. ✿

04

💎

섹스, 타이밍을
맞춰야 할까요?

성 행위(sex acts)는 뽀뽀, 키스, 애무, 자위, 성교와 같은 직접적인 성행위 등이 들어간다. 이것을 줄여서 섹스라고 말한다.

섹스는 단순히 인터코스(sexual intercourse)의 성교만을 뜻하는 것이 아님에도 불구하고 그렇게 알고 있는 사람이 많다.

성행위의 시간이나 과정이 개인이나 커플에 따라 조금씩 달라 타이밍을 맞추기란 쉽지 않다. 어느 때 키스와 애무를 하고, 성교의 시간을 맞추어야 하는지 모른다. 키스가 생략된 섹스도 허다하며, 조루증이나 지루증과 같이 타이밍을 못 맞추는 경우도 있다. 같은 행위를 하는데, 타이밍에 따라 결과는 완전히 다르게 나타나기 때문에 서로의 민감성에 따라 맞추어야 한다.

오르가슴까지 가는 시간, 성감대의 흥분상태의 정도나 빠르기는 사람마다 다르다. 성교 이전에 행하는 것으로 일종의 춤이나 연극과 같은 퍼포먼스인 전위를 즐기고 싶어 하는지, 아니면 전위는 짧게 끝내고자 하는지 각자 취향이 다르다.

여자는 마음이 먼저 열려야 몸도 열린다. 반면에 남자들은 성행동의 꽃인 인터코스로 바로 가려는 조급함을 보인다. 춤이라면 도입에 해당하는 전위, 클라이맥스인 인터코스, 피날레인 회복기의 절차가 있다.

성 심리학자 마스터와 존슨(Masters & Johnson, 1970)은 성 단계를 흥분기-절정기-오르가슴기-회복기의 단계로 설정했다. 이 단계에는 여자들에게 중요한 회복기가 들어 있다. 카프란(Kaplan, 1974)은 성적 욕구기-성적흥분기-오르가슴기로 구분했다. 최근에는 성적 욕구기를 강조한 것으로, 요즘 그만큼 성적 욕구가 없는 사람이 증가하는 것을 반영한 것이다. 과거에는 종합격투기 선수 추성훈 같은 근육질이 강한 남자를 좋아했다면, 요즘은 섬세하고 여성다운 꽃미남 스타일을 좋아하는 여자들이 늘고 있다. 어쩌면 부모들이 서로 애정표현을 아이들 앞에서도 자연스럽게 하는 것을 본 일이 없어서일까. 포옹이나 볼에 뽀뽀를 하면 애들 앞에서 주책없다고 밀어내는 모습만 보아왔기 때문일 수 있다. 그래서 20~30대의 여자들은 더 로맨틱한 사랑을 꿈꾼다.

남자가 여자를 배려하고 자연스럽게 흘러나오기까지는 시간이 걸리고, 혼자만으로 되는 것도 아니다. 여기에는 스킬보다는 성에 대한 가치관이 개입된다. 남자들은 여자를 만족시켜야 하고, 뭔가 남성성을 보여줘야 할 것 같고, 여자들은 알아도 모른척해야 할 것 같아 답답해하기도 한다. 이는 우리나라 사람들에게 집단 무의식으로 내려왔던 성에 대한 수치심과 여자는 '수동적이고 알아도 모르는 척해야 한다.'는 생각이 있다. 체면을 강조하는 유교문화가 여자들에게는 처녀성을 강요하는 문화를 만들어낸 신화일 것이다.

남자들은 생물학적 종족보존의식으로 성기중심적이다. 반면, 여자들은 정서적 교감을 원한다. 이런 간극을 좁히는 방법은 의식적으로라도 성기와 먼 부분부터 터치를 해나가는 것이다.

결혼을 앞둔 예비부부 성교육을 다니다 보면 남성과 여성의 생식기 명칭부터 모르는 경우가 많다. 부끄러워하고 알려고도 하지 않는다. 대학의 교양과목에서 성에 대해 강의하다 보면 대학생들도 생식기와 배설기관을 구분 못 한다. 자기 몸에 관한 것이고, 사랑하려면 기본적으로 알아야 한다고 강조해도 시험문제를 내면 틀리는 학생이 꽤 있다. 소화기관에 들어가는 항문, 배설기관인 방광, 요도를 생식기로 아는 것이다. 그러니 생식기를 에로티시즘으로 해석해버린다.

섹스에도 기승전결이 있다

반면에 많은 사람이 섹스 스킬에 대해서는 관심이 많다. 애무, 체위, 인터코스에 관심이 집중된다. 생식기에서 멀리 떨어진 부분인 머리를 쓰다듬거나 냄새 맡기, 손끝에서 팔 안쪽으로, 가슴, 배 혹은 발바닥, 종아리, 허벅지 순으로 내려가거나 올라가거나를 반복하는 식으로 애무하면 된다. 그다음 음핵(클리토리스)을 원을 그리거나 압박하는 자극을 여자들은 좋아한다.

인터코스를 통해 질(자궁경부)을 피스톤운동으로 자극하는 것이 고 전적이라면, 자궁 내부에 있는 지 스팟(G-spot)을 자극해서 만족도를 높인다는 사람들도 있다. 인터코스를 하면서 각자의 성감대에 따라 허리나 유방, 배나 허벅지를 만지는 것이 자극의 효과를 가중하기도 한다. 남자와 여자가 교대로 같은 방법으로 한다. 남자들은 보편적으로 애무나 스킨십의 시간을 단축하고 인터코스로 빨리 가고 싶어 하는 경향을 보인다. 이때 여자는 "조금만 더 천천히 가자"고 자기 욕구를 표현하면 된다.

여자들이 오르가슴에 도달하면 질은 수축하여 경련을 일으킨다. 정신이 혼미해질 정도로 오르가슴을 느낀다는 사람들도 있지만, 흔한 일은 아니다. 심리학적으로 살짝 터치만 하거나 페팅(petting)만 해도 오르가슴을 느끼는 경우, 히스테리적인 성향을 가진 경우가 많다. 작은 자극에도 민감하게 반응하는 것이다. 파트너 입장에서는 아무리 자극을 해도 무감각인 사람보다는 좋겠지만, 인터코스 전에 오르가슴에 오른 여자가 더 이상 관심을 보이지 않으면 맥이 빠질 수도 있다.

섹스를 하면서 '행복하다'는 고백이 남자에게 자신감을 줄 수 있다. 그 말을 들은 남자는 인터코스를 한 방에 성공해야만 남성성을 보여줘야 한다는 부담을 덜 수 있다.

섹스 중에 나오는 거친 숨소리, 퇴행하는 신음을 억지로 참으면 경직된 상태가 되기 때문에 섹스가 부담스러운 것이 될 수밖에 없다. 좋은 느낌인데도 애써 침묵하면 마지못해 하는 것으로 오해할 수 있기 때문이다.

남자들은 사정으로 오르가슴을 느끼면 끝이지만, 여자들은 충분한 애무 없이 인터코스가 끝나면 시작도 하지 않았다는 느낌을 받을 수 있다. 이때 젤이나 오일과 같은 소품을 활용해서 애무를 통해 여자를 만족시킬 수 있다.

여자들은 남자들과 달리 피날레에 해당하는 회복기에 두세 번은 오르가슴을 더 느낄 수 있고 그것을 원하는 여자들도 있다. 그것이 끝나야만 피날레가 장식되어 흡족한 마무리가 된다는 것을 모르는 남자들도 있다.

섹스는 단순히 인터코스(sexual intercose)의 성교만을 뜻하는 것이 아니다. 성 심리학자 마스터와 존슨(Masters & Johnson, 1970)은 성 단계에서 흥분기를 1단계로 보았고, 카프란(Kaplan, 1974)는 흥분기 앞에 성적 욕구기를 추가하였다. 이는 전위를 통한 남녀의 교감이 중요함을 말해준다. 여자들은 마음이 먼저 열려야 몸도 열리기 때문에 전위에서 많은 시간이 필요하고, 인터코스가 끝나도 마무리하는 시간이 필요하다. 반면에 남자들은 인터코스에 집중되어 있다. 교감하고 싶은 욕구는 같지만, 남녀의 다른 타이밍을 맞춰가는 것이 필요하다.

심리학 TIP

섹스의 절정인 만족스러운 인터코스를 위해 애무 단계에서 "조금 더", 혹은 "지금 인터코스로 들어가도 될 것 같아"는 말을 주고받는 것이 좋다.

여자들은 충분한 전희 후에 인터코스가 만족스럽고, 남자들은 빨리 인터코스를 하고 싶어 하는 것이 딜레마다. 또한 단조로운 체위는 권태를 부른다. 기본체위의 변형도 개발해보고 다양한 체위를 시도해보라. 일반적인 남성 상위 체위는 음핵이 충분히 자극되지 않아 여성을 만족스럽게 하지 못하고 남성의 체력소모가 많은 단점이 있다. 여성 상위나 옆으로 누운 체위는 임신 기간에만 하는 것으로 잘못 알고 있다. 그러나 둘 다 누운 자세이므로 체력소모가 덜하고 서로의 성기나 가슴, 음핵을 자극할 수 있는 장점이 있다.

함께 구체적으로 어느 부위를 어떻게 터치해주고 자극해달라고 요청하면 섹스의 즐거움이 더해진다. "너는 달콤해서 맛있어." 같은 오감을 자극하는 말로 시작해서 자신만의 외설적인 표현을 개발하면 신선함과 흥분이 유발될 수 있다. ✿

05

내 남자친구는
초식남

〈결혼 못 하는 남자〉라는 일본 드라마가 있었다. 40세의 주인공 쿠와노 신스케(아베 히로시 분)는 건축 설계사로 수입도 높은 데다 잘생긴 외모로 여자들에게 인기가 많을 것 같지만, 실제로는 그렇지 않다. 이 드라마는 우리나라에서도 방영되었는데, 주인공 조재희(지진희 분)는 고급 레스토랑 못지않게 세련된 인테리어의 주방에서 질 좋은 스테이크와 와인을 마시며 우아하게 혼자만의 생활을 즐긴다. 취미생활로 모형 배를 만들고 클래식 음악을 들으며 늘 혼자다. 연애에 관심이 없고, 친밀한 교류나 어떤 성적 욕망도 보이지 않으며, 혼자이길 좋아하는 전형적인 초식남이다.

'초식남'은 일본의 칼럼니스트 후카사와 마키가 처음 사용한 용어이다. 전형적으로 강한 남성 이미지와는 달리 부드럽고 섬세하며, 탄탄한 경제력과 자기만의 취향으로 혼자만의 생활을 즐긴다. 타인과 관계 맺거나 엮이는 것을 싫어하며, 연애나 결혼에는 관심이 없는 남자를 지칭한다. 내가 만난 P의 남자친구를 보면서 '결혼 못 하는 남자'의 주인공과 흡사하다는 생각을 했다.

동갑내기 남자친구는 키가 180센티미터에 훈남으로 대기업에 다니는 30대 초반의 엘리트이다. 지인의 성화에 억지로 소개팅에 나와 처음엔 P에게도 관심을 보이지 않았다고 한다. 데이트 초기에 남자는 표정이 경직되어 보였지만, 다정다감한 P가 애교를 부리거나 가볍게 장난을 걸면 받아치기도 해서 사귀는데 별 어려움이 없었다. 그런데 데이트 기간이 2개월쯤 되어 P가 팔짱을 끼자, 남자친구는 긴장하며 부담스러워하는 표정이 역력했다. 자존심 상하고 뭐 이런 남자가 다 있나 싶었다. 데이트 시작한 지 6개월이 지나 겨우 손 한번 잡고, 자동차 안에서 키스 한 두 번 해본 것이 전부이다. 이제는 조금 나아져서 남자친구 옆에 앉거나 포옹하는 것까지는 허용하지만, 다음 진도가 나가지 않아 속상하다. 하지만 남자친구는 P의 생일이나 기념일을 잘 챙기고, 야근해서 힘들다 하면 차로 집에 데려다준다. 챙겨주기는 하는데, 감정표현이나 말도 거의 없어서 정서적 교감이 느껴지지 않아 늘 아쉽다.

초식남은 다정다감한 여자에게 끌린다

프로이트에 의하면, 성인 초기에 이성과 친밀한 관계를 맺고 사랑하려면, 5~6살 때인 남근기에 부모와의 관계가 중요하다. 이 시기에 남아들은 아버지를 동일시해서 오이디푸스 콤플렉스(Oedipus

Complex)를 극복하게 된다. 그런데 P의 남자친구는 아버지가 폭력적이고 무서워서 동일시할 수 없었다. 오이디푸스 콤플렉스를 극복하지 못한 것이 핵심문제였다. 부모와의 미해결문제로 인해 남근기에 고착되면 이성과의 깊은 친밀감이나 섹스를 꺼리는 초식남이 될 수 있다.

초식남이 연애에 관심이 없고 여자를 멀리하는 것은 반드시 생물학적인 문제만은 아니다. 오히려 심리적인 경우가 더 많다. P의 남자친구 역시 비뇨기과 검사 결과에는 특별한 문제가 없었다. 이런 경우 부모와의 관계를 점검해볼 필요가 있다.

남자친구는 어릴 때 아버지가 평소에 어머니를 무시하고, 위협하기도 하여 무서울 때가 많았다고 한다. 아버지상이 부정적으로 형성된 것이다. P는 여자친구와 스킨십을 하려고 하면 '거인', '킹콩' 같은 공격적인 이미지가 떠오르면서 '아버지가 어머니를 해칠 것 같다'는 무의식적 공포가 올라와서 성욕이 차단된 경우이다. 이런 사람은 스킨십이나 섹스가 즐거운 게 아니라 위축되고 겁난다. 무성욕인 것을 여자친구에게 솔직하게 말하기도 쉽지 않다. 부모에게 수용 받은 경험이 없거나 관계에서 거절의 상처가 있는 사람들은 P의 남자친구처럼 피상적인 관계만 가능하다. 가장 친밀한 단계가 성인데, 피상적인 관계는 그 단계까지 가는 데 많은 난관 있다. 내면을 들키면 거절당할 것 같은 연약함이 숨어있는 것이고, 여자는 교류가 느껴지지 않게 된다.

혼자만의 세계를 더 편안해 하는 초식남이라도 다정다감한 여자를 만나면 생기있고 명랑함에 끌리게 된다. 초식남은 너무 달라붙지만 않는다면 사회성 좋은 여자와 천상의 커플이 될 수 있다. 서운함이나 외로움 정도는 견딜 수 있고, 가끔 혼자 있는 시간을 즐길 줄 아는 여자라면 초식남과의 사랑을 도전해 볼 수 있다.

그런데 P처럼 어머니와 정서적으로 심하게 끈끈한 사이라면 어떤 현상이 일어날까? P는 외동딸로 어머니가 늘 따라다니며 이것저것 챙기고, 해달라는 것을 다 해주며 공주처럼 자랐다. 어머니는 P를 있는 그대로 인정하기보다는 자신의 '대리 자아'로 생각했다. 이런 성향을 가진 사람들은 '누군가 항상 옆에 있어야 안심이 되는' 강한 정서적 의존성향이 있고 스킨십이나 말로 끊임없이 "사랑한다"는 것을 표현해주지 않으면 불안해한다. 이런 경우 달라붙는 어머니가 답답하면서도 없으면 허전한 양가감정이 있다.

처음에는 자신의 어머니처럼 통제하지 않는 시크한 초식남이 편안하고 멋있게 보일 것이다. 그러다 가깝게 느낄 정도로 늘 세심하게 챙겨주고 달콤한 말이나 스킨십으로 사랑을 표현해주지 않으면 불안과 거절감을 느끼게 된다. 어머니와 관계 맺는 방식처럼 끈끈한 사랑이 필요하기 때문이다. 초식남은 미안함 마음을 보태 자신이 할 수 있는 피상적인 수준에서는 무엇이든 해주려고 할 것이다. 선물이나 이벤트 같은 물질적인 보상은 잠깐 행복하고 고맙지만, 사랑받는 느낌이 깊게 오지지 않을 수 있다. 사랑받는 느낌은 물질보다 정서적, 육체적 교류이기 때문이다. 이때 초식남에게 '귀찮게 하려는 것이 아니라 정서적 교류를 원한다'는 메시지를 전달하면 된다. 초식남과 깊은 사귐의 단계로 갈 때, 주도적인 것보다 따라가는 자세가 그를 안심시킨다. "안 아달라"는 말이나 스킨십을 부담스러워하기 때문에 그가 적극적으로 나올 때까지 기다리면 그의 성적 리비도가 가득 찰 때가 온다. 초식남이 여자한테 관심이 없고 무성욕자처럼 보일 뿐 성욕이 전혀 없는 것은 아니기 때문이다. 초식남은 경험부족으로 처음에는 손잡는 것도 어색해하지만, '스킨십이 공포가 아니라 즐거운 것이다'라는 것을 알게 되면 그다음은 일사천리로 진행된다.

P 커플은 정서적 거리가 극심하게 다른 배경에서 자라온 사람들이다. 남자는 정서적 교류가 거의 없는 무덤덤한 가정에서 자라왔기 때문에 어느 정도 정서적 거리감이 있어야 편하게 느끼는 사람이다. 그래서 여자가 자신에게 밀착하는 것이 불편하고 부담스러웠다. 반면에 여자는 자랄 때, 어머니가 늘 옆에 붙어있었기 때문에 남자친구와 잠시라도 떨어져 있으면 불안하고 공허했다. 의지할 대상이 필요했고, 어머니와 엉겨 붙은 듯한 강한 정서적 밀착경험 때문에 남자친구가 거리를 둘 때면, 자신을 멀리하려는 것 같고 차가웠을 것이다. 남자친구는 최대한 사랑을 표현했다고 생각하지만, P는 늘 결핍감을 느꼈을 것이다.

이처럼 성장배경에 따라 초식남이 될 수도 있고, 육식녀가 될 수도 있다. 밀착되어야만 안심이 되는 여자라면, 늘 붙어있지 않아도 외롭거나 내쳐진 것이 아니라는 것을 인정할 필요가 있다. 정서적으로 깊은 관계를 맺지 못하는 남자라면 선물이나 이벤트로 사랑의 표현을 대신할 것이다. 이에 대한 고마움을 표시해야겠지만, "그것보다 서로 스킨십이나 감정을 교류하는 것이 더 좋다"는 메시지를 주면 상대방도 인지하게 된다. 만족 수준은 아니더라도 상대가 애정표현을 하기 시작

하면 행복하다는 표현을 해라. 그러면 점점 그 행동이 강화되어 증가
될 것이다.

멀리하는 초식남을 가까이 오게 하려고 애정표현을 급하게
할수록 더 멀리 도망갈 수 있다. 아직도 남자친구가 스킨십을
부담스러워하는가? 처음엔 서운하고 답답하겠지만, 그가 '스
킨십은 공포가 아니라 즐거운 것'이라는 것을 조금씩 맛보기
시작할 때까지 비난하는 것을 멈추고 기다려주어야 한다. 성
적인 자극을 주는 스킨십보다는 그가 알아채지 못하게 시도
하는 것도 방법이다. "등의 잔 근육 좀 봐. 멋지네요."라는
식으로 칭찬과 터치를 함께 쓰면 남자가 경계를 풀기 때문에
자연스럽게 스킨십 단계로 가게 된다. 가슴에 남자의 얼굴을
감싸 안아주거나 무릎에 누이고 머리를 쓰다듬어 주어 초식
남에게 부족한 모성을 자극하는 방법도 좋다.
초식남은 스킨십에는 약해도 그들 특유의 섬세함으로 같은
여자끼리 대화하는 것처럼 잘 통한다. 그것을 활용해서 그의
어릴 적 상처나 현재의 아파하는 감정을 터치해주면 마음이
치유되면서 성욕도 되살아난다. 초식남 중 드물게 생물학적
무성욕자가 있기는 해도 드물다. 구분법은 무성욕자는 자위
조차 관심이 없다. 기본적으로 만지는 것을 싫어해도 한두 번
이라도 반응한 적이 있다면 긍정적이다. ✿

06

침대 매너,
행복한 섹스

Y는 남자친구가 아무 때나 자기 몸을 만지는 것이 싫다. 커피숍에서도 밥 먹을 때도 스킨십을 한다. 통화를 할 때도 집에 놀러 와 소파에 앉아있어도 기대고 손을 만지작거리고 발장난을 친다. 함께 밤을 보낸 적이 있는데, 아침 인사가 "어젯밤 좋았냐"는 것이었다. 이 말은 섹스가 어땠냐는 질문이다. 여자는 남자친구를 사랑하는 건 맞지만, 이렇게 일상으로 돌아와도 계속 섹스 얘기를 하는 게 싫다. "진지할 때는 진지하면 좋겠다."고 불만을 털어놓는다.

MT는 모텔을 부르는 은어이다. 여자들은 MT 가자마자 섹스하고, 끝나자마자 나오는 '번갯불에 콩 구워 먹는 식'을 좋아하지 않는다. 여자들도 섹스를 좋아하지만, 관계가 고려되지 않는 교감 없는 섹스를 원하지 않기 때문이다. 남자들이 배설을 해결하는 것처럼 급하게 서두르다가 여자의 마음을 섭섭하게 한다.

애무도 전위도 없이 5분 만에 끝나는 섹스는 뭔가 2% 부족하게 느낀다. 섹스가 끝나자마자 돌아서 자기 볼일을 보면 여자는 허전하다. 뭔가 해치운 느낌이랄까? 급격한 단절감을 느낀다. 특히 첫 경험일 때 그렇다. 여자는 남자가 자신을 육체적 도구로만 사용했다는 느낌을 받을 때 존중받지 않는 것 같아 싫다. 남자들은 여자가 부끄러워하며 수동적인 모습만 보일 때, 억지로 하나 생각하여 불안해한다. 자기 성감대를 짚어주며 핀잔을 줄 때, 너무 빨리 흥분시키거나 오래 시간을 끌어 타이밍을 조절하지 않고 자기 하고 싶은 대로 제멋대로인 여자가 남자는 싫다. 여러 체위를 하며 강렬하게 드라마틱한 장면을 연출하고 싶어 하는 남자와 거부하는 여자의 실랑이는 끝이 없다.

격렬하게 키스해서 입술이 터지고, 호기심과 열정이 넘쳐 침대 다리 하나 부러질 정도의 과격한 베드신으로 거의 야한 동영상 하나 찍으려는 것일까? 혼자만의 리그가 되면 안 된다. 가끔 목에 키스 마크를 은근히 내보이며 자랑하는 여자들도 있고, 〈귀여운 연인들〉의 피아노 위에서 하는 섹스는 리차드 기어와 줄리아 로버츠와 같은 배우만 하는 게 아니라며, 영화 속 장면들을 실제로 연출하는 연인도 있다. 영화 〈티파니에서 아침을〉에서 싱크대 위에 올라가 앉아있는 오드리 헵번이 섹시해 보여서일까? 싱크대 앞에서 거칠게 밀어붙이는 남자도 있다. 술을 많이 마시고 발기도 안 되는데 섹스하자고 덤벼들거나 여자보다 먼저 잠드는 남자는 매너가 없다.

이처럼 소파, 싱크대, 탁자, 피아노 위에서 격렬하게 영화 속 장면을 연출하려고 하는 여자들이 가끔 있지만, 그것을 원하는 것은 대부분 남자다. 성에 대한 환상과 즐거움을 추구하는 사람들이며 지루함을 견디지 못하는 것이 특징이다. 둘이 괜찮으면 다행이지만 상대방이 부담스러워하는데도 계속된다면 관계는 끝날 수 있다.

밀란 쿤데라의 소설《히치하이킹 게임》에서 "그는 자기 앞에 서 있는 그 벌거벗은 몸을 보는 것이 만족스러웠고, 그녀 몸이 부끄러움과 떠는 것이 그를 더욱더 포학하게 만들었다. 그는 상스럽고 추잡했다. 그는 그에게서 그녀가 한 번도 들어 본 적이 없는 말들을 했다(방미경 역, 우스운 사랑들, 2013)."

처음에는 장난으로 시작한 게임이 연인의 관계를 망가뜨리며 끝난다. 남자주인공은 여자에게 장난으로 욕하고 창녀에게 대하듯 거칠게 대하지만, 게임이라 생각하고 여자도 그 상황을 즐긴다. 그러나 게임이 끝났는데도 거친 행동이 계속되면 문제다. 실제로 데이트 강간이나 폭력이 처음 시작할 때 묵인하거나 간과해서 계속되는 경우가 많다. 남자가 싫어할까 봐 말을 못하고 있지는 않나? 잦은 섹스로 임신과 낙태를 반복하고 있어서 몸도 마음도 망가지고 있다면 악순환의 고리를 끊어야 한다. 한 번쯤 '섹스에도 소통이 있는지, 학대적으로 변해가는데 중단할 힘이 없다면 왜 그런지 한번쯤 생각해보는 것이 좋다.

인터코스로 여자가 오르가슴이 끝난 후에도, '지 스팟'을 자극하겠다며 강박적으로 애무를 계속하는 남자도 있다. 여자가 비명을 질러야만 끝내니 누구를 위한 애무인지 모호해진다. 이처럼 성에 강박증적인 남자는 리비도를 참다가 폭발했거나, 성에 대한 열등감이 있는 경우가 많다. 즐겁지 않은 경험은 한두 번으로 족하지 않을까?

우리의 섹스, 놀이와 장난 사이

'성에 대해 남자는 표현해도 된다'고 생각하지만, '여자는 실제가 어떻든 내숭을 떨어야 매력 있다'고 생각하는 사회적 통념이 있다. 여자가 표현하면 '밝히는 여자', '위험한 여자'로 인식하게 한 것은 여자들에게도 일정 부분 책임이 있다. 욕구가 있어도 없는 척, 알아도 모르는 척 가면을 쓰고 살아왔으니 그렇게 남자들이 오해하는 것 아닌가? 남자들만 섹스를 좋아하는 것이 아니다. 여자들도 섹스를 좋아한다. 행복한 섹스는 서로 솔직해지는 데서 시작한다.

그렇다고 아무 생각 없이 함부로 말을 하라는 것은 아니다. 특히 성기 중심적인 남자들은 섹스능력을 평가하는 여자의 말에 민감하다. 편한 사이라고 남자에게 "조루 아냐?", "모양이 다르네?"라고 하면, 남자를 위축시켜서 몸만 제대로 작동하지 못하게 하는 것이 아니라 마음의 문도 닫힌다. 하루키 소설《색채가 없는 다자키 스쿠루와 그가 순례를 떠난 해》에서 남자와의 섹스가 기대에 못 미쳤지만, "그럴 수 있지"라며 여자가 대수롭지 않게 넘기는 장면이 나온다. '항상 최상의 오르가슴만을 바라는 것'은 불가능하다. 섹스는 놀이처럼 즐기며 하는 것이다.

또한 행복한 섹스는 어떤 사람을 만나느냐에 달려있기도 하다. 궁합이 잘 맞는 것일 수도 있지만, 배려를 더 잘하는 사람이 있다. S는 2년 동안 사귄 여자친구에게 성욕도 느끼지 못했다. 호스티스 바에서 만난 여성과도 시도해봤지만, 발기가 안 돼 결국 섹스를 하지 못했다. 성불구자는 아닌지 불안했고 여자친구와도 섹스 문제 때문에 계속 싸우게 되어 결국 헤어졌다. 그리고 1년 전쯤 새로운 여자친구를 만났는데, 신기하게도 섹스가 잘 된다. 이유가 뭘까? 특별히 예쁠 것도 없는 애인, 섹시한 슬립을 입는 것도 아니고, 엉겁결에 한 섹스는 보잘것없었다. 발기는 됐지만 조루처럼 사정이 2분 만에 끝났기 때문이다.

이럴 때 여자들의 반응은 어떨까? 보통은 실망하고 남자를 성불구자 취급하기 쉽다. 하지만 S의 애인은 달랐다. 남자친구에게 "괜찮다"고 했다. 섹스가 중요한 건 맞지만 남자친구를 사랑했기 때문에 끝까지 안 된다 해도 받아들일 마음이 있었다고 한다. 그 후로 세 번 정도 조루증세가 더 있었지만, 네 번째부터 S에게 조루 증세는 말끔히 없어졌다. 만난 지 1년 됐는데 누구보다 열정적으로 섹스를 한다.

침대 매너는 사소한 것에서부터 시작한다. 과일 음료수를 마시고 난 뒤의 달콤한 냄새가 밴 입 냄새에서, 청바지에 화려한 색깔의 벨트 등 사소한 것에서 에로티시즘은 발현된다. 갑자기 무릎 위에 앉혀 흥분하게 만들기도 하고, 이것저것 시도해보지 않으면 침대 매너는 발전하지 않는다. 신체의 부위를 지칭하며, "너의 입술은 사랑스러워", "너의 엉덩이는 잘 생겼어" 등의 칭찬은 성에도 긍정적으로 적용된다.

반면에 변태로 보이는 독특한 성적 취향을 가진 커플들도 있다. 영화에서도 마조히즘(masochism)과 사디즘(sadism)은 많이 등장하는 얘기다. 〈데인저러스 메소드(A Dangerous Method)〉의 슈필라인(키이라 나이틀리 분)처럼 칼 융(마이클 패스벤더 분)에게 엉덩이를 때려 달라는 가벼운 피학대증도 있다. 더 심한 경우 제임스(E. L. James)의 소설《그레이의 50가지 그림자》에서 억만장자인 남자 주인공 그레이는 '레드룸'에서 은밀한 변태적 행위로 아나스타샤를 통제하며, 가학증세를 보인다. 육체만을 탐하는 그레이, 언젠가 진정한 사랑의 관계가 되기를 기대하며, 그레이의 함정에 빠져간다.

남자친구의 특이한 성적 취향이 있는가? 인터코스 단계에서 욕을 하거나, 정액을 여자의 신체에 흩뿌리는 것으로 카타르시스를 느끼는 그와의 섹스 어떻게 할 것인가? 정도가 심하지 않고 둘이 대화로 풀수 있다면 그것이 문제 되지는 않겠지만, 학대수위가 거세지고 위험해지고 있다면 경고음을 울려야 한다. 욕정이든 유기감이 두려워서이든 방관자로서 따라가는 여자에게도 책임이 있기 때문이다. 제어할 수 없을 단계까지 가지 않도록 '아니다' 싶으면 처음부터 거절하는 것도 필요하다. 서로를 신뢰하고 사랑하는 마음이 담겨있는 침대 매너는 분명있다.

심리학 TIP

변태로 보이는 그의 독특한 성적 취향을 정상과 비정상으로 몰아갈 일은 아니다. 서로 즐길 만한 수준이라면 즐겨라. 다만 혐오스러워서 못 견딜 정도라면 그 행위를 멈추라고 요청해야 할 것이다.

또한 늘 술 마시고 나타나 섹스만 원하는 남자, 대화하고 밥먹고 분위기 만들어 섹스로 가는 단계를 줄이려고 바로 술집으로 향하는 남자라면 거리를 두라. 현금이 없고 카드밖에 없어 모텔비를 낼 수 없다며 여자에게 미루면서도 비싼 데만 가는 남자도 매너 없기는 마찬가지이다. 잠깐의 욕망을 채우는 목적으로 만나는 것이라면 모르겠지만, 인생을 걸만한 남자는 아니다. ✿

07

필요한 것은 체력이지
사랑이 아니다

로맨틱한 감정이 있어도 섹스를 하려면 기본적인 체력이 뒷받침되어야 한다. 열정적인 키스에 대략 10킬로그램칼로리, 격렬한 섹스에 200~300킬로그램칼로리 정도 소모된다. 20분 걸어야 20킬로그램칼로리가 소모되는 것과 비교하면 섹스는 격렬한 운동을 하는 것과 같다.

미국의 성의학자인 테레사(Crenshaw Theresa)도 10분 동안 하는 섹스가 에어로빅을 45분간 하는 것보다 3배 정도 열량 소모가 많다고 했다. 섹스는 심폐 혈관을 좋게 해주고, 콜레스테롤 수치를 낮게 하기 때문에 다이어트 효과도 있다. 근육의 각성과 자극을 통해 호르몬을 생성시키고, 혈류의 증가는 산소공급을 증가시키며 면역력을 증가시켜서 건강에도 도움이 된다. 섹스가 건강에 도움이 되듯이, 섹스 역시 몸이 건강해야 자유롭게 할 수 있다. 피곤하고 몸이 아프면 섹스할 마음도 생기지 않는다. 직장 스트레스와 피로에 지쳐 생기는 만성피로증

후군은 건강한 섹스를 방해하는 요소이다. 평소에 스트레스 관리나 피로를 풀어가며 생기 있는 삶을 지탱하는 것이 매우 중요하다.

섹스는 로맨틱한 감정, 즉 성욕이 전제되지 않으면 안 된다. 성인이 시작되면서 남자들이 성에 눈이 빨리 뜬다. 그러나 평균적으로 남자들은 20대 초부터 성 충동이 강하게 나타나지만, 30세 이후에 성 충동이 계속 하향곡선을 그린다. 반면에 여자들은 25세 정도부터 성 충동이 급상승하기 시작해 30세부터 계속 유지한다(김용미 외, 2002; Cox, 1998; Frieze 외, 1978). 특히 여자들은 평균적으로 30대 초에서 성 욕구가 상승곡선을 타지만 남자들은 30대 초부터 하향곡선을 탄다. 여자들은 성에 대해 수동적인 특성이 있지만, 나이가 들면서 성욕의 증가와 함께 섹스 스킬도 향상되기 때문에 30대 중반만 되어도 적극성을 띄게 된다. 남자들에게는 사회적으로 공격적이고 적극적인 성과 섹스가 강요된 것이 사실이다. '남자다움'이 성에도 적용되기 때문이다. 그러나 커플의 성향에 따라 양상이 달라진다.

로맨틱한 분위기가 아니어도 전위 없이도 바로 섹스로 들어가는 자극에 민감하면서도 뜨거운 여자가 있다. 이 경우 남자는 큰 체력 소모 없이 인터코스로 바로 들어가기 때문에 좋아한다. 섹스의 절정기인 오르가슴기에 에너지가 가장 많이 소모되지만, 전위 역시 체력소모가 많기 때문이다. 그러나 너무 예민한 남자는 조그만 자극에도 성욕이 사라지거나 조루증세가 나타날 수 있다는 점에서 꼭 좋다고만은 할 수 없다. 이때 심리적으로 위축되지 않게 편안한 분위기를 만드는 것이 필요하다. 남자에게 자극을 적게 주고, 멈추었다 다시 애무하는 식으로 해서 시간을 늦추면 남녀가 모두 만족할 수 있다.

꿀벅지가 섹시 끝판왕

성욕에 문제가 없고 조루증세도 없는데, 체력이 약해서 오르가슴까지 도달하는 시간까지 끌고 갈 수 없을 때는 헬스나 조깅, 웨이트 트레이닝으로 폐활량과 근육량을 늘이는 것이 좋다. 기초대사량에 따라 다르겠지만, 섹스할 때 남성 상위 체위의 경우 칼로리 소모가 여자보다 많고, 여성 상위 체위는 여자의 칼로리 소모가 많다. 이런 점에서 남자뿐 아니라 여자도 체력이 중요하다. 남자에게는 '허리'가 중요하며, 여자들에게는 '꿀벅지'가 건강의 상징이다.

남자들에게 여자의 다리는 중요하다. 이안 감독의 영화 〈색, 계〉(양조위, 탕웨이 주연), 〈어우동: 주인 없는 꽃〉(백도빈, 송은채 주연) 같은 섹스 스캔들 영화를 보면 섹스 심볼로 다리를 아름답게 묘사한다. 섹스에서 적극적이고 개방적으로 남자를 받아들이는 것의 관문이며, 여자가 주체가 된다는 상징적 의미가 담겨있다.

다른 조건이 같다면 허벅지가 건강한 사람이 섹스를 잘할 수 있다는 것은 자연스러운 현상이다. 의학자들은 허벅지는 건강의 바로미터로 본다. 단단한 근육질의 허벅지는 혈액순환을 원활하게 할 뿐 아니라 상체의 체중을 무릎이나 다리로 가는 충격을 완충해주기 때문이다. 꿀벅지가 섹스의 심볼이 된 것은, 꿀벅지는 혈액순환을 원활하게 해주어 성감대를 촉진하고 성 만족도를 높혀주기 때문이다. 꿀벅지의 혈액순환은 남자들에게는 발기와 건강한 정자를 갖게 해주고, 여자에게는 음핵이나 자궁에 혈액공급이 원활하게 해주어 감각이 좋아지게 한다. 건강한 꿀벅지를 목표로 한다면, 걷기 등의 유산소운동을 하면서 스쿼트 같은 근력운동을 최소한 6개월 이상 지속하기를 권한다.

진화심리학자들에 의하면, 남자들이 꿀벅지나 S 라인의 예쁜 몸매, 탄탄한 힙의 여자들을 선호하는 것은 단지 시각의 즐거움뿐 아니라, 건강한 아이를 갖고 싶은 진화론적 욕망에서 시작되었다고 한다. 여자들 역시 팔뚝이 단단하고 잔 근육이 있는 건강한 남자가 끌리는 것은 건강한 정자를 보유한 남자의 아이를 원하기 때문이다. 이제는 성이 수동적이고 부끄러운 것이라는 생각에서 능동적인 전환이 일어나야 할 때다.

심리학 TIP

무엇보다 로맨틱한 감정과 사랑의 욕망을 채우는 섹스, 잘하려면 건강한 몸과 체력이 필수이다. 요가, 필라테스, 헬스에 시간과 돈을 투자하며 자기 몸을 매력 있게 만드는 것도 방법이다. 하지만 자신이 자신 없는 부분을 감추거나 보완하려는 작전은 시간이 오래 걸릴 뿐 아니라 목표달성이 어렵다. 자신의 강점이 되는 곳을 강화하는 것이 단기간에 높은 효과를 거둘 수 있다. 허리가 자신 있는 사람들은 일상생활 속에서도 시간 날 때마다 허리 스트레칭을 하거나 기상이나 취침시간에 플랭크를 20~30번씩 하는 것도 좋다.

성적인 자극을 민감하게 느끼고 싶다면 케겔 운동도 권하고 싶다. 이곳의 근육을 발달시키면 남성의 성기를 조여주는 효과뿐만 아니라 여성의 성기의 민감도 및 자극의 지속도도 함

께 높아지기 때문에 테크닉적인 부분에서 높은 만족을 느낄

수 있게 된다. ✽

08

💎

연인의 성감대,
묻지 말고 대화하라

자기 얼굴이나 신체에 대해 흡족해하는 여자가 많지 않다. 자기 신체상을 그리고 매력적인 부분을 찾아보게 하면, 한 군데도 찾지 못해 곤혹스러워한다. 자기 이미지를 꽃으로 표현해보라고 하면 좀 낫다. 화려한 튤립이나 장미, 가녀린 코스모스, 4계절을 버티는 국화, 진흙 속의 연꽃에서 자신을 발견한다. 나름대로 의미를 부여하고 자신 속에 있는 숨어있는 아름다움에 놀라는 모습을 보면 나도 덩달아 기분이 좋아진다.

날씬해지면 여성적 매력이 나올 것이라는 생각에 다이어트에 몰입하거나 성형으로 자신감을 회복하기도 한다. 그러나 남자들이 모두 마른 여자를 좋아하지는 않는다. 배우 신세경 같은 청순 글래머를 만나기 힘들다는 것쯤 남자들도 다 안다. 그래서 적당한 수준에서 타협을 한다. 살찐 것과 글래머와는 차이가 있지만, 통통한 여자친구를 글래머라 지칭하며 남자들은 좋아한다. 통통한 그녀에게서 모성애가 느껴지기 때문이다. 그런 남자친구를 둔 여자는 데이트 기간과 함께 몸무게도 같은 비례로 증가한다.

가슴이 작아 늘 고민이던 여자, A컵인데 뽕을 넣어 B컵으로 상향조정, 가슴을 최대한 쭉 내밀고 걸으며 자신감을 회복하려 했다. 그런데 지금 남자친구를 만나고 나서 완전 반전이 일어났다. 가슴이 작은 여자가 지적으로 보여서 좋다는 남자, 육식녀보다는 초식녀가 좋다는 말에 굳이 자신을 포장하지 않아도 된다는 확신이 생겼다. 이번 기회에 자신을 제대로 보고 싶어졌다.

자기를 사랑해주는 사람의 말은 영향력이 있다. 김춘수의 시 〈꽃〉에서처럼 예쁘다고 말해준 몸의 각 부분은 날개를 달기 시작하고 꽃이 피기 시작한다.

> 내가 그의 이름을 불러 주었을 때
> 그는 나에게로 와서
> 꽃이 되었다.

사랑하는 사람이 만든 가치는 인격화하여 꽃이 피고 매력적으로 변한다. 스킨십이 애정으로 느껴지려면 무작정 신체를 터치하는 것이 아니라, 인격적으로 숨 쉬는 곳을 발견해야 가능하다. 이때 자신의 신체적 매력과 성감대를 알면 좋다. 성감대는 개발할수록 확장되고 풍성해진다. 스킨십도 배우는 것이지 저절로 되는 것이 아니다. 성 치료 기관에서는 커플이 각자 자신의 신체 이미지에 있는 성감대에 표시를 한다. 처음에는 한두 개밖에 없지만, 커플이 서로의 매력을 찾아주고 성감대를 촉진하고 찾다 보면 성감대의 범위가 넓어지는데 거의 몸 전체로 확장된다. 키스 역시 사람마다 다르지만, 서로 맞추어 하면서 카타르시스를 느끼도록 하는 것이 방법이다.

키스가 달콤하고 화학적 반응이 있으면 섹스로 가도 비슷한 반응이 나올 가능성이 크다. 키스에 대한 감각이 탁월한 사람도 있다. 꼭 많이 해봐서가 아니라 감각이다. 모태 솔로로 지내다가 20대 후반이 된 S는 키스하는 법을 몰라 데이트할 때 쩔쩔맸다. 그런데 몇 번 해보더니 내게 남자친구가 키스를 못한다고 불만을 토로하며 행복한 고민을 털어놓았다. '늦게 배운 도둑질이 더 무섭다'는 말이 떠올라 웃음이 나왔다.

여자의 가녀린 떨림은 남자의 정복욕을 만족시킨다

철학자 지젝(Slavoj Zizek)은 "성행위는 성 자체가 아니라 성적 환상이다"라고 했다. 성감대나 애무가 욕망을 채우는 것만이 아니다. 입술, 손, 발, 다리, 허리, 유방, 등, 척추, 쇄골, 엉덩이, 온몸을 통해 사랑하는 대상을 자극하고, 대상은 그에 대한 반응으로 신음, 탄성, 몸의 오그라들음, 가녀린 떨림 등 육체적 반응을 한다. 그러나 이것이 단지 육체적 반응일 수만은 없다. 그 순간만큼은 그의 정신과 육체 모두 내 것이 되는 것이다. 특히 남자들은 정복욕이 있어 여자가 반응할 때 자신이 무언가를 했다는 자부심과 성취감을 느끼면서 스스로를 대견해 한다. 성적 환상을 채워주는 순간이며, 성적 환상이 없다면 굳이 함께하는 애무나 섹스가 의미 없을 것이다. 자위를 하거나 도구를 활용하면 충분할 테니까.

마이클 화이트(M. White)라는 심리학자의 이름 붙이기(naming) 기법을 적용하면 성적 환상을 만들 수 있다. 서로의 몸에 '그것이', '여기가'와 같은 지시어나 애칭을 붙여주면 성적 환상이 결합되어 단순한 육적 욕망을 채워주는 것에서 벗어날 수 있다. 남자들은 여자의 나신에 대한 시각의 욕망과 정신적 순결함을 동시에 만족하고 싶어 하는 환상이 있기 때문이다. 스트립바 스트립걸, 노래방 도우미, 성인잡지의 모델들을 통해 성적 리비도를 충족시키면서도 말이다.

신체적 매력을 어떻게 알아볼 수 있을까? 남자들은 시각적 자극에, 여자들은 청각 자극에 민감하다. 그래서 남자들은 보기를 원하고, 여자들은 듣기를 원한다. 여자의 몸은 섬세하고 신비롭다. 유방 하나만 봐도 그렇다. 동그란 유륜(젖꽃판), 유두가 사람마다 모양이나 색이 다르니 예술작품이 따로 없다. 다 보여주는 것보다 보일 듯 말 듯한 데서 오는 감칠맛이 동양의 아름다움이다. 신체적 매력과 욕정은 부드러운 시스루룩 위에서, 레깅스 신은 다리에서 상상으로 빚어내는 기대감을 갖게 한다.

자기 몸매에 자신감을 가지고 당당하게 걷는 여자는 남자의 눈길을 사로잡는다. 섹시하기 때문이다. 그러니 너도나도 유방확대술로 풍만한 가슴을 만들 필요는 없다.

사람마다 자신만의 신체적 매력이 있다. 유행에 너무 뒤처지면 그렇지만 너무 맞출 필요는 없다. 자신의 스타일을 찾는 것이 중요하다. 좀 더 예쁘게 이미지 메이킹 하려면, 공통적으로는 속옷을 여러 겹보다는 하나 정도 간결하게 입는 것이 중요하다. 팬티, 스타킹, 힙라이너, 속치마까지 많이 껴입지 말고 줄여보라. 언뜻 보면 별로 중요하지 않은 것 같지만, 세심하게 신경을 쓰면 우아하면서도 세련된 이미지가 연출된다. 남자친구의 단단한 팔뚝을 살짝 잡아보면서 "와우! 대단한데요."라고 말하며, 행복한 미소를 지으면, 그는 으쓱해 하며 자신감이 생긴다. 남자의 가슴에 살짝 손을 얹고 "심장박동 소리가 들리는데요. 영혼의 소리"라고 너스레도 떨어보라. 너무 예의와 경계를 지키다 보면 데이트 시간이 금방 흘러가고 아쉬움만 남을 것이다. 지젝이 말한 것처럼 '성 자체가 아니라 서로에 대한 매력과 성적 환상'을 꿈꾸며 만들어가라.

심리학 TIP

자기 몸매에 자신감을 갖는 여자가 남자들의 눈엔 가장 섹시하게 보인다. 자기 스타일을 버리고 다른 사람을 따라 할 필요는 없다. 신체조건이나 성격에 맞게 연출하면 가장 아름답다. 왜소하면 밝은 색상으로, 다소 풍만하면 짙은 색상으로 몸을 슬림하게 연출하면 훨씬 섹시하다. 성격도 명랑하고 쾌활하면 화려하게, 차분하다면 단아하게 연출하라. 가끔은 반전의 매력을 보여주는 것도 잊지 말자. 어깨 부분에 구멍을 낸 옷이나 짧은 스커트로 노출을 통해 섹시함을 연출하거나 몸매에 자신 있는 사람은 타이트한 옷으로 매력을 부각시키는 것도 좋다. 하지만 그것으로 일관하면 매력이 감소된다. 반짝거리는 립글로스 바른 입술, 살짝 비치는 브래지어끈에도 남자의 성적 환상을 만족시키기에 충분하다. ✿

09

◆

선(先) 섹스,
후(後) 사귐

화가인 구성연 작가의 설치미술전시회에 갔다. 언젠가 나뭇가지에 매화나 눈꽃처럼 찍은 작가의 사진작품을 보면서 참 아름답다는 생각을 했다. 멀리서 보면 금방이라도 활짝 꽃망울이 터질 듯한 상상과 벚꽃이 가지에 붙어있는 느낌을 받았다. 그런데 가까이 가보니 팝콘이었다. 팝콘 같은 사랑, 톡톡 튀며 순식간에 사랑에 빠져들지만 금방 사라져버리는 청춘들의 사랑 이야기 같았다.

요즈음 3세대 신경과학이라고 불리는 신경생리학이 각광 받고 있는데, 몸과 마음을 통합적으로 보는 시각을 수용하고 있다. 행복감, 기쁨, 불안 등의 정서와 심장박동 수, 체온, 뇌파 등을 연결해 그것을 입증하고 있다.

강남이나 홍대 클럽에서 밤새 춤을 추고, 새벽에 원 나잇을 하려고 모텔로 향하는 남자들은 여자에게 선물이나 돈을 주고 가벼운 관계로 끝낸다. 여자들 역시 '하룻밤 섹스파트너로 이 정도면 괜찮다'는 생각이 들면 함께 즐기는 것으로 만족한다. 하지만 처음엔 즐기기 위해 원 나잇으로 시작하지만 '괜찮은 남자'라는 생각이 들면 진지한 관계로 가고 싶어 한다. '괜찮은 남자'라는 것은 사귀면서 성격이나 여러 가지를 봐야겠지만, 우선은 한 번에 볼 수 있는 외적 조건일 것이다. 명문대 출신의 '사'자 들어가는 직업에 근육질의 훈남이라면 일단 합격점을 받게 된다.

남자는 여자와 달리 성기 중심적이어서 배설을 하고 나면 여자에게 관심이 없어진다고 한다. 그러나 동 쥐앙(Don Juan)처럼 재미나 즐거움의 욕구만을 채우기 위해 섹스를 하는 남자들의 얘기이다. 연애 경험이 없거나 좀 더 순진한 남자들은 성적 리비도를 풀 기회가 없다가 여자와 섹스를 하고 나면, 여자를 책임져야 한다는 의식이 강하게 발동한다. 이들은 아무 여자하고나 함부로 원 나잇을 하지 않으며, 섹스하는 것을 두려워하고 최대한 시기를 미룬다.

원 나잇 하면 나쁜 남자?

대부분의 여자는 하룻밤을 함께하더라도 앞으로 진지한 관계까지 갈 사람인지 생각한다. 동 쥐앙 같은 남자들은 그야말로 하룻밤인데 쿨하지 못한 여자 때문에 당황스러워한다.

처음에는 육체적 끌림으로 섹스를 했는데, 프러포즈하는 남자들은 어떤 심리일까? 여자 경험이 별로 없는 순진남이거나 보수적인 남자일 확률이 높다. 하지만 단순히 유희로 여자와 자려는 나쁜 남자는 반드시 걸러내야 한다. 원 나잇을 했다고 모두 나쁜 남자이고, 사귀어서는 안 될 가벼운 남자는 아니다. 원 나잇 했다고 다 나쁜 여자가 아니듯 말이다. 단, 어디에서 만났고 서로 관심이 있는 상태에서 원 나잇을 했는지, 아무 배경지식 없이 단순히 육체적 쾌락만을 추구한 것인지 스스로에게 물어봐야 한다.

서로 좋은 감정이 있고 직업이나 장래유망성 등이 보이는 남자와 사귈 마음으로 만났다고 하자. 그런데 첫날 원 나잇으로 가게 됐다고 해서 남자를 늑대로 몰아갈 일은 아니라는 말이다. 그 상황을 누가 먼저 만들었다고 비난할 일도 아니다. 앞으로 사귈 마음이 없다 해도 성적 리비도가 꽉 찬 남녀가 만나 서로의 욕구를 풀었다면 그것으로 만족하고 끝내면 될 일이다. 남자가 사귀자는 말을 먼저 하지 않고 섹스를 했다고 다 바람둥이가 아니라는 것이다. 괜찮은 남자를 선입견으로 놓치지 말라는 뜻이다.

마음이 가고 진지한 관계로 발전할 수 있을 때 섹스를 시작하는 여자가 많다. 그러나 남자는 여자가 마음에 들면 섹스를 하고 진지한 관계로 가는 편을 더 쉽게 받아들인다. 남자가 더 충동적이고 섹스를 좋아해서가 아니라, 주도적이고 공격적인 남자 중심의 성문화가 그런 생각을 자연스럽게 받아들이게 하는 것이다. 하룻밤 섹스이고 남자와 진지한 사랑이 아니어도 여자들은 정서적 교류를 느끼고 싶어 한다. 그래서 사귀자는 말이 없이 애매하게 섹스를 먼저 하려는 남자를 짐승 취급하거나 열었던 마음의 문이 닫히기도 한다. 그러나 사귀자는 말을 하고도 헤어지는 커플이 얼마나 많은가? 단지 이 남자가 육욕의 대상으로 자신을 선택한 것인지, 그것은 파악해야 할 것이다.

심리학 TIP

정신적 사랑이 수반되지 않는 육체적 사랑은 진정한 사랑이 아니라고 생각하는 여자들과 달리 남자들은 육체적 끌림과 섹스가 중요하다. 여자를 섹스의 대상으로 보는 늑대 같은 남자들이 있는 것도 사실이다. 그런데 역설적이게도 섹스 이후에 비로소 여자를 책임지려 하고 정신적 사랑이 수반되는 것이 가능한 남자들도 있다는 것이다. 하지만 그런 남자라고 해서 다 믿음직하다는 착각에 빠져서도 안 된다. 여자 경험이 별로 없는 순진남이거나 보수적인 남자들이 많다는 것이 함정이기 때문이다. 사랑과 섹스의 순서는 '닭이 먼저냐, 달걀이 먼저냐'와 같은 끊임없는 질문을 유발한다. 순서에 너무 집착하지 말고 시작된 관계 자체에 집중하라. ✿

10

죄책감 없는 섹스,
가능할까요?

남녀 사이에서 쿨하게 지내자는 말을 많이 한다. 쿨하게 지내는 사이가 따로 있는 건지 아니면 원래 쿨한 사람인지 모호하다.

M은 여럿이 술을 마시러 갔다. 일행 중 네 살 연하의 동생이라 안심했는데, 친구들과 함께 있어도 몸을 더듬고 키스를 시도했다. 그다음 집으로 초대했는데, 다른 사람들은 바쁘다며 가고 둘만 남게 되자 남자가 키스를 하며 덮치려 했다. 싫지 않은 타입이고, 욕구 때문에 나도 모르게 순응했지만, 나쁜 짓을 한 것 같아 부끄러웠다. M은 연하남이 자기 말고 여러 여자에게도 같은 행동을 하고 있다는 것을 나중에 알게 되어 만남을 중단했다.

이 연하남처럼 여러 사람과 동시에 연애를 하는 '다자연애'를 즐기는 사람들이 있다. 그들 중에는 여자를 단지 욕구충족의 대상으로 여기며 섹스파트너로만 생각할 때가 있다. M은 어릴 때부터 교회에 다니며 종교적 이데올로기와 현실의 차이로 인해 갈등하고 있다. 여러 사람을 동시에 만나는 것이 가능한지, 사귈 것도 아니면서 육체적 욕망만 채워도 되는지에 대한 고민이다.

'부담 없이 쿨하게'라는 말은 진심이 없으면 문제가 된다. 여자들은 남자친구가 첫 남자이기를 바란다. 남자들 역시 여자가 처녀인지가 중요하지 않다고 말하면서도 첫 섹스는 처녀와 하고 싶다고 한다.

처음의 설레는 감정은 차차 약해진다. '보상물은 점점 강해져야 효과가 있다'는 것이 강화의 원리이다. 자신이 원하는 것이 무엇인지가 중요하다. 남자에게 끌려다니는 여자는 매력이 없다. 남자의 마음을 먼저 확인하는 것이 좋다. 사랑은 짝짓기이다. 사랑하는 느낌, 보고 싶은 것, 만지고 싶은 것, 호흡이 가빠지는 것 모두 충동이며 욕망이다.

영화 〈연애의 목적〉에서 주인공 김유림(박해일 분)이 처음 만나자마자 같이 자자는 제안을 하자 최홍(강혜정 분)은 "처음 본 여자랑 자본적 있어요? 어떻게 그럴 수 있어요. 사랑하지 않는데 어떻게 자요?"라고 반문한다. 남자주인공은 "애네요. 열여섯 사춘기도 아니고 사랑 타령이네 그런 거 3개월이면 끝나요. 그러니까 그냥 하고 싶은 대로 하면 돼요. 사랑이라는 거 웃겨요. 그런 거 없어요. 그냥 호감 가고 좋아하는 사람이랑 원하면 자고 부담 없이 쿨하게"라는 대사가 있다.

이런 경우 우리가 사는 사회의 성 윤리와 자신의 욕구가 상반되기 때문에 혼란스러움이 있다. 유교의 가부장적 이데올로기는 남자와 여자에게 다른 잣대의 순결성이 적용된다. 기독교, 이슬람교 역시 혼전 순결 이데올로기가 강하다. 그러나 요즈음 혼전 성교가 증가하는 추세이다. 성 개방 풍조로 인해 자녀를 생산하기 위한 생식의 기능에서 성욕을 충족시키는 즐거움의 기능으로 확대되었다. 평균연령의 증가는 사춘기 이후 결혼까지의 20년 가까운 기간 동안 성욕의 문제를 어떻게 해결하느냐는 난제를 낳았다.

또한 양성평등 사고도 한몫한다. 남자들에게는 성의 배설적 기능을 생물학적으로 보아 혼전 성교가 사회에서 용인되었다면, 여자들에게는 혼전 순결의 이중적 잣대가 존재했었다. 그러나 이제 양성평등 사고로 인해 남자들에게나 여자들에게나 혼전 순결이나 혼전 성교가 유사하게 적용되고 있다. 20대~30대들의 자기주도권이 높아졌고, 부모가 연애와 데이트를 통제할 수 없는 분위기이다. 자신들이 혼전 관계에 대한 태도나 가치관정립과 임신이나 낙태, 성병, 커플 간에 섹스 이후의 관계의 안정성 등에 대해 고민하고 행동하는 책임감이 동반되어야 할 것이다. 종교적인 가치관과 대립하는 것으로 인한 죄책감의 문제를 어떻게 다룰 것인지도 고민해야 할 것이다.

페팅은 "YES", 섹스는 "NO" 눈 가리고 아웅

연애를 할 때 자신이 어떤 선을 정하고 확실한 신념으로 사는 사람은 그 신념을 지키지 못할 때 죄책감을 느끼기도 한다. 그래서 상대로 인해 자기가 정한 선을 지키지 못할까 봐 조바심내며 연애하는 사람은 신경증인 경우가 많다. 이런 사람은 주로 부모가 자녀를 과잉보호하여 정서적 분리가 일어나지 않을 때 생긴다. 그래서 남자와 관계 맺는 것을 두려워하고 성인으로서 성욕을 느끼고 사랑을 나누는 것이 자연스러운 것임에도 불구하고 어떤 선을 넘는 것에 대해 강박적이 된다. 정서적 성숙이 충분히 이루어지지 않은 것으로 정신분석에서는 설명한다. 이런 여성들은 연애나 결혼 생활에서 자신을 노출하는 성관계가 어려울 뿐 아니라 자위조차도 갈등을 일으키며 갈등하는 신경증을 보이게 되어 이성과의 관계가 원만하지 않게 된다.

내가 만난, 미국의 유명한 음대에 다닐 정도로 재능이 많고 수재인 20대 중반인 C도 그랬다. "혼전 순결을 지켜야 한다"는 말을 부모에게 수없이 듣고 자랐다. 혼전 순결을 지키고 싶고 남자친구에게도 약속을 받아내는 데까지는 성공한다.

남자친구가 육체적으로 가까워지는 것을 조심하자고 말하면서도 엉덩이를 토닥거릴 때면 밀쳐내게 된다. C가 현재 가능한 것은 깍지껴서 손잡기, 뽀뽀, 안기까지만 가능하다. 키스까지는 할 수는 있지만, 장소에 따라 다르다. 다른 사람들이 보는 앞에서나 자신이 하고 싶지 않을 때는 싫다. 데이트할 때 단추 하나까지 다 잠그니까 남자친구는 왜 그러냐고 묻는다. C에게 파인 것, 짧은 것을 입으면 예쁠 것 같다고 한다. 그런 옷을 입어 남자에게 성적으로 매력 있게 보이고 싶으면서도 그러면 안 될 것 같은 마음으로 갈등한다. 성적 접촉을 싫어하니 남자친구는 음담패설로 풀려고 하는데 함께 즐기고 싶으면서도 절제하고 싶은 두 마음이 싸운다. 더 진도가 나가 깊은 스킨십으로 가게 되는 것이 두렵기 때문이다.

C와 같이 자신의 신념과 욕구가 다를 때 혼란스러움을 경험할 수

있다. 종교적 신념이 들어가면 더욱 그렇다. 이런 경우, 부모나 사회적 인식이 자기 것으로 확신 있게 받아들여졌는지 확인할 필요가 있다. 이성을 사귀지 않는 사람 중에는 성 욕구를 운동이나 다른 무엇으로 푸는 사람도 얼마든지 있다. 이성 교제를 할 때 허용선이 계속 무너진다면 규칙을 다시 정하든지, 신념을 바꾸든지 해야 할 것이다. 정서적 교감이나 장래의 약속을 전제로 한 성교인지 또는 육체적 교감만으로도 충분한 것인지 두 사람의 합의와 결정이 중요하다.

서로의 몸을 애무해주는 페팅까지는 하지만 섹스는 하지 않는 커플도 있다. 물론 둘 다 합의하면 문제가 없지만, 한쪽은 섹스를 원하는데 다른 한쪽이 절대 안 된다고 고집하는 경우이다. 욕구만 채우고 책임은 지고 싶지 않아서일까?

실제로 5년을 사귀었는데 순결을 지켰다며 자랑하는 사람도 있다. 무엇을 기준으로 순결을 말하는지 궁금해진다. 욕구는 인정하지만 혼전 순결의 이데올로기는 지키고 싶기 때문일까 아니면 이미 성인이 된 몸의 욕망은 꿈틀거리는데, 성을 더러운 것이라 생각하고 적당히 인식을 억압하는 것일까.

애무는 괜찮지만 섹스는 안 된다는 것은 육체와 정신과 적당히 분리하는 것이다. 이를 인지심리학자 벡(Aron Beck)은 '이분법적 사고'라고 했는데, 흑백논리로 육체와 정신을 따로 보는 것이다. 애무는 해도 섹스를 하지 않으면 순결을 지킨 것인가? 따로 분리할 수 없는 것이라면 어떻게 하고 싶은지 자신의 욕구를 솔직하게 먼저 들여다보고 나서 어느 선까지 갈 것인지 스스로 결정해야 할 것이다.

자위를 더럽게 보거나 혼전 순결에 집착하는 종교적 가치관이 강한 부모의 견제는 커플이 성적 주도권이나 통제권을 갖지 못하게 되어 죄책감을 유발한다. 성적 욕구는 있지만 혼전 순결을 지켜야 한다는 확신 때문이라면 몰라도 자기 생각이 아닌 경우에는 혼란스러울 수 있다. 스킨십의 수위와 내용을 정하는 것은 두 성인이 독자적으로 결정하고 책임져야 할 문제이다. 부모의 개입을 그대로 받아들이고 있다면 정서적 독립이 안 됐거나 두 사람의 침대 위에 부모를 초청하는 것과 같다. 또한 혼전 순결은 남자보다는 여자에게 엄격한 잣대를 대는 사회적 풍토도 다시 생각해보아야 할 것이다. ✿

Part 5

일 VS 사랑, 두 마리
토끼 잡기

01

연애보다 일이
더 재미있는 여자

처음에는 목적을 가지고 일에 몰두하지만, 계속 일만 하다 보면 무엇 때문에 일에 그렇게 매달리는지 자신도 모르게 된다.

일, 자기성취가 더 중요한 여자는 연애보다는 일에 더 많은 시간을 할애한다. 그래서 성공한 여자들이 많다. 그렇다고 이 여자가 연애나 결혼에 관심이 없는 것은 아니다. 오히려 무척 하고 싶어 한다. 연애보다 일에 촉각이 곤두세워져 있고, 그것을 더 잘하고 좋아하기 때문에 시간이나 에너지를 덜 쏟을 뿐이다. 성취 다음의 공허감은 늘 있다.

데이트나 결혼대상을 만날 때도 자기 일을 이해해 주는 사람, 지지해주고, 함께 성장할 수 있는 사람을 선택하는 경향을 보인다. 연애를 해도 일이 쌓여있다는 이유로, 몸이 피곤하다는 이유로 데이트를 다음으로 미룬다. 남자를 기다리게 한다. 체력이 바닥나고 스케줄에 쫓기는데, 남자친구는 투정부린다고 화를 내기 시작한다. 때로는 자기 일을 이해해주지 않는 거라며, 배려가 없다며 헤어지냐는 말을 하기까지 냉정함을 잃는다.

A는 일에 푹 빠져 산다. 150만 원의 월급 중 원룸 월세에 식비, 교통비 빼면 별로 남는 게 없다. 장기적으로 좀 더 안정된 직장을 갖고 싶다. 결혼해서 아이까지 생기면 지금의 직장은 안정선 보장이 어려운 분위기라 빨리 자리를 잡으면 연애도 하고 싶지만, 지금은 이직을 위해 자격증 취득도 하고 어학학원에 다니느라 지출이 많다. 주어진 환경에서 일에 매달릴 수밖에 없다.

내가 만난 31살의 E 여성 역시 그랬다. 공기업에 다니고 있고 경제적으로 안정적인 생활을 하고 있었다. 카카오 스토리에 자신의 생활을 공개했다. '잠자는 침대 속 공주'로 제목을 붙인 아래 사진은 두꺼운 암막 커튼을 드리워 정말 깊이 잠들 것만 같은 분위기다. '가끔 1~2주일 계속되는 야근에 아르바이트까지 두 탕을 뛰는 것이 일상이 된 주말이나 휴일에는 종일 잠만 잔다. 할 일이 없으니, 뭘 해야 할지 모르겠다'는 내용이 달려있다.

한때 E도 사랑했던 사람이 있었다. 거의 결혼까지 갈 뻔했다. 남자는 결혼하자고 아파트도 구했다. 주말에는 김치볶음밥도 해먹으며 마치 부부가 된 듯 잔잔한 행복을 느끼기도 했다.

일에 푹 빠져 사는 E에게 남자는 살림살이는 자기가 다 하겠다고 그냥 결혼해서 같이 살자고 프러포즈를 했다. 그렇게 품절녀가 될 줄 알았는데, 그즈음 해외지사 발령 건이 나오자 그녀의 마음은 흔들렸다. 결정적인 순간에 일을 선택하는 자신이 너무 싫었고, 남자와 헤어지는 것도 마음 아팠다. 이 남자는 기다려줄 것이라고 생각했다. 그러나 남자는 2년까지 기다리다 가까운 후배와 결혼을 했다. 이제 그녀는 아무도 사랑하지 않는다. 소개팅이 가끔 들어오지만, 그저 형식적으로 나갔다 들어올 뿐이다. 일에서 얻는 성취감과 쌓이는 통장 잔액을 보며 위안으로 삼는다. 성취와 남자친구 하나만 택하라면 무엇을 택하겠는가?

일하러 갈 때도 가끔은 데이트 가는 기분으로

자기성취와 인정욕구가 강한 여자들은 자기 일을 이해해주는, 자기보다 스펙이 낮은 남자를 선택하는 경우가 많다. 일에 지쳐서 주말 데이트 때도 편안한 곳에 가서 조용히 쉬고 싶어 할 것이다. 혹은 어김없이 노트북이나 일거리를 들고 나와 남자를 당황하게 할 것이다. 남자가 처음에는 이해하려고 하겠지만 만나서 여자가 일 얘기만 하면 재미가 없어진다. 남자가 여자 무릎을 베고 잠깐 잠든 사이에도 계속 일만 생각하는 사람을 어떤 남자가 좋아하겠는가? 지친 남자는 참았던 불만을 털어놓을 것이다.

과거에는 자신이 좋아하는 일을 위해, 성공 가도를 달려가는 것이 우선시되어 파트너를 외롭게 만들던 사람이 주로 남자였다면, 이제는 역전이 되었다. 우먼 파워가 생기면서 반대현상들이 일어난 것이다. 일에 목숨 거는 여자들의 심리 이면에는 성취를 통해 인정받고 사랑받고 싶은 욕망이 숨어있다. 자신이 주인공으로 스포트라이트를 받고 싶은 '조명효과(spotlight effect)'를 기대하는 것이다. 이것이 심하면 신경증에 해당하는 것이며 자기애성 성격장애가 된다. 하지만 보통 여자들도 튀고 싶고 존재감을 확인받고 싶은 마음은 조금씩 다 있다. 누구나 자신이 주인공이 되고 싶지 조연으로 남고 싶은 사람은 없다. 그런 면에서 주연이 되는 것은 실제로 불가능에 가깝고 허상으로 끝나는 경우가 많다. 남자는 여자의 치맛자락을 잡고 여자는 선두에 선다. 좋아서 선택한 것이니 여자를 이해하고 가면 되는데 여기에서 남자들의 이중성이 나타난다. 일도 이해하고 여자가 멋있기도 하다. 그러나 돈 버는 일 못지않게 만나 맛있는 것 먹으며, 여행도 가고 느슨한 데이트도 하고 싶어 한다. 여자의 섬세한 손으로 남자의 등을 쓰다듬어줄 때의 기분 좋은 느낌을 맛보고 싶어 한다.

그것도 모르고 시작했냐고 따져 묻는 여자가 많다. 알고 만났으니 남자가 이해해주는 것은 당연하다는 얘기이다. 그래도 만날 때마다 일 얘기하는 여자가 피곤하다. 직장에서 맘에 안 드는 상사, 후배 얘기에 머리가 지끈거린다. 일에 대한 강박은 미래에 대한 두려움을 핑계 대지만, 현재 삶을 만족할 줄 모르는 것이다.

연애보다는 일에 더 자신 있는 여자, 성공하면 사랑도 찾아올 것이라는 환상이 있는가? 그 환상을 깨지 못하고 일에 몰두함으로써 남과 다르다는 우월감을 증명하고자 일에 매달리다 보면 일 중독에 빠지기 쉽다. 사랑을 못 하니까 일에 매달리는 것일 수도 있다는 것을 인정하자. 현실에 만족하면서 여유를 즐길 줄 아는 여자에게 사랑도 찾아온다.

잠시도 쉬지 않고 일을 하는 것은 연애보다는 일이 쉽고, 재미있기 때문이다. 일에는 자신 있지만 관계를 통한 감정교류와 깊은 친밀감을 형성하는 것에는 자신이 없기 때문이다. 그러면 외로울 수밖에 없다.

일에서 얻은 성취나 쌓인 통장 잔액으로 충분히 만족하는가? 그렇지 않다면 연애나 데이트에도 에너지를 쏟아보자.

심리학 TIP

연애보다는 일에 자신 있는 여자, 성공하면 사랑도 찾아올 것이라는 환상이 있는가? 사랑을 못 하니까 일에 매달리는 것일 수도 있다는 것을 인정하자. 일을 더 좋아하는 여자들은 프러포즈조차 잘 받지 못한다. 만나자는 남자가 있다 해도 일하느라 고갈된 에너지로는 데이트할 시간을 못 낸다. 처음 연애를 시작할 때는 에너지가 많이 들어가니 시작조차 못 하는 것이다. 연애를 포기하고 싶지 않다면 연애할 공간은 만들어놓고 일을 하라.

바빠도 메신저가 세 번 오면 한 번쯤 간단하게라도 답변을 주고, 인사를 하거나 칭찬을 하면 즐겁고 활기차게 반응해주라. 일하러 가더라도 가끔은 데이트 가는 기분으로 옷이나 화장, 액세서리를 활용해보라. ✿

02

내 승진을 질투하는
남자친구

여자가 승진해도 기뻐하지 않는 남자친구, 스킨스쿠버를 같이 해도 먼저 배운 여자가 가르쳐주려고 하면, 잘난척한다며 성질을 내는 남자, 밥을 같이 먹어도 음식의 유래라든가 영양소, 음식 만드는 방법까지 자기가 아는 것을 읊어대며 인정받고 싶어 안달하는 남자, 맛집 찾아다니는 것도 먹는 자체보다 정보가 많다는 것을 자랑하고 싶어 하고, 옷을 사러 가도 자기 옷만 고르고 스스로도 멋있어 보이는지 시크한 표정으로 도도하게 거울을 비춰보는 남자친구 때문에 괴롭다는 여자의 하소연을 들으며 데이트를 해도 뭘 먹어도 즐겁지가 않겠다는 생각을 했다.

의사인 프리드만과 로젠만(M. Fridman & R.H. Rosenman)은 사람의 성격을 A, B 유형으로 나누었다.

A 유형은 극도의 경쟁심, 성취지향적, 공격적이며, B 유형은 느긋하고 태평한 성격이다. 이 남자친구는 A 유형 성격이다. A 유형의 사

람들은 남에게 지기 싫어하며, 성취지향적이고 경쟁에 집착한다. 남이 자기보다 나은 것을 못 견딘다. 설사 그것이 연인이어도 그렇다. 질투가 많고 지기 싫어한다. 공부하면 결과가 나오고, 일해도 성과가 나오는 똑똑한 사람들, 천재들과 같이 늘 성공적인 경험을 하고 실패의 경험이 없는 경우에 발생한다.

늘 1등만 해봤기 때문에 2등은 인정 못 한다. 어릴 때 부모가 공부를 잘하는 것에 강화를 주고, 그에 대한 칭찬이나 선물 등의 보상물을 많이 준 경우이다. 그래서 남의 감정을 배려하거나 관계 맺는 것은 잘하지 못한다. 또는 반대로 칭찬이나 사랑을 받아보지 못한 경우와 같이 양극단의 이유로 인해 생긴다. 그래서 끊임없이 스스로를 높이고 칭찬하며, 남을 무시한다.

A 유형과 반대되는 성격은 B 유형이다. 느긋하고 일에 대한 성취보다는 삶의 여유를 찾는 사람들이다. 외부나 타인의 인정보다는 자신에 관심이 더 많다. A 유형의 사람은 B 유형의 성격을 배울 필요가 있다. A 유형은 한 인격체로서 존재 자체로 수용 받지 못한 경우가 많다. 존재로 수용 받는 경험은 사랑받는 느낌이며, 뒤틀리고 상한 마음을 치유하는 강한 힘이 있다. 존재 자체로 수용해주는 신뢰할 만한 사람을 단 한 사람이라도 만났더라면 달라졌을까?

져주는 남자는 강하지만 부드럽다

〈너를 사랑한 시간〉이라는 드라마에서 주인공 최원(이진욱 분)은 오하나(하지원 분)와의 게임에서 일부러 져주는 장면이 계속 나온다. 아침에 학교 일찍 가기 '참참참' 게임에서 하나보다 일찍 나왔지만, 어김없이 1분 늦게 나타나는 원이는 지각한 벌칙으로 늘 토스트를 사준다. 말뚝박기 시합에서도 떨어지는 하나를 살짝 밀어 올려줘 자기편이지는 장면에서는 탄성이 터져 나왔다.

정말 사랑하면 져주는 것일까? 사랑해도 경쟁에서는 한 치의 양보도 없는 것일까? 나와 경쟁하려 드는 남자 때문에 피곤하다고 말하는여자도 사실은 경쟁적인 성향이 있는 경우가 많다. 그녀 역시 A 유형의 성격일 가능성이 있다. 사랑받고 싶어 하고 인정받고 싶어 하는 남자친구가 안쓰러워 보일 수도 있는데, 자기와 경쟁하려는 사람으로 보이기 때문이다. 자신 속에 있는 경쟁심을 남자친구에게 투사해서 생기는 갈등은 아닌지 분별할 필요가 있다.

평소에는 자상하고 좋은데, 여자가 성과를 내면 진심으로 축하해주지 못하는 남자는 인정받고 싶은 욕구가 강한 사람이다. 또한, 전형적인 남성상을 가지고 있는 경우가 많다. 그런 남자는 여자가 잘났더라도 드러내지 않는 것을 좋아한다. 알아도 모르는 척, 네가 잘났다는 말을 듣기 좋아하는 남자는 자아가 약한 남자이다. 인정해주지 않으면조그만 말에도 상처를 받는다. "지금의 네 모습 그대로도 괜찮다"는암시와 인정하는 말을 많이 해주면 치유가 일어난다. 자존감이 약하기때문에 느끼는 것을 솔직하게 다 표현하면 견디지 못한다. 그가 성숙해져서 자아가 강해질 때까지는 가면을 쓰고라도 그가 잘났다는 메시지를 끊임없이 줄 수밖에 없다.

져주는 남자의 내면은 강하지만 겉은 부드럽다. 늘 성취하고 경쟁하는 남자는 강해 보이지만 내면은 끝없이 공허하다. 질투와 시기의 감정은 사랑과 인정을 받고 싶은 것이 채워지지 않아서 생기는 것이다. 자기 대신 그 누구에게도, 심지어는 여자친구에게도 빼앗기고 싶지 않은 것이다. 우리나라 남자들은 나이, 경제력 등에서 여자가 자기보다 많으면 부담스러워하는 경우가 많다.

'사랑의 경사' 이론(Bernard, 1972)에서 남자는 자신보다 경제력이나 외모 등 배경에서 좀 더 낮은 여자를 선택하는 경향성을 보인다. 외모적으로도 가냘프고 여성스러운 사람들을 선호한다. 그런 여자는 자기 말을 잘 들을 것 같고, 따라올 것이라 생각하기 때문이다.

질투와 시기가 많은 남자는 가끔 아이처럼 사소한 일에 삐지기도 하고, 여자친구의 승진이나 성공까지도 축하해주는 것이 아니라 시기한다. 부럽지만 자신은 할 수 없다는 것을 인정하는 격이니 어찌 보면 패자를 인정하는 꼴이다. 경쟁적인 관계는 서로 자기 얘기만 하고 인정받으려고 하기 때문에 데이트를 해도 긴장감이 돌고 피곤해진다.

페르시아 시인 루미(Jalaluddin Rumi)는 "질투를 동반자로 데리고 가지 않는 사람은 운이 좋은 사람"이라고 했다. 내가 잘 될 때 진정으로 축하해주고 함께 기쁨을 나눌 수 있는 남자를 동반자로 만나려면 어떻게 해야 할까? 내가 먼저 상대방을 꼭 이겨야 하고, 질 줄 모르는 미성숙에서 벗어나 단단하고 건강한 자아가 되어야 한다.

지금의 남자친구가 열등감 때문에 작은 말 한마디에도 잘 삐지고 경쟁적이 되는가? 그래도 이 남자에게 다른 매력이 많아 헤어지고 싶지 않다면 달래주면서 사귀는 수밖에 없다. 져주는 남자는 자존감이 높다. 그는 농담을 진담으로 듣고 삐지지 않는다. 도움받는 것을 자존심 상해하지 않으며, 조언을 들을 줄 안다. 여자가 잘되기를 바라며 기꺼이 도와준다. 외조자가 되기를 서슴지 않는다. 여자의 행복과 성공을 축하해주는 남자는 자신감이 있어 거의 피해의식이 없다. 여자의 연봉이나 사회적 지위가 더 높아도 기죽지 않는 남자, 여자의 재능을 지지해줄 수 있는 남자를 만나라. ✽

03

◆

취미생활 즐기느라
아쉬울 게 없는 여자

영화 포레스트 검프(Forrest Gump)의 주인공 포레스트(톰 행크스 분)
는 단순히 "포레스트, 뛰어"라는 말에 무려 3년 2개월 14일 16시간을
달린다. 어떤 목적도 없이 말 한마디에 달리기 시작했지만, 이것으로
미식축구선수가 되어 대학에 가고, 전쟁에서 영웅이 되기도 한다. 영
화 속의 이야기는 조금 과장된 느낌을 영상으로 표현하고 있지만, 실
제 마라토너들이 30분 이상 달리면 러너스 하이(runners' high)를 경험
한다고 한다. 즉, 몸이 붕 뜨는 기분 좋음을 느낀다는 것이다.

운동을 좋아하는 사람은 평상시 운동을 하다 보면 탄탄한 몸매가
만들어지고, 활기찬 느낌에서 오는 행복감 때문일까? 자신도 가볍게
시작한 운동이 두세 시간을 훌쩍 넘겨서 할 때가 많다. 일종의 중독상
태에 빠진 것이다. 이런 상태가 되면 자신도 모르게 일상에서 그 운동
에 대한 생각을 하게 되고, 모든 사물의 움직임에서 그 운동을 연관 짓
게 된다. 심지어 자기 생각을 누군가에게 얘기할 때 그 운동과 연관되

는 얘기만 할 것이다.

필자도 수영을 매일 한두 시간씩 1년을 다닌 적이 있다. 나중에는 수영장 생각만 하면 물이 보이고 집에서도 수영 자세를 허공에 대고 하고 있었다. 볼링을 칠 때도 자전거를 탈 때도 그랬던 것 같다. 중독될 무렵이면 다른 것에 관심이 생겼고, 어쩌면 중독이 잘 안 되는 성격 같기도 하다. 다른 말로 하면 몰입이 잘 안 되는 것인지도 모른다.

사람들은 중독 수준은 아니지만 보통 취미생활 하나쯤은 가지고 있고, 이를 통해서 다른 사람들과의 유대관계를 높이기도 한다. 그런데 일상에서 다른 사람과의 관계를 맺는 것보다 운동과 같은 취미생활을 즐기기 좋아하는 여자들이 있다. 이런 여자 중에 남자에게 곁을 잘 주지 않는 여자를 가리켜 건어물녀라고 한다. 건어물녀는 이성과의 관계에서 주는 열정이나 편안함보다는 무언가에 몰두하면서 느끼는 희열, 단순함을 추구하는데서 오는 감정의 카타르시스를 추구한다.

사귀지 않아도 남자를 만나야 감을 잊지 않는다

이런 사람들의 특징은 자신만의 독립적인 사고와 가치관을 갖고 있어 교류보다는 취미에 에너지를 쏟으며 몰입한다. 깔끔하고 자기관리도 철저하다. 남자들과 연애를 하지 않으며, 한다 해도 친구 관계로 끝나는 경우가 많다. 섹스에도 무관심해서 가까이하기를 원하는 남자들에게 이런저런 이유를 대며 멀리한다.

운동, 취미, 집, 학교, 직장을 오가며 단순하게 사는 경우가 많다. 혼자 음악이나 악기를 즐기기도 하고, 동호회에 나가기도 한다. 그렇게 건어물녀 생활로 몇 년이 지나면 데이트나 연애와는 거리가 멀어져 있고, 관심조차 적어진 것을 발견하게 된다. 좋아하는 사람이 생겨도 감정이 무뎌져서 쉽사리 움직이지 않는다. 이들은 취미, 운동 후의 뒤풀이 행사 같은 사람들과의 교류나 직장회식에는 흥미가 별로 없다. 남자를 사귀는 것에 관심이 별로 없고 막상 사귀게 돼도 가까워지는 게 시간이 걸린다. 누군가를 사귀어본 경험이 별로 없어 감정 교류하는 법도 잘 모른다. 그런 자신이 싫다면 평소에 사귀는 관계가 아니라도 이성과의 교류를 통해서 시야를 넓힐 필요가 있다.

가능하면 지금부터라도 사람들이 어울려서 모이는 자리에 참석해보자. 언니, 오빠, 동생, 직장 동료와 어울리는 경험을 하면 말에 대한 반응과 호감 등에서 교류의 경험을 쌓고 연애의 감을 잊지 않을 수 있다. 일상의 소소한 얘기들을 나누고, 아무 얘기를 하지 않아도 느껴지는 편안함을 즐겨보는 것도 좋다. 취미가 비슷한 사람끼리 서로의 정보를 교류하면서 가까워질 수 있을 것이다. 취미에서부터 시작하면 된다.

심리학 TIP

취미생활은 생활에 활력소가 될 수 있다. 그러나 정도가 심해서 중독수준이 되면 관계의 욕구는 더욱 줄어든다. 취미생활에 몰두하다 보면 남자친구를 사귀는 것에 더욱 관심이 없어진다. 아쉬울 것 없다고 취미생활을 삶의 우선순위에 두다 보면 연애는 점점 멀어진다.

등산이나 헬스모임과 같은 동아리에 가입해서 정기적인 모임에 참석하는 것으로도 애인을 만들 수 있다. 취미를 함께 즐기다 보면 서로 통하는 것이 있어 쉽게 마음을 열고 가까워질 수 있다.

동호회를 선택하는 방법은 자기 성향을 먼저 파악하는 것이 좋다. 미술관과 전시 관람 동호회의 남자들은 보편적으로 여성성이 강하다. 섬세하고 조용한 남자가 싫다면 그곳은 기웃거리지 말라. 야구관람 같은 동호회는 사람이 너무 많아 인연을 만나기 쉽지 않다. 동호회 성향이 중요한데, 연령층이나 동호회 성격 등, 내부 정보를 미리 파악하는 것이 좋다. 먼저 회원으로 활동한 사람이 있어 알아볼 수 있다면 가장 좋지만, 동호회 카페 같은데 회원 등록하고 정보를 캐라. 동호회에 들어가서 낯선 다수들 사이에서 인연을 만들어가는 것도 중요한데, 끝나자마자 집으로 직행하지 말고 뒤풀이에 참석하는 것은 필수이다. ✽

04

◆

연애 세포가 죽은
워커홀릭(workaholic)

연애한 지 벌써 3년 혹은 5년이 넘었다거나, 까마득해서 기억이 나지 않는다는 사람들이 있다. 때로는 자기가 모태 솔로라고 고백하는 사람들도 있다. 일만 하다 보면 연애 세포가 죽어 데이트하는 것도 귀찮고 시간도 아깝지만, 투입하는 시간이나 연습량만큼 죽었던 연애 세포가 다시 살아난다.

주말이 되면 싱글녀들은 침대에서 뒹굴거리고 과자를 먹으며 피로를 풀고, TV로 영화를 보다 보면 하루가 간다. 친구에게서 메시지나 만나자는 전화가 오면 뭔가 핑계를 댄다. 어쩌다 소개팅이 들어와도 반가운 게 아니라 귀찮게 느껴진다면 연애 세포가 죽어가고 있다. 이들은 소개팅에 나가 마음에 드는 사람을 만났는데, 그다음은 어떻게 해야 하는지 막막하다. 즐거웠다며 잘 들어가라는 인사는 있지만, 다음 약속을 잡지 않을 때 계속 기다려야 하는지, 연락을 해야 하는지 감이 안 온다. 막상 연락하자니 상대방의 마음이 어떤지 알 길이 없고,

먼저 연락했다가 거절당할까 봐 두렵다.

오랜만에 느낌이 오는 남자가 나타났는데, 다시 이런 기회가 자주 오지 않을까 봐 전전긍긍하다 보니 시간만 지나간다. 마음에 들어 하는 것인지, 아닌지도 잘 모르겠고, 즐거웠다는 말이 그냥 인사치레인지 진심인지 분간이 잘 안 된다. 이것은 연애를 오랫동안 안 해서 연애 세포가 죽었을 뿐, 감각이나 욕구가 다 죽은 것은 아니라는 신호다. 관심을 끄는 남자가 생기면 다시 살아난다.

30대 초인 P는 남자를 못 만난 지 2년이 되어간다. 중간에 한두 번 만나보기는 했지만, 몇 번 보고 만 정도이다. 이때 나타난 그는 같은 대학을 나온 3년 선배이다. 선배와 어떻게 연락이 닿아 가끔 보는 사이가 되었다. 밥 먹고 영화 보고 술도 마시지만, 거기까지다. 좋아하는 듯하지만 선배가 먼저 움직이지 않아 P는 답답하다. 선배는 자유롭게 살고 구속을 싫어한다는 말을 가끔 하기도 한다. 메신저를 보내도 바로 답변이 오지 않고 한 발짝 늦는다. 섹시하게 옷을 입고 향수를 뿌리고 여성적 매력을 물씬 풍기며 안 해본 시도를 하고 있다.

선배는 P에게 좋은 감정을 가진 것으로 보이지만, P를 애인으로 하겠다는 마음은 아직 없는 듯하다. 20대 중반까지는 사랑에 빠져본 적 있다고 하는 걸 보면 아주 희망이 없어 보이지는 않는다. 어떻게 하면 선배의 마음을 잡을 수 있을까? 고민이다. 그의 마음을 공략하기 위해서는 먼저 죽었던 연애 세포를 살려야 한다.

이런 남자에게는 좋아하는 마음을 들키지 않는 것이 중요하다. 그때부터 부담스러워서 더 피하기 때문이다. 자기 생활이나 시간에 제약이 따르면 아무리 좋아하는 여자라도 선뜻 만나주지 않는다. 자신의 취미나 일에만 관심이 있고, 여자를 돌보고 책임지는 일에는 관심이 적다. 직장 생활을 하면서 여러 스트레스에 앞으로 살아갈 걱정을 하다 보니 연애는 뒷전이 된 남자의 마음을 어떻게 사로잡을까? 이들은 기본적으로는 의존적인 여자보다는 자신을 끌어주는 강한 여자를 좋아한다. 왜냐하면, 자신이 무기력하기 때문이다. 그러나 너무 강하게 밀어붙이면 안 되고 서서히 다가갔다가 부담스러워하면 살짝 빠지는 밀당을 잘해야 자기 남자로 만들 수 있다.

연애가 조금 꼬여도 당황하지 말라

연애를 하면서 이제 좀 친해졌다고 생각하는데 남자가 자주 만나자고 하지 않거나 이벤트를 잊는 것에 대해 표현하면 남자는 부담스러워할 수 있다. 결혼까지 가는데 산 넘어 산인 경우가 많다. 남자가 적극적으로 하지 않아 여자들은 자존심이 상하고 중간에 포기할까 마음먹기도 한다. 연애 세포가 살아있다는 것은 이런 것들을 볼 수 있는 눈이 생긴다는 의미다. 연애가 조금만 꼬여도 당황해 자기에게 문제가 있나 자책하거나 남자에게 불만을 말하게 된다. 그런데 이런 남자들의 소극적인 성격은 결혼해서도 크게 바뀌지 않는다. 자상하고 따뜻하게 표현하는 것이 서툴고 귀찮다고 생각하기 때문이다. 이런 남자에게 여자는 징징대지 않고 편안하게 해주는 것이 좋다. 에너지가 넘치고 사랑표현을 잘하는 여자, 사회성 많은 여자를 좋아한다. 그러나 아니러니하게도 다정다감하고 발랄한 여자가 처음에는 끌리지만, 나중에는 끈적거리고 달라붙는 여자의 특성 때문에 결국 질려서 도망갈 수도 있다. 그러므로 카리스마로 끌어주면서도 누나처럼 아량 있는 모습을 보이는 것이 핵심이다. 남자는 여자가 계속 강하게 밀어붙이거나, 남자의 사생활을 감시하듯 옥죄는 것을 못 견뎌 한다는 것을 잊지 말자.

좋다고 밀어붙이면서 헤헤거리면 남자들은 편하다고 생각은 하지만, 여성적 매력은 느끼지 못한다. 그렇다고 다가올 틈새를 찾기 위해 이것저것 찔러보는 남자에게 계속 핀잔을 주거나 멀리해도 안 된다. 그러면 가능성이 없다고 생각해서 미리 포기하게 되기 때문이다. 적정선을 찾는 것이 어렵지만, 상대의 성격에 따라 대응하면 된다.

중요한 것은 상대에 대한 나의 감정을 느끼고 솔직하게 표현하는 것이 가장 좋다. 자신이 없어, 상대방을 좋아하면서도 방어적으로 되는데, 상대방은 이미 눈치를 채서 속이 훤히 보이기 때문에 매력이 없다고 생각하게 된다. 또는 감정을 드러내지 않으니 남자도 확신이 없어 도전을 못 하는 것이다. 남자가 여자에게 마음이 있어 만나고 싶지만 여자가 안달하는 듯하면, 오히려 남자는 주춤하기 때문이다. 연락 오면 만나면 되는 것이고, 계속 안 오면 그 이후에 연락해도 늦지 않기 때문이다.

남자가 나타나면 바로 사랑에 빠지는 여자가 있다. 30대 중반의 H 여성은 요즈음 남자들과 데이트를 하느라 즐거우면서도 남들의 얘기를 들으면 정말 그럴까? 고민이 된다. 주변 사람들의 얘기는 "너는 자신에게 약간만 호감을 보여도, 남자가 먼저 연락하는 법이 없어도, 밥이나 술값을 절대로 내지 않는 남자인데도 만나고 데이트한다."고 한다. 외롭고 더 이상 혼자 살기 싫은 마음, 사람만 나타나면 붙잡고 싶은 급한 마음 때문에 그리고 연애 세포가 죽어있기 때문에 남들 눈에 보이는 것이 자신에게는 보이지 않는 것일 수도 있다. 그러나 만나면서 연애 세포도 살아난다. 활기차고 생기가 생기는 것이다. 행복하다가 헤어지는 것, 상처받는 것을 생각하다 사랑을 경험하지 못하고 서른을 맞이하는 것보다는 낫다.

남자들이 대쉬하는 여자는 남자를 좋아하는 여자들이다. 오감을 통해 품어져 나오는 감성이 있기 때문이다. 대쉬를 끊임없이 받는 여자들은 얼굴이 꼭 예뻐서가 아니다. 취미도 열심히 하는 것보다 즐기는 것만 못하듯이 남녀의 연애도 같다.

그리고 남자를 많이 만나보고, 같이 식사도 하고, 차도 마셔보고, 대화도 해보라. 경험보다 좋은 교과서는 없다. 만날 남자가 없다고 탄식하지 말고, 꼭 데이트 상대가 아니어도 직장 동료든, 대학 후배든, 동창이든 남자들을 만나 그들의 일상, 습관, 성격이 어떤지 알아보라는 뜻이다.

심리학 TIP

일만 하며 연애를 한 지 오래되면 감각이 떨어지는 것은 자연스러운 것이다. 처음에는 친구처럼 데이트를 하다가 연인관계로 발전할 수 있다. 연애 세포를 살리기 위해서는 자주 만나보는 것이 중요하고, 남자의 반응에 따라 이런저런 말이나 행동을 해보는 것이 중요하다. 이번에 실수했다면 다음에 만회하는 식으로 한다면 연애의 고수가 될 수 있다.

연애를 너무 무겁게 생각하지 말고 틈날 때 함께 밥 먹거나 영화를 보는 데이트친구를 만나듯이 가볍게 시작하면 된다. 그와 연인으로 발전할지 말지는 그다음에 생각해도 된다. 연애에서 생긴 감성과 생기로 삶의 활력이 생기면 일의 능률도 높아질 것이다. 공부나 일도 오랜 시간이 걸려 익숙하고 잘할 수 있게 되었듯이 연애도 경험이다. 사람 만나는 것이 귀찮다면 로맨스 드라마나 영화, 소설을 보는 것도 연애감성을 키워나가는 데 도움이 된다. 단, 환상의 거품을 빼낼 수 있다면! ✿

05

◈

장거리 연애를
유지하는 비법

직장이나 학교가 이동하면서 발생하기도 하지만 글로벌시대가
되면서 해외연수, 교환학생, 여행으로 장거리 연애가 늘어나
고 있다. 스마트폰 보급과 SNS 덕택에 전 세계의 네트워크를 손안에
서 꼼지락거리면서 실시간으로 만날 수 있기 때문이다. 혹은 군대 간
남자친구, 직장발령이 지방이나 서울로 나서 떨어지게 된 경우 등 여
러 이유로 장거리 연애를 하게 된다. 장거리 연애는 자주 보지 않으면
멀어진다 해도 실제로 한 달에 한 번, 6개월에 한 번 보면 더 애틋하
다. 사랑하는 사람을 보고 싶은 마음이 상상으로 더해져서 이상화되기
도 한다.

20대 중반의 J는 장거리 연애 경력 2년 차다. 미국에 교환학생으로
갔다가 남자친구를 만났다. 1년이 지나 귀국했지만, 남자친구는 유학
생이어서 미국에 남아 계속 공부를 했다. 1년이라는 기간에 둘은 많이

사랑했고 J가 귀국할 때 서로 헤어져 많이 울고 많이 그리워했다. 도서관에서 함께 공부하던 일, 끝나고 캠퍼스를 함께 거닐 던 일 추억거리가 너무 많았다. 학교 식당, 레스토랑에서 밥 먹고, 바에서 맥주 마시며 수다 떨던 일 등을 생각할 때마다 그리웠다. 너무 보고 싶어 당장 미국에 달려가고 싶지만 어쩔 수 없었다. 남자친구 역시 눈물을 많이 흘렸다고 한다.

남자친구는 방학 때 J를 만나러 오기 위해 공부시간을 쪼개 아르바이트를 했다. 아르바이트해서 번 돈으로 왕복 비행기 표를 구입했고, J를 호텔 레스토랑에 데려가 가장 맛있는 스테이크와 포도주, 그리고 장미꽃 한 다발을 안겨주었다. 그의 정성에 감동했고, 오래 떨어져 보고 싶었던 마음에 와락 안겼다. 이대로 끝나나 불안했던 마음이 한 번에 가시며 눈시울이 뜨거워졌다. 통화는 늘 했지만, 실제 얼굴을 보니 어떻게 떨어져 살았나, 실감이 나지 않았다. 6개월 만에 서울에서 재회했을 때 다시는 헤어지지 말자고 약속했다. 그때 정말 다시는 헤어지면 안 되겠다는 생각이 들었고 결혼까지 결심하게 되었다. 남자친구에게 밑반찬이나 필요한 책을 사서 보내주면서 사랑을 전했다.

장거리 커플은 서로 보고 싶거나 힘들 때마다 공부를 하고 운동에 몰두하며, 마음 둘 곳을 찾는 것도 방법이다. 각자 자기만의 시간을 가지고 성장의 기회로 삼는 것이다. 두 사람의 사랑의 강도만 확실하다면 한눈팔지 않고 사랑을 잘 지킬 수 있다. 오랜만에 만나면 아쉬움 때문에 싸울 수도 없다는 단점이 있지만, 불안해하지 말고 가끔 투닥거리기도 하는 재미도 느껴보는 것이 좋다.

매일 전화는 필수, 한 달에 한 번은 만나라

멀리 있으니 힘든 일이 있거나 보고 싶어도 다른 사람이 곁에 있는 건 아닌지 늘 불안한 마음이 있을 수 있다. 그래서 다른 사람이 있는 것은 아닌지가 궁금해 꼬치꼬치 캐묻는 일도 생긴다. 그 사람 옆에 내가 아닌 다른 사람이 있을 수도 있다는 불안한 마음 때문에 자기도 모르게 의심의 말을 할 수 있다. 이런 대화 분위기로 갈 때는 계속 듣고 있기보다는 "급한 일이 있어. 다시 전화할게"하고 전화를 끊는 것이 좋다. 심리학에서는 이것을 '타임 아웃(time out) 효과'라고 한다. 즉, '격양된 감정을 추스르게 하고 이성적으로 돌아오게 하는 것'을 말한다. 그러면 대화는 자연스럽게 다른 주제로 흘러가 있거나 화가 났던 감정도 가라앉게 된다. 만약 집요하게 다시 의심하는 말을 한다면, '단호하게 아니라고' 말하는 것이 좋다.

이렇게 전화를 끊고 나면 당장 만나 따지고 싶은데, 멀리는 있고 바쁘기는 하고 답답하다. 그래서 오해를 풀자고 한 것이 자존심 싸움으로 번지기도 한다. 장거리 연애할 때 전화하다 싸우지 않으려면 기분이 별로 좋지 않거나 피곤할 때는 전화를 짧게 하자. 만나서 얘기할 때는 표정을 보고 감정을 읽을 수 있어 말실수가 있어도 즉시 바로 잡을 수 있다. 그러나 전화는 감정이나 표정을 읽는 데는 한계가 있어, 오해될 만한 얘기나 중요한 얘기는 만났을 때 하는 것이 좋다. 아무리 목소리가 듣고 싶고 오래 통화하고 싶어도 전화가 길어져 실수하지 않도록 서로의 컨디션을 살피자. 장거리 연애에서 전화로 싸우고 싶어도 조금만 참는 것은 필수이다. 조금 있으면 바로 후회하게 될 테니까 말이다.

장거리 커플이 떨어져 자주 만나지 못하면 관계가 소원해질 수 있다. 심리학에서는 반복적으로 노출되면 호감도가 상승한다고 하는데, 이를 '단순노출효과'라고 한다. 친숙함에서 오는 편안함, 호감, 매력이다. 장거리 연애를 하면서 멀어질 수 있지만, J 커플처럼 매일 전화나 메시지를 주고받으며 애정을 확인한 것은 '단순노출효과'를 잘 실천한 것이다. 매일 전화는 필수, 한 달에 한 번은 만나라.

장거리 커플은 자주 만나는 것이 아니기 때문에 사랑의 욕구를 충족시키기에는 부족함이나 아쉬움이 있다. 계속 사랑할 수 있을까 또는 남자친구의 마음은 변하지 않고 그대로인지 불안하기도 하다. 이럴 때 J 커플처럼 사귄 지 6개월쯤 됐을 때 남자가 한국에 와서 사랑을 확인시켜준 것이 두 사람의 관계를 굳건하게 했다. 장거리 연애에서는 이처럼 중간마다 자주 만나야 한다. 서로 강한 매력을 느낀 커플은 멀리 떨어져 있어도 자주 만나지 못함으로 인한 안타까움, 그리움으로 인해 만났을 때 사랑의 강렬함이 증가할 수 있다. 이 커플과 달리 서로 강력한 매력을 발견하지 못했거나, 미래에 대한 확신이 부족한데, 신경도 별로 써주지 않는다면 자연스럽게 멀어지게 된다는 것을 잊어서는 안 될 것이다.

내가 다니는 단골 헤어샵 사장인 D 역시 장거리 연애 중이다. 같은 업종에서 만난 여자친구는 6개월 교제 후에 고향인 울산으로 내려가 개인 헤어샵을 운영한다. 보통 한 달에 한 번 정도 만나는데, 두 사람은 휴무일이 다르지만 굳이 맞추지 않고, 고객 위주로 사업운영에 집중하고 있다. 여자친구를 만나러 가지 않는 날은 다음날 영업을 위해 취미로 그리는 유화를 그리기도 하면서 쉰다. 자주 만날 수는 없어도 서로 깊이 신뢰하고 있고, 매일 퇴근하면 10~20분 정도 통화를 하면서 보고 싶은 것을 달래기 때문에 괜찮다는 반응이다.

장거리 연애라고 하면 시작부터 하기를 꺼리는 사람들도 있다. 그러나 멀리 있지만 운명적인 나의 짝이라면 한번 시작해볼 만하지 않을까? 혹은 J나 D 커플처럼 사귀다가 장거리 연애로 바뀌는 경우도 있다. 어떤 경우이든 '사랑하는 마음'만 확실하다면 두 사람의 관계는 좋은 인연으로 발전해 나갈 수 있다. 중간에 난관이 있더라도 버텨내는 용기를 가져보자.

심리학 TIP

장거리 연애는 연인이 무엇을 하는지 궁금하다. 상대방이 궁금해하기 전에 지금 무엇을 먹고 있는지, 어디를 가고 있는지 사진을 찍어 전송해주는 것도 좋다. 둘만이 공유할 수 있는 SNS 공간을 만들어 속닥거려보자. 작은 선물을 자주 보내주어 마음을 전달하는 것이나 데이트 비용을 절감하기 위해 중간지점에서 만나는 것도 좋다. 때로는 정해진 날이 아니라도 반차를 내거나 일찍 퇴근했을 때 애인을 찾아가 서프라이즈를 해주는 것도 방법이다.

또한 장거리 연애에서 전화는 함께 있는 느낌을 나게 해주는 좋은 도구지만, 기분 좋게 조금 길게 통화할 수 있을 때 하라. 목소리 들려준다고 의무적으로 매일 통화버튼을 누르는 것이 꼭 좋은 것은 아니다. 피곤하고 기분 안 좋은 일이 있을 때는 연인에게 화풀이를 하면서 다투게 되면 역효과가 날 수 있기 때문이다.

무엇보다 떨어져 있을수록 '단순 노출효과'를 명심하자. 거리를 극복할 수 있는 관계의 '믿음' 강화로 이어지기 때문이다. 서로 셀카로 얼굴을 보여주거나 뭘 하고 있는지 보여주고, 10분이라도 꼭 목소리를 들려주는 것을 해야 한다. 그런 정도도 귀찮아하는 남자라면 성향인지 사랑이 식었는지 확인해볼 필요가 있다. ✿

06

💎

연애 경험이 많은 남자,
피해야 할까?

연애는 혼자 하는 것이 아니어서 서로를 알아가면서 맞추어가는 노력이 없으면 연애는 힘들다. 연애를 해보지 않으면, 남자의 아주 작은 관심들을 어떻게 처리할지 모른다. 그냥 친구 같은 생각으로 그렇게 몇 번 만났는데, 남자는 이성적 감정으로 사귀고 싶다며 다가올 수도 있다. 좋다면 계속 그렇게 가면 되고, 이성으로 사귈 마음이 없으면, 자연스럽게 거절할 줄 아는 센스를 발휘하면 된다. 처음부터 거부감을 표현하는 여자들이 있는데, 가볍게 친구로 만나자는 것일 수도 있으니 미리 넘겨짚어 생각할 필요는 없다.

남자들은 은근슬쩍 여자들을 관찰한다. 파우치, 립스틱을 꺼내거나 바르는 모습, 신발에 달린 끈, 손목에 걸린 팔찌 색깔을 보며, 자기에게 관심이 있는지, 그냥 나와 앉아있는 건지, 관심 없는 척 다 보고 있다. 데이트하고 연애하다 보면 그럴 때 자연스럽게 자신의 매력을 연출할 수 있다. 여자도 마찬가지로 남자가 별 얘기 아닌데도 리액션을 잘하면 습관인지, 좋아서 그러는지 구별할 줄 안다.

데이트할 때 튀는 옷을 입거나 자기가 좋아하는 스타일이 아니어도, 여자친구에게 잘 보이고 싶은 마음을 읽는 센스가 있다. 남자의 구두나 벨트, 손수건과 같은 액세서리부터, 옷도 정장, 댄디, 캐주얼인지에 따라 그날 어떤 데이트를 원하는지 가늠할 수 있다. 눈빛에서 정서적 교감을 원하는지, 내면의 외로움 때문인지, 육체만을 탐하는 눈빛인지 읽어내기도 하며, 눈빛에서 둘이 가까워질 것을 예감하기도 한다. 연애를 많이 해본 사람은 이미지 메이킹 할 줄도 안다.

선물은 과하면 부담, 소홀하면 서운하다

30대 초반의 모태 솔로인 S는 남자가 50일 기념 이벤트를 준비할 테니 기대하라고 큰소리쳐서 기대했다가, 특별한 게 없어서 실망했다. 100일 기념일인데 음식점을 기웃거리며 "사람이 많네, 예약을 해야 하는 거였구나." 하는 말만 반복하는 남자친구를 보며 S는 화가 났다고 한다. 그러나 그 상황에서 어떻게 하는지 감이 안 잡혀서 웃으며 "괜찮다"고 했다. 자신은 남자를 위해 이것저것 선물을 정성껏 준비했는데 서운했다. 자취생활에 바쁜 직장 생활을 하는 남자친구를 위해 와이셔츠를 색깔별로 다섯 개와 향수를 선물했다. 그런데 남자친구는 대학생 새내기들이나 할 법한 머리띠를 사왔다. 예쁘기는 했지만 하고 다니기에는 민망했다. 남자친구 역시 30대 중반의 모태 솔로이다. 두 사람의 얘기를 들어보면 둘이 사랑하는 것도 맞고, 아기자기 잘 만난다. "이벤트나 선물이 뭐 중요하냐?" 하겠지만, 센스가 떨어진다는 뜻이다. 남자는 "여자의 선물이 과해서 부담스러웠고, 자기보다 부자인 여자가 나중에 자기와 결혼할 수 있으려면 검소해야 하는데, 그것을 시험하려고 일부러 그랬다"는 말을 덧붙였지만, 여자는 씁쓸해했다.

이 커플도 데이트하면서 서로 반응을 보고, 조금씩 센스가 생기고 있다. 남자가 돈이 없는 것 같을 때, 남자가 "나 오늘 돈 없는데, 네가 내면 안 될까"라고 말하기 전에 "오늘은 내가 쏠게!" 먼저 말하는 센스가 생겼다.

한 사람에게 연연해서 모든 것을 걸지 않는 것도 센스이다. 남자 한 사람에게만 몰입하면 좋은 점도 있지만, 그만큼 서로 부담이 가고 연락이 안 되거나 조금만 신경을 덜 써줘도 상처를 입는 사람들을 종종 본다. 스쳐 가는 사람, 다가오는 사람, 데이트가 편한 사람, 차 마시는 동료, 술 마시는 친구, 운명을 같이할 사람, 누구를 만날지 어떻게 아는가? 누가 운명이 될지 예측할 수 없는 것이 사랑의 영역이기 때문이다. 내가 하는 연애를 다른 사람과 비교할 필요가 없고, 다른 사람에게 확인받을 필요도 없다. 좋으면 만나서 연애를 시작하면 된다. 이것저것 재다 평생 연애를 한 번도 못하는 사람들보다는 상처도 받으면서 하는 연애가 낫다.

연애의 종류도 다양하다. 소소한 데이트를 위한 연애, 소울 메이트를 찾는 연애, 육체적 허기를 채우려는 연애, 끌려다니는 연애, 결혼 상대를 찾는 연애 등 수많은 연애가 있다. 과감하게 연애를 시작해보라. 그러면 비로소 나만의 연애 데이터가 축적될 것이다. 가끔은 예상과 다르고 실수도 하겠지만, '아무런 추억이 없는 것보다 낫다'라는 마음으로 시작해보자. 연애를 많이 해본 남자, 여자가 센스가 있다. 이성을 만나면서 자연스럽게 자신의 장단점을 파악하게 되고, 자신의 매력을 주고 상대방을 배려하는 센스가 생긴다. ✿

Part 6

유혹과 흔들림이
찾아올 때

01

♦

전 남친이 3년 만에 돌아왔다,
유부남으로

S 는 남자친구가 있지만, 외롭다. 남자친구와 데이트를 한 지 5년 차가 되어서인지 만나면 지루하고 서로 싸우고 올 때가 많다. 그래서 헤어져야 하나 말아야 하나 고민 중이다.

이때 옛 애인이 나타났다. 이런 적절한 타이밍이 있을까? 어찌어찌 연락이 닿은 그와는 결혼까지 생각한 사이였지만 집안의 극심한 반대로 헤어졌고, J는 외국 지사로 발령을 받아 갔었다. 몇 년이 흘러 다시 한국에 들어와 친구들을 만나 얘기하다가 S의 소식을 듣고 연락이 온 것이다. 늘 만나던 홍대에서 술을 마시게 되었는데, 헤어진 지 몇 년이 지났어도 다시 보니 가깝게 느껴졌다. 취향이 그렇게 쉽게 바뀌는 것은 아니다.

그사이 J는 결혼해서 딸을 하나를 두고 있었다. J는 부인과 갈등하는 속 얘기를 털어놓았고, S 역시 남자친구와의 연애가 힘든 터라 아픔에 대한 동질감으로 다시 만나는 계기가 되었다. J는 자동차 문도 열어주고, 음악을 틀어주는 등 세심한 배려와 로맨틱한 목소리로 이야기를 이어나가는 것이 남자친구와 달리 따뜻하고 여전히 자상해서 가깝게 느껴졌다.

그 이후로 가끔 메신저를 주고받다 보니, 하루에 2~3시간은 통화를 할 정도로 가까워지기 시작했다. 주중에 한 번 정도 만나 영화를 보고 밥도 먹으니 긴장도 풀리고 달달한 연애를 하는 기분이었다. 그러던 어느 날 부인이 며칠 친정에 가게 되어, J가 당일치기로 근교에 바람이나 쐬러 가자고 연락이 왔다. 두 사람은 만나자마자 친밀감에 팔짱을 끼고 어깨에 손도 얹으며 데이트 기분을 즐겼다. 그런데 야외로 나가자 기분도 풀어지고 술이나 하자고 한 것이 과음으로 이어졌고, 육체적으로 강한 끌림을 주체를 못 하고, 넘지 못할 선을 넘어버리고 말았다.

S는 옛 애인 J와 선을 넘은 것은 실수였지만, 그와 앞으로의 인생을 살고 싶을 정도로 마음이 앞서가고 있었다. 내가 J를 만났을 땐, 생기가 돌고, 행복하고 기쁘다며, 그가 자신에게 진정한 사랑을 줄 것이라는 기대로 들떠있었다. J는 남자친구와의 관계를 정리하고 싶다고 하였다. S를 보며, 나희덕 시인의 시 〈마른 물고기처럼〉이 떠올랐다(사라진 손바닥, 2004).

어둠 속에서 너는 잠시만 함께 있자 했다
사랑일지도 모른다, 생각했지만
네 몸이 손에 닿는 순간
그것이 두려움 때문이라는 걸 알았다

말라버린 연애에 사랑이라는 물 한 방울

인류학자 헬렌 피셔(Helene Fischer)는 사랑에는 다수를 향한 욕망과 같은 육체적이고 성적인 사랑, 한 사람에게만 집중하고 싶은 낭만적 사랑, 장기간의 연애와 같이 책임과 희생이 따르는 애착과 같이 세 개의 독립된 특성으로 보았다.

그런 점에서 S가 생각하는 유부남 J와의 사랑이 한 사람에게만 집중하거나 장기간의 책임이 수반될지는 미지수다. 헬렌 피셔가 말하는 남녀의 사랑은 욕망(lust), 낭만적 사랑(attraction), 장기간의 애착(attachment), 3개의 독립된 감정으로 구성된다. 육체적 사랑인 성적 욕망은 한 사람에 국한하지 않는다. 낭만적 사랑은 사랑하는 한 사람에게만 집중해서 관계를 맺는 사랑을 말한다. 반면에 장기간의 애착은 데이트에서 결혼까지 연결되어 끝까지 책임지며 사는 것을 말한다.

S는 그와의 만남을 운명적인 것으로 받아들였다. 그의 불행한 가정생활에서 구해주고 싶었다. 자신이 그를 행복하게 해줄 수 있을 것이라는 변명들이 스쳐 갔다. 지금의 남자친구는 J만큼 위해주는 것도 아니고, 맞춰주기만을 바라는 데 이젠 지친다. 그러면서도 가정을 버리고 오면 받아주겠냐는 J의 말이 진심인지 궁금하다. J가 연락을 주어야만 만날 수 있고, 만나면 숨어서 데이트를 하는 것이 불안하다. 그래도 한 번 만나면 옷도 사주고, 최고급 레스토랑에 호텔에 가서 스파하고, 용돈도 준다. 주고받는 평형의 동반자 관계가 아니기에 자신의 존재가치에 대한 의문마저 들지만 나 없이는 인생에 낙이 없다는 그의 애절

한 말이 귓가에 들려 뿌리칠 수 없다.

남자친구와 비교된다. 벌써 5년이지만 처음 사귈 때 이외에는 따뜻한 말 한마디 해준 적이 없고 요즘은 거의 교감이 없다. 이 커플처럼 사귀다가 언제부터인가 소통이나 정서적 교감이 없어질 때가 위기이다. 함께하는 취미생활조차 없으면 공유하는 것의 부재로 더욱 거리감이 생긴다. 섹스까지 시들해지고 권태가 생기면 두 사람의 관계를 위태롭게 하는 유혹이 따를 수 있다. 모든 것을 갖춘 사람이 나타났는데, 그가 유부남이라면 어떻게 할 것인가? 좋아하는 가수의 콘서트에 데려가고 직장 스트레스나 혼자 고민하던 것까지도 의논 상대가 되어주며 여자에게 맞추어준다면, 조금은 흔들릴 것이다. 거기에 따뜻하게 보듬어주고 기분 좋은 매너로 이끌면 얼어버린 마음까지도 녹는다.

말라버린 연애, 막막한 미래에 사랑이라는 물 한 방울이 희망과 생기를 되찾게 해주었다. 하지만 그것이 사랑해서는 안 되는 대상이라면 관계를 들킬 것 같은 두려움과 언젠가는 헤어져야 한다는 강박감이 공포로 다가오기 때문에 마른 샘에서 시작하는 것과 같다.

유부남이 외로운 솔로들에게 접근할 때, 그들은 자신의 불행한 결혼 생활을 강조한다. 사실일 수도 있지만 과장된 경우가 많다. 헤어지고 싶어도 놓아주지 않는 부인을 비난하며 조만간 관계를 정리하고 네게 오겠다는 공수표를 남발하기도 한다.

남자들은 여자가 임신을 하고 육아의 부담이 많아지는 시기에 결혼 전 자유로웠던 시기로 되돌아가고 싶은 마음 때문에 일탈에 대한 욕구가 생긴다. 긍정적인 일탈을 하기도 하지만 외도로 푸는 경우도 종종 발생한다. 하지만 우리나라 남자들은 그것을 실행으로 옮긴다 해도 기본적으로 가족이라는 구조적 틀을 깨려고 하지 않는다. 성 개방 풍조나 남의 눈치를 보지 않는 서구와는 많이 다르다.

세계적인 모델 미란다 커는 많은 남자와 염문을 뿌리거나, 최근엔 억만장자이자 무려 7살 연하 남자친구와 애정행각을 해도 문제가 되지 않는다. 그러나 우리는 숨은 사랑을 하면서 남에게 비난받는 것보다 자신 속의 규범과 가치 때문에 스스로 비난의 화살을 꽂는다. 이렇게 자책을 하면서도 유부남에게 끌리는 것은 무엇일까?

또래 남자친구는 아직 연애나 인생에서 미성숙하다. 관심이나 신경을 써주지 않고 질투심마저 없을 때 여자들은 실망한다. 오히려 자신이 관심받기를 원하고 챙겨달라고 징징거리는 남자친구가 지겹게 느낄 수밖에 없다.

유부남 남자친구는 어떤가? 사랑한다, 예쁘다는 말로 칭찬하고, 선물과 용돈까지 주며, 아플 때 챙겨주니 여자는 감동을 받는다. 게다가 질투까지 보이며 여자의 마음을 완벽하게 사로잡으면 그가 유부남이라는 사실조차 까맣게 잊는다. 오히려 사랑하지도 않으면서 남편을 놔주지 않는 그의 부인을 공공의 적으로 만들어 비난하며 자신이 그의 부인이나 된 듯 착각에 빠지게 된다. 유부남이 자신의 가정을 깨면서까지 자기에게 오지 않으리라는 것쯤은 알지만, 모호한 관계로 한계에 도달할 때까지 지속하는 것이다. 이 커플처럼 현재 관계에서 권태를 느끼거나 만족하지 못할 때 외도를 선택하게 된다. 현재관계의 정서적 단절상태에서 외로움, 분노 같은 감정을 공유하게 되면 급속도로 가까워진다.

하지만 아무나 유부남과 사랑에 빠지는 것은 아니다. 〈마른 물고기처럼〉의 후반부로 가면 시구는 더욱 강렬한 공허감이 짙게 느껴진다. 한순간의 사랑이고 외로움을 충족시키는 대상이었다 해도 '다 마른 샘 바닥에 누운 물고기'처럼 얼어 죽지 않으려 몸을 부비고 침을 뱉으며 서로의 불안을 공유했다면 그것으로 만족하면 된다. '얼어 죽지 않기 위해 몸을 비비는 것'처럼 기댈 곳 없고 외로운 상태에서는 유부남의 표적이 되기 쉽다. 물론 진정성 없는 사랑이었거나 사회규범에 의한 자책으로 인해 헤어진다 해도 격정적 사랑에 대한 아쉬움과 애잔함은 남게 마련이다. 그가 사준 목걸이와 옷 그리고 명품백과 함께.

심리학 TIP

감언이설의 능력자 유부남과 사귀려면 그 이상의 여우가 되어 자신의 욕구를 채우던지 그럴 자신이 없다면 상처받을 각오하라. 부부갈등이 고조되어 결혼 생활을 끝내기 위한 하나의 수단으로 외도를 선택한 남자의 책임을 떠맡지 말라. 즉, 이미 가정이 해체된 상태에서 시작된 관계라도 남의 가정을 파괴했다는 오명을 벗을 수 없다. 정말 그와의 관계를 새로 시작하고 싶다면 그가 스스로 정리하고 온 다음에 시작해도 늦지 않으니 그 전에는 어떤 액션도 취하지 말라.

몸과 마음에서 끝나지 않고 돈까지 뺏는 나쁜 남자도 있으니 기댈 곳 없이 외로움과 정서적 빈약함을 느낄 때는 어떤 남자가 다가와도 끌리게 되어 있다. 그러니까 평소에 마음의 근력을 키우는 것은 필수이다. ❀

02

◈

그 사람과 헤어지지
못하는 진짜 이유

⟨Come Rain or Come Shine⟩ 재즈가 절절하게 가슴에 스며든다. 재즈의 가사처럼 "난 비가 오는 날이나, 맑은 날이나, 누구보다 당신을 사랑할 거예요" 그들은 밑바닥까지 껴안으며 사랑한다.

영화 〈라스베이거스를 떠나며〉에서는 벤(니콜라스 케이지 분)과 창녀 세라(엘리자베스 슈 분), 두 상처받은 영혼이 만나 사랑을 나눈다. 벤은 미래에 대한 어떤 희망도 없이 라스베이거스에 가서 술을 실컷 마시고 죽으리라는 결심을 한다. 전혀 기대하지 않았는데, 그곳에서 만난 세라와 사랑에 빠지게 된다. 창녀와 알코올중독자의 만남, 그들은 서로의 밑바닥까지 껴안는 사랑을 한다. 남자친구의 바닥까지 다 들여다보았는데 헤어지지 못하는 이유는 무엇일까?

사람은 누군가를 좋아하는 것에 중독이 되는 경험을 한다. 관계 중독이 더 잘 되는 사람이 있다. 집착, 자기 연민, 바닥을 치는 커플들이 더욱 헤어지는 것을 어렵게 만든다. 사랑은 자기 연민이다. 버림받는 것이 두렵기 때문이다. 그래서 헤어지지 못하는 합리적인 이유를 만들어내지만, 사실은 이미 중독 수준이다.

필리(Peele)는 사랑을 중독으로 설명한다. 필리(Peele)는 중독에 대해 "어떤 사람의 감각, 물건, 삶에 대한 집착이 너무 커서 그 사람이 환경이나 자신 안에서 다른 것들을 인식하고 다루는 능력을 감소시키고, 만족을 얻기 위해 오로지 그 경험에만 집착하고 의존하게 된다."고 했다. 헤어져서도 그 끈을 놓지 못해 자신의 페이스북이나 메신저 상태 메시지에 외로움이나 헤어진 슬픔에 대한 내용, 재회하고 싶다는 것을 남기는 여자가 의외로 많다. 많이 사랑했으니까 조금이라도 감정이 남아있을 것이라는 기대 때문이다. 헤어진 것은 인정하는데, 새로운 사람은 아직 만나지 못했고, 외로워서 죽을 것 같다면 만나자고 해보라. 그래서 감정적 앙금을 한 번쯤 풀어내는 것도 필요하다. 먼저 다가가는 것이 자존심 상할 일만은 아니다.

커플들의 사랑을 지속시킬 수밖에 없는 이유 중 하나는, 상대방의 욕망 때문이다. 프로이트는 "자신의 꿈을 상대방에게서 이루고자 하는 욕망이 있는 것"으로 설명한다. 프로이트는 사랑이란 "성취하지 못한 자신의 이상을 상대에게서 투사하여 지각하는 것"이라고 했다.

P는 강남에 살면서 주변 친구들을 볼 때면 '사' 자가 들어가는 부모가 있는 친구들이 부러웠다.

자영업을 하는 부모님은 사업이 잘될 때는 P가 원하는 모든 것을 해주었지만, 사업이 곤두박질칠 때면 불안한 마음으로 부모 눈치를 봐야 했다. 그녀는 공주가 되고 싶었지만 진짜 공주는 아니었다. 그것을 보상받고자 남자친구는 스펙이 좋은 남자를 선택했다. 부자 부모에 유학파의 남자친구, 명품 로고가 들어간 티셔츠에 청바지 하나만 입어도 맵시가 났다. 좋은 유전자까지 물려받아 똑똑하고 훈남이었다. 사업을 하는 남자친구는 돈도 잘 쓰고 오픈카로 드라이브할 때면 으쓱했다. 이대로 가면 공주로 살아갈 것 같았다.

"대안이 없어서 만난다면 헤어져라" 후회만 남을 테니

그런데 요즘 남자에게 다른 여자가 있다는 것을 알게 됐다. 남자는 원래 알던 후배이며 별 관계가 아니라고 한다. 그러나 남자친구의 차에서 여자의 귀고리며 머리핀이 나오기도 하고, 심지어는 여자 향수까지 발견되었다. 친구들에게 고민을 털어놓으니, "바람피우는 게 확실한데 헤어지면 되는데, 너도 딱하다."고 한다. 그러나 P는 지금은 남자친구와 헤어질 수 없다. 그가 가진 조건과 경제력을 버릴 수가 없기 때문이다. 남자친구가 이런저런 변명을 할 때마다 이만한 남자를 어디에서 만날까라고 생각하면 이러지도 저러지도 못하고 있다. P는 자신이 성취하는 것에 대해 해본 적이 없고 자신이 없다. 어릴 때는 부모가 다 해주었고, 지금도 역시 남자친구가 다 해준다. 프로이트가 말한 것처럼 "자신의 이상을 남자친구에게서 발견해서 대리만족하고자 하는 것"이다. 이미 마음이 떠난 사랑을 붙잡으려 놓지 않으려는 이유이며, 남자친구의 바닥이 보여도 아직 희망이 있다고 생각되기 때문에 헤어지지 못하는 것이다.

영화 〈라스베이거스를 떠나며〉에서〈Come Rain or Come Shine〉 재즈 가사처럼 "난 비가 오는 날이나, 맑은 날이나, 누구보다 당신을 사랑할 거예요"라는 확신이 있는가? 세라가 말했던 대사 "난 그에게 어떤 변화도 기대하지 않았고, 그 역시 내게 마찬가지였다."라고 말할 수 있다면 괜찮다.

사람이 만나고 헤어지고 하는 것은 자연스러운 것이다. 그럼에도 불구하고 헤어지는 것을 어려워하는 사람들이 있다. 남자친구의 바닥을 보고도 사랑을 지속하기로 마음먹는 것은 성숙한 사랑이다. 그러나 헤어지지 못해서 관계를 지속하고 있다면 한번쯤 내가 만나고 있는 사람과 나는 어떤 사랑을 하고 있으며, 어디로 가고 있는지? 점검할 필요가 있다. 모호한 상황에서 결정을 못해 만나고 있는 것인지, 확신을 갖고 가는 관계인 지 자신이 해답을 찾아야 한다.

심리학 TIP

그 남자와 헤어지지 못하는 이유가 뭘까? 처음에는 그저 그랬는데 어느 날 치명적인 매력이 보여서인가 아니면 다른 남자친구도 생기지 않고 대안이 없어서 그냥 만나고 있는가? 그렇다면 헤어지는 것을 고려하라. 남자친구의 단점을 다 알지만 그를 사랑하고 존경하는가? 존경은 하나의 인격체로서 그만이 가지고 있는 장점 하나를 인정해주고 멋있게 바라봐주는 것이다. 존경 없이는 어떤 배려도 열정도 솟아나지 않는다. 사랑과 존경하는 마음이 있다면 그를 계속 만나라. 그의 밑바닥까지 껴안을 자신이 없어질 때 헤어져도 늦지 않다. ✿

03

◈

사랑이 식었을 때
나타나는 몇 가지 신호

자동차를 함께 타던 커플, 남자와 여자는 다투다 언성이 높아지고 급기야는 헤어지자는 말로 끝난다. 남자의 사랑이 변했다. 메시지나 전화도 뜸해지고 급기야는 여자의 생일까지 잊은 남자. 여자는 따져 묻는다. 궁지에 몰린 남자는 사사건건 따지고 싸우자는 여자가 지겨워졌고, 더 이상 만나기 싫다며 마음 편하게 해주는 여자가 생겼다는 충격적인 발언까지 한다.

여자는 차에서 내려달라 소리치고, 남자는 고속도로 갓길에 여자를 세워두고 떠나간다. 소낙비는 쏟아지고, 빗물에 섞인 뜨거운 액체가 얼굴로 흘러내린다. 하이힐은 벗겨지고, 만신창이가 된다. 여자는 긴 스커트 자락을 질끈 묶고, 하이힐은 벗어 손끝에 들고 걷는다. 고속도로를 벗어나는 길도 모르고 남자와 헤어진 삶을 꾸려나가는 것도 막막하다. 그러나 그것도 잠시 "너 아니면 내가 못 살 것 같아? 그래 잘 먹고 잘 살아라!" 가는 차 뒤에다 대고 소리소리 질렀다. 눈물을 훔치고 정신을 차려보니 고속도로였던 것. 여자는 지나가는 차를 히치하이킹 해서 무사히 집에 왔다.

몇 년 사귀던 남자친구와 헤어지고 여자가 고백했던 내용이다. 괜찮으냐는 내 질문에 태연한 척, 별것 아니라며 당차게 말했지만, 그 자존심만큼이나 아픈 상처는 컸으리라 짐작이 간다. 화끈하고 불같은 성격만큼이나 헤어짐도 격렬하게 끝나고 지금은 다른 남자를 사랑하고 있다.

사랑을 갈구하지만 비껴가고, 가야 할 목적지는 멀게만 느껴지는 것을 생각하다 보면, 하루키의 소설《1Q84》에서, 여주인공 아오마메가 고속도로에서 길을 잃고 헤매던 장면이 떠오른다. 사랑을 찾아가는 과정이 그렇게 아득할 때가 있다. 그 사람 아니면 안 된다고 되뇌어도, 사랑은 변한다. 그 사람이 있던 자리에 그가 신던 신발이 여전히 놓여 있고, 함께 뒹굴며 장난치던 소파도 여전하다. 그러나 함께 스파게티를 해 먹던 그 남자는 이제 없다. 혼자다.

변하지 않으면 얼마나 좋을까? 그러나 사랑은 변한다. 그전에는 유머로 들리던 것이 유치하기만 하고 듣기가 싫어질 때, 섹시하게만 보이던 코를 씰룩이는 작은 동작이 킁킁거리는 틱 증상(tic disorder)정도로 보일 때, 터프한 목소리가 귀에 거슬릴 때, 눈 마주쳐도 아무 느낌이 없을 때, 달콤하던 살 냄새가 안 맡아질 때, 이에 낀 고춧가루가 못 견디게 싫을 때, 약속시간에 조금만 늦어도 화가 날 때 사랑이 식어가고 있다.

사랑이 옅어지면 다른 사람이 보이기 시작한다. 까마득하게 잊었던 첫사랑의 얼굴이 스치기도 한다. 슬플 때 누군가의 품에 안겨 울고 싶어도 그 대상이 이제 없다는 것이 슬퍼진다. 깨물면 부서지는 비스킷처럼 상처 난 자신을 보며 오열한다. 실망에서 시작한 작은 틈새는 분노가 치솟게 하고, 얼굴 마주하는 것도 고통스러워진다.

남자친구가 거리를 두기 시작할 때 사랑이 식어가는 것을 의심해볼 필요가 있다. 사랑이 식고 변하는 것을 인정하기 쉽지 않다. 그래서 사랑이 빠져나간 자리의 공허감을 무언가의 대체물로 채우게 되어있다. 게임이 되기도 하고 술이 되기도 하며, 종일 걷거나 책을 보기도 한다.

H는 일부러 그러는 것도 아닌데 커플링을 깜박하고 끼지 않고 나가는 날이 많아졌지만, 그냥 바빠서겠지 생각했다. 남자친구와 놀이동산 가기로 한 것까지 잊어버리고 다른 약속을 잡은 적도 있는데, 남자친구를 만나도 즐겁지 않고 마음이 복잡해진다. 생각해보니 그동안 남자친구에게 실망하는 일이 많았던 것 같다. 헤어질 사이도 아니고 결혼할 생각까지 굳혔으니, 머리로는 남자친구를 이해하고 잘 지내야 한다고 하면서도 몸은 따로 놀고 있었다.

정신분석에서 망각은 무의식적 욕망을 나타낸다고 한다. 하기 싫은 것, 피하고 싶은 것을 무의식 깊은 곳에 묻어버리는 것이다. 머리로는 그러면 안 된다고 생각하지만, 몸은 무의식의 지시를 따르는 것이다. 생각과 감정의 괴리감을 축소하고자 하는 일종의 방어기제이다. 사랑이 얼마나 변하기 쉽고 불안정한 것인지, 김수영의 '사랑'이라는 시구에서 절절히 느낄 수 있다(《김수영 전집1》, 민음사, 2003)

그러나 너의 얼굴은

어둠에서 불빛으로 넘어가는

그 찰나에 꺼졌다 살아났다

너의 얼굴은 그만큼 불안하다

연락이 자주 끊기면 사랑이 식었다는 증거다

기념일에 다른 약속 있다고 할 때, 함께 있을 때 갈등이나 다툼이 많아지고, 빈둥거리는 것이 보기 싫어질 때, 덧니가 눈에 거슬릴 때, 냄새마저 싫어질 때, 섹스를 피하고 싶어질 때, 객관적으로 예쁜데 이성적 호감이 생기지 않을 때가 사랑이 식었다는 증거이다. 별 볼 일 없는 내게 관심을 갖고, 그저 그런 말에 활짝 웃어주던 그가 별 반응이 없어진다.

사랑은 찰나를 오가는 것이다. 그렇게 변하기 쉬운 것이기 때문에 어제는 사랑을 속삭였다고 오늘 그 감정이 그대로 있을 거라는 기대를 할 수는 없다. 사랑 자체는 변하는 것이 아니다. 단지 사람의 마음이 변할 뿐이다. 어제는 섬섬옥수로 마음을 휘어잡던 여자가 오늘은 드센 여자가 되어 있기도 하고, 한없이 멋있고 존경스러운 남자가 유치하기 짝이 없는 소인배임이 드러나기도 한다. 변하는 것을 인정하고 받아들이는 것이 사랑의 기초이다. 사랑하고 싶지만, 사랑의 본질에 대해 모르면 늘 상처만 받는다. 그 상처가 아물지 않아 다른 사랑도 하지 못한다. 그래서 사랑도 배워야만 할 수 있다.

매일 보고 싶다고 메시지 오고, 주말에 시간 내달라고 조르던 것이 줄어들고 연락이 끊긴다면 사랑이 식었다는 증거이다. 남자의 변심은 무죄지만, 사귄다고 하면서 방치하는 것은 유죄이다. 물론, 처음의 열정적인 사랑만이 진짜 사랑이라도 믿고 견디지 못해 정말 괜찮은 남자를 놓치는 일은 없어야 할 것이다. 열정은 식었지만 편안한 대화나 다른 형태의 교감이 있다면 괜찮다. 하지만 사랑 자체가 식어 관계가 끊어졌는데도 모르는 둔감성은 내 책임이다. 지금 사귀고 있는데 방치당한 기분이 든다면 따져 물으라. 계속 관계를 할 것인지, 그만둘 것인지? 멀리 떠난 다음에 잡으려 하면 늦는다. ✿

04

남자의 과거를 알고
괴로워하는 여자

서른 살인 G는 남자친구와 처음에는 과거에 사귀었던 첫사랑 얘기로 시작했는데 하다 보니 서로 경쟁하듯 이야기가 불어났다. 남자친구가 옛날에 사귀었던 여자와 함께 여행을 갔었던 일, 집에 놀러 왔던 기억, 술 마시며 실수했던 일, 자신이 여자에게 거절당했던 일, 심지어는 햇살에 비친 여자의 머리칼 색이 갈색이었다는 등과 같은 세세한 얘기들이 나오자 둘은 심하게 다투었다. G는 남자친구에 대한 배신감과 분노를 느낀다.

데이트를 시작하면 연인의 과거사를 궁금해한다. 그래서 블로그나 카페 등을 이용해 과거를 추적해보기도 하고 자신의 과거를 먼저 꺼내 유도해보기도 한다. 그런데 막상 첫사랑 얘기를 한다거나 사랑했던 여자들을 가끔 하나씩 끌어올리면, 내게만 느끼고 내게만 했을 일들을 다른 여자와 공유했다고 생각하니 화가 나고 불안해지기도 한다. 이것을 평생 우려먹는 참 바보 같은 남자들도 있으니 이제 시작일 뿐 앞으로 계속될지도 모를 일이다. 이런 남자친구를 다 수용하고 이해할 여자가 얼마나 있을까?

그러나 과거는 과거일 뿐이다. 자신이 남자친구의 첫사랑이 아니었던 것을 아쉬워하거나 이전의 여자친구가 아니었던 것을 비탄해 할 필요는 없다. 꼭 궁금해하거나 물어볼 필요도 없다. 남자친구는 이전에 어떤 여자를 만나 즐겁고 행복했던 추억을 만들기도 했을 것이고 싸우기도 했을 것이다. 가슴 아파도 했을 것이며 사랑의 떨림 때문에 잠을 이루지 못했을지도 모른다. 그렇지만 무엇보다 중요한 건, 그 남자가 내게로 왔다는 것이다. 나로 인해 가슴 떨려 하고 아파하고, 나로 인해 다시 희망을 찾는 것을 보는 것만으로도 행복하지 않은가?

G의 경우 20대부터 사랑을 시작했다고 보면, 서른 살이니 10년이라는 세월이 흐른 것이다. 10년 동안 얼마나 많은 사람이 스쳐 갔겠는가? 그것을 곱씹으며 남자친구에게 화내고 괴롭힌다고 달라지는 것이 있을까? 남자친구의 과거에 집착한 것은 어쩌면 자신도 과거의 기억들을 떠나보내지 못하는 것일 수도 있다.

남자들은 여자에게 닻을 내리려 할 때 과거를 말한다

더 이상 도망갈 곳도 없는 남자가 하는 마지막 객기이다. 여자친구에게 빠져버린 자기 마음을 확인하면서 가슴속 2% 남아있던 여자들을 떠올려보는 것이다. 이제 자신에게 남아있는 건 앞에 있는 이 여자뿐, 함께 가고 싶고 마음으로 굳혔지만 한 여자에게 귀속되는 것에 대한 두려움도 있을 것이다. 남자들은 여자친구를 너무 사랑하지만 속박에 대한 두려움도 있다. 사랑이 중요하지만 일에서 존재감을 찾는 경우도 많고, "네가 제일이야"라는 인정욕구도 크다. 그래서 마음속에 잔상만 있을 뿐 흔적조차 없는 과거를 끌어내며 자신을 보호하기 위한 방어벽을 쳐보는 것이다. 그냥 넋두리 정도일 때가 많은데, 여자가 잔소리하며 과민반응하면 남자는 방어적이 될 수밖에 없다. 어쩌면 남자들이 과거의 사랑을 들먹이는 것은 지금의 여자와 잘 해보기 위한 남자의 관심 끌기일 수도 있다. 남자친구의 과거의 여자와 자신을 끊임없이 비교하면서 자신을 괴롭힐 필요가 없다. 자신에 대한 확신이 없는 것을 남자친구에게 투사하여 고민하는 것이다. 그러나 우리의 기억 속에는 실오라기 하나씩 사랑의 추억도 축적되며 그것을 완전히 없애려는 시도 자체가 무의미하다.

마찬가지로 남자들도 자신에 대한 확신이 얼마나 없으면 과거 얘기를 하며 여자친구 앞에서 자신의 존재를 증명하려고 하겠는가? 지금 사랑하는 사람이 앞에 있고 내가 선택한 사람인데, 과거의 사랑을 질투하면서 지금의 소중한 관계가 흔들리면서까지 질투의 화살을 꽂을 필요가 있을까? 질투가 심해지면 편집증에 가까운 의부증이나 의처증이 되는 것이다.

진화론적 관점에서는 질투가 자연스럽다고 한다. 남자는 자신의 혈통을 지키기 위해 여자는 자원이 분배되는 것을 원치 않기 때문이다. 그러나 질투의 끝은 파괴적이 된다. 셰익스피어의 작품 《오셀로》가 질투의 끝을 보여준다. 오셀로는 장인의 반대에도 불구하고 사랑하는 데스데모나와의 결혼에 성공한다. 그러나 부하 이야고의 계략으로 아내 데스데모나를 외도로 의심하여 스스로 죽이고 마는 비극으로 끝을 맺는다. 그래서 의처증이나 의부증을 '오셀로 증후군'이라고 한다. 오셀로 증후군은 부정망상(delusion of infidelity)이라고도 하며, 커플 상대에게 부정이 아니라는 증거들이 있음에도 불구하고 의심이 계속된다. 의심이 많은 편집증적인 사람에게서 많이 나타난다. 오셀로가 흑인이라는 열등감을 끝내 떨쳐버리지 못했기 때문일까?

어떤 여자들은 남자친구가 나를 만나기 이전에 "다른 여자와 첫 키스를 한 것까지는 모르지만 그 이상은 안 된다."고 말하기도 한다. 예전에 다른 여자들을 사랑했던 것에 대해 용서를 빌라고 요청하는 여자들도 있다. 이럴 때마다 남자들은 참 난감해 한다. 연인 사이에 과거를 어디까지 말하고 어디까지 이해해야 할까? 분분하지만 과거를 말해도 이해하고 수용할 수 있는 범위까지만 하면 될 것이다. 그것은 각자의 선택이다. 남자친구의 과거의 여자를 알려고 하는 것, 통제하려고 하는 것 자체가 자신의 열등감 때문일 수 있고 심하면 두 사람의 관계도 파괴적이 될 수 있다. 내가 선택한 남자가 존경스럽고 신뢰할만하다면 확신하자.

심리학 TIP

과거가 전혀 없는 모태 솔로보다 여자를 사귀어본 적이 있는 남자가 낫다. 감정을 교류하는 것이나 갈등상황에서 양보하는 것도 해본 사람이 더 잘할 수 있기 때문이다. 남자의 과거는 과거일 뿐이다. 그것에 계속 집착한다는 것은 어쩌면 그를 사랑하지 않는 이유를 과거에서 찾으려고 하는 것일 지도 모른다. 정말로 사랑하면 그 남자의 과거는 보이지 않는다.

과거는 힘이 없다. 그리고 지금의 승자는 바로 당신 자신이다. ✿

05

짠돌이 남자,
쇼핑 중독 여자

P 는 자연미인은 아니지만 소위 말하는 연예인급 정도의 미모이
다. 그녀는 홈쇼핑에서 아르바이트를 하면서 홈쇼핑에 대해서
잘 알게 되었다고 생각한다. 그래서 홈쇼핑에서 구매를 자주 하는 편
이지만, 다른 사람들보다 잘 알고 있는 만큼 홈쇼핑에서 대량 구매하
는 것이 불필요한 구매나 낭비라고 생각해본 적이 없다. 물론 백화점
에 방문해서 한두 개의 물건을 구매한다면 홈쇼핑에서는 그보다 많은
것을 구매하는 것은 사실이다. 특히, 어려서부터 모델이나 쇼호스트를
하면서 외모가 중요하다는 생각을 가지게 된 P는 외모관리를 위해 쓰
는 돈이 아깝게 느껴지지 않는다.

P는 홈쇼핑 이외에도 해외여행, 친구들과의 만남 등에 수입의 많은
부분을 지출하고, 돈을 모으지는 않는다. P의 생각에는 돈을 버는 것
은 필요한 곳에 사용하기 위한 것이고, 움직일 수 있는 자유로움과 건
강이 있을 때 사용하는 것이지 나중을 위해서 아끼는 것이 아니기 때

문이다.

이런 P의 생활에 문제가 생긴 것은 얼마 전에 생긴 남자친구 때문이다. 연애 초기에는 별말 없던 남자친구가 잔소리가 심해진 것이다. 잔소리를 듣는 것도 스트레스이지만 이 남자와 결혼하면 어떻게 살아야 하는지에 생각이 미치면, P는 남자친구와 헤어져야 하나 고민이다.

P의 남자친구는 지독한 짠돌이로 명품 한두 개도 용납이 안 되는 사람이다. 꼭 필요한 물건이 아닌 것을 사는 것은 낭비이고, 저축하는 것이 바른 삶이라 생각하는 사람이다.

P와 반대로 S는 남자친구가 소비지향이라 스트레스를 받는 경우이다. 남자친구가 좋은 곳에 데려가려 하고 맛있는 것을 사주려는 것은 좋은데, 데이트 비용 나가는 것이 뻔히 보이기 때문에 걱정이다. 선물 사주고 이것저것 갖고 싶은 것을 물으며 신용카드를 사용하는 남자친구를 보면, 씀씀이가 큰 것은 아닌지 궁금해지며 데이트 비용의 합리적인 선이 궁금하기도 하다. 가끔은 검소한 남자친구가 스스로를 위해서는 돈을 쓰지 않는데, S 자신을 위해서 소비하는 것처럼 생색을 내거나 보상심리를 드러낼 때는 난감하기도 하다.

이처럼 남자와 여자가 소비패턴이 다른 것은 남녀의 관심사 차이도 있겠지만, 또 하나는 자라온 가정의 문화가 다르기 때문이다. 한두 개를 사더라도 질 좋고 비싼 것을 선호하는 쪽과 싼 것이 꼭 나쁜 것이 아니고 여러 개 사서 번갈아 쓰면 실용적이라고 생각하는 사람도 있다. 이런 경제관이나 저축, 소비패턴은 현실생활에서 중요한 요소이기 때문에 이것이 안 맞으면 서로를 비난하게 되고 좋아하는 감정을 지속하는데도 영향을 준다. 커플은 데이트할 때부터 돈 때문에 행복할 수 있고, 돈 때문에 갈등을 경험할 수 있다. 돈을 어디에 써야 할지 일치하는 경우 만족도가 높을 것이고, 그 반대의 경우는 만족도가 낮을 뿐만 아니라 데이트가 스트레스로 채워질 수도 있다.

쇼핑 중독은 심리적 결핍 때문이다

애론드와 포커(Miriam Arond & Semuel Pauker)는 돈은 지위, 안전, 즐거움, 자립의 목적에 따라 사용법이 다르다고 했다《커플체크업》, 김덕일·나희수 역, 2011). 돈을 지위로 생각하는 사람들은 자신이 부자라는 것을 증명하고자 할 것이며, 안전의 욕구가 큰 사람들은 돈이 있어도 검소한 생활을 유지하려고 할 것이다. 자립을 추구하는 사람들은 돈을 모아 독립하여 원룸 생활을 꿈꾸려고 하고, 즐거움을 추구하는 사람들은 돈을 모아 사고 싶었던 것을 사거나 미뤄놓았던 여행을 갈 것이다. 돈은 사람을 여유롭게 하며 돈을 버는 데서 오는 성취감과 힘이 생기게 한다.

P나 S처럼 남자와 경제관이 맞지 않으면 헤어지는 것이 맞을까? 소비형태에 따른 만족도를 보면, S처럼 남자친구가 소비지향이고 여자가 짠순이인 커플은 결혼해서 만족도가 높은 경우가 많다. 여자가 알뜰하게 살림을 꾸려가고 남자의 소비지향 생활을 인정해주기 때문이다. 문제는 P처럼 여자가 소비지향이고, 남자가 짠돌이인 경우이다. 데이트할 때는 만족하게 해줄 것처럼 여자에게 맞추지만, 결혼 후 그 태도를 바꾸는 경우가 많다. 내가 상담했던 결혼 6개월 차 신혼부부 K

도 짠돌이 남편과 쇼핑 중독 수준 부인의 갈등이 여실히 드러난 경우였다.

K는 한 달에 최소한 1~2번은 명품백이나 신발을 사는 것으로 스트레스를 풀고 쇼핑의 즐거움을 느끼고 싶어 한다. K는 남편 수입이 넉넉하고, K의 생각에 맞추고 만족시켜 주며, 그도 자신과 같은 문화를 공유하는 사람이기 때문에 결혼해도 자신을 만족시켜 줄 것이라고 확신하고 결혼했다.

그런데 결혼하고 보니 K의 남편은 가난하고 검소한 가정에서 자란 사람으로, K가 기대했던 사람은 아니었다. 반대로 K의 남편은 결혼하면 K가 불필요한 지출을 줄일 것으로 기대하고 결혼한 것이다. 둘의 동상이몽은 신혼여행 직후 배달되는 택배로 갈등이 생기면서 드러나기 시작했다. 집으로 혹은 회사로 K의 택배가 배달될 때마다 K의 남편은 출처를 추궁했고, K는 남편에게 "선물 받은 것이다", "세일 상품이다"는 식으로 거짓으로 둘러대며 자신의 소비성향을 감추려고만 하면서 문제가 더 커졌다.

과유불급이라는 말이 있다. 무엇이든 과한 것은 좋은 것이 아니다. 술, 담배, 커피, 다이어트, 일, 섹스 중독처럼 쇼핑도 과하면 처음에는 의존의 수준이지만 중독으로 발전하는 경우가 있다. 자신의 수입과 지출이 균형을 이루고 있다면 반드시 중독이라고 할 수는 없을 수도 있지만 수입과 지출의 균형이 깨진 상태라면 그것은 명백한 중독이다. 처음엔 옷에서 시작에서 가방, 신발, 액세서리, 전자제품 등으로 종류가 확대되고 자기가 선호하는 몇 개의 종류가 있기도 하다.

소비지향적인 사람 중에는 자신의 소비로 인해 쏟아질 비난을 피하려고 또는 자신의 소비를 합리화하기 위해 남의 선물까지도 사는 사람들이 있다. 중독 수준의 사람들은 대부분 구매에 목적이 있는 것이 아니라 심리적인 결핍을 채우기 위한 수단으로 소비를 하는 경우가 많다.

어느 정도 불확실한 미래에 대한 대비를 하면서 수입과 지출의 균형이 맞추어져 있는데도 불구하고 남자가 소비를 얘기하거나, 자신의 수입과 지출이 균형이 맞지 않는다면 돌아볼 필요가 있다.

심리학 TIP

짠돌이 남자라도 데이트할 때는 여자를 로맨틱한 장소에 데리고 가고, 선물도 잘 사준다. 하지만 데이트 기간이 길어지면서 여자가 자기 돈을 쓰는데도 소비를 많이 한다고 비난하거나, 통제적으로 나온다면 기분이 좋지 않을 것이다. 그러나 무조건 기분 나빠하기보다는 왜 문제가 되는지 객관적인 평가를 해보아야 한다.

여행을 갈 때 돌아가면서 회계를 담당하여 씀씀이나 소비패턴을 서로 알아보게 하는 것도 방법이 될 수 있다. 대화를 통해 두 사람의 소비패턴이 다르다는 것을 인식하는 것만으로도 행동의 변화는 이루어진다. ✿

06

연애를 방해하는
골드미스의 행동들

골드미스는 콧대가 높다. 최소한 자신보다 연봉이 조금이라도 더 많기를 원한다. 술이나 담배 안 하는 사람, 키나 외모는 상, 근육질의 남자를 원한다. 골드미스 역시 어느 정도 수준이 되기 때문이다.

골드미스인 Y는 명문대 출신으로 대학 졸업 후에 바로 대기업에 취업에 성공한 엘리트이다. 그래서 자신도 모르게 웬만한 남자는 무시한다. 소개팅을 해도 싫으면 표정에 나타나 애프터를 못 받다 보니 좋은 스펙에 소개팅은 줄지어 들어와도 성공률은 낮다.

골드미스들은 남자에게 맞추는 것을 싫어한다. 일, 외국어 실력, 교양, 외모관리 대부분에서 두각을 드러냈기 때문이다. 일이나 외적인 조건에서는 최상이지만, 연애에서 꼭 그렇지만은 않다. 남자를 끄는 매력은 사랑받고 싶은 여심, 남자를 당기는 욕정이 있을 때 몸에서 품어져 나온다. 골드미스에게 없는 부분이다. 자신에 대한 확신만큼이나 틀이 강한 경우가 많다. 빈틈이 없는 이미지는 상대방을 주눅이 들게 하고 여유가 없다.

나는 Y에게 남자들을 무시하는 습관부터 버리는 연습을 하라고 과제를 내주었다. '잘난 남자, 못난 남자 똑같이 대하기' 연습이었다. 먼저, 직장에서 무시했던 남자들에게는 눈도 잘 마주치지 않고 인사도 습관적으로 했던 자신을 발견했다. 그들이 꼭 데이트 대상이 아니더라도 가까이에서 만나는 사람들에게 자연스럽게 대하는 것이 소개팅이나 실제 연애에도 도움이 된다는 생각에서였다. Y는 선배이건 후배이건, 상사이건 부하 직원이건 생기 있고 밝게 인사하기 시작했다. 특히 남자들의 반응을 살폈다. 반응은 확실하게 나오기 시작했다. 선배 중에서 밥을 먹자고 하거나 후배를 소개해 주겠다며 줄줄이 소개팅이 들어오기 시작했다. 작은 시도가 그런 결과를 가져오자 Y는 "자기가 인사 정도 바꾸었는데, 이런 반응이라면 그전에는 얼마나 재수없는 여자였다는 말이냐?"며 웃는다.

골드미스가 되기까지 일을 잘해온 것처럼 연애에도 자신감을 가지는 것도 방법이다. 자신의 육체적 매력은 무엇인가? 얼굴 중에 자신 있는 부분과 몸매 중에 매력 있는 부위는 어디인지 스스로 찾아보자. 다른 사람들이 예쁘다고 한 부분, 장점이라고 말해준 것들을 기억하며 가꿔나가는 것도 방법이다. 배려, 따뜻함, 정감, 귀여움, 명랑함, 여성스러움, 소녀다운 청순함, 농염함, 터프한 매력 등 뭔가 하나 있을 것이다.

그저 못 이기는 척, "그러죠"

골드미스들은 자신의 스펙이 좋기 때문에 처음 만나서 남자들의 스펙을 대수롭지 않게 물어보는 경우가 많다. 그러나 남자가 반드시 여자만큼 스펙이 되지 않는 경우도 있다. 그러면 대답은 하지만 마음의 문은 닫힐 수도 있다. 스펙도 중요하지만, 품성이 그것을 능가할 수도 있지 않은가?

골드미스들은 직장 생활 경험이 있고, 사회생활을 안다. 그래서 만나면 인사도 잘하고 먼저 웃어주기도 하며 반응도 잘해서 기본적인 매너가 좋다. 그러나 그를 데이트나 연애대상으로 삼기까지는 거리를 두고 관망하고 결정하는 편이다. 자신이 만났던 사람들의 수준이 높은 경우가 많아서, 웬만해서는 자신이 먼저 데이트하자거나 사귀자고 프러포즈는 잘 하지 않는다. 좋아하더라도 상대방이 프러포즈하기만을 기다리며 자기의 자존심을 지킨다. 결혼정보업체에 등록하고, 남자의 외모, 취향, 집안, 주변 친구들까지 눈여겨보다가도, 아니다 싶으면 그냥 친구로 볼 뿐이지 진전시키지 않는 것이다.

이들은 누구에게나 싫은 내색을 잘 안 하고, 누구에게나 두루두루 잘 대해주기 때문에 남자들 입장에서는 자기를 좋아한다고 착각하기가 쉽다. 그래서 다가오는 남자들이 있게 마련인데, 골드미스들의 마음은 그게 아니므로 거리를 두게 된다. 이런저런 사람들 다가오면 심하게 방어적이 되지 말고 수용해주라. 꼭 남자가 애인 관계만 있는 것은 아니니 친구도 가능하지 않는가. 그렇게 방어벽만 치면 정말 마음에 드는 남자가 프러포즈할 용기를 갖지 못하고 멀리서 바라만 볼 수도 있어 기회조차 없어지게 된다. 프러포즈를 먼저 하는 사람은 일단 자신감이나 용기가 있는 사람이다.

남들이 볼 때 골드미스는 화려하다. 하지만 골드미스라는 화려함 뒤에는 고독과 외로움이 있다. 좋은 스펙과 도도함이 남자들이 가까이 오는 것을 막고 거리를 두기 때문이다. 남자들을 대할 때는 먼저 골드미스라는 의식을 버리고 누구에게나 편하게 대하는 습관을 지니는 것이 필요하다.

평범해 보이고 별 기대하지 않았던 사람 중에 보화가 숨어있을지 누가 알겠는가? 또한, 골드미스들은 자신에 대한 생각과 확신이 강하기 때문에 좋고 싫음의 감정이 남들에게는 강하게 인식될 수 있다. 조금은 부드럽고 유연한 방식의 표현이 연애에는 도움이 될 것이다. 공부도 잘해왔고 일도 잘하는 만큼 자신에 대한 확신이나 자신감이 넘칠 것이다. 그러나 실제로는 겉이 화려한 것과는 달리 연애에서는 모르는 것이 많다는 것을 인정할 필요가 있다. 도도함의 껍데기 속에 숨어있는 연약한 모습을 보일 수 있는 용기를 가져보자.

심리학 TIP

자신이 골드미스라면 모든 것이 완벽하다고 생각할 것이다. 그러나 남들이 보면 '외모가 빠지지 않고 직장이 안정적인 나이 많은 여자' 정도로 볼 수 있다. 스스로 한층 높여 만든 좋은 남자의 조건들은 말 그대로 허상일 뿐 실재하지 않는 인물일 가능성이 크다. 포장은 그럴듯한데 별로인 남자도 있고, 포장은 별로인데 괜찮은 남자도 있다. 평소에 어떤 사람을 만나든지 밝게 인사하고 수용적인 태도를 보이는 습관이 인연을 만들어줄지 누가 알겠는가? ✿

07

남자가 헤어지자고
말할 때

가수 박진영의 노래 중 〈대낮에 한 이별〉이 있다. "잘해준 게 하나도 없어 맘이 아프다며, 서로의 눈물을 닦아 주었어. 햇살이 밝아서, 햇살이 아주 따뜻해서, 눈물이 말랐어. 생각보단 아주 빨리." 헤어지는 아픈 마음이 가사에 절절하게 표현되어 있다.

헤어지면서 못해준 것에 대한 아쉬움, 다시 못 볼 것에 대한 두려움, 헤어지는 슬픔이 있다. 그러나 "햇살이 밝아서 괜찮다"고 한다. 가사를 보면 헤어지는 연인의 아픈 마음이 역설적으로 잘 담겨 있다. 헤어지는 아픔이 얼마나 큰지 더 크게 다가오는 구절이다.

영화 〈연애의 온도〉에서도 헤어진다고 말해놓고 사랑을 다시 시작하는 역설을 보여준다. 주인공 이동희(이민기 분)와 장영(김민희 분)은 사내커플 3년 차다. 사내커플의 어려움을 다 이기면서 짜릿한 연애를 했지만, 결국 사소한 일로 헤어진다. 그동안 추억에 담긴 선물들은 착

불로 배달되고, 휴대폰 커플요금제는 해지한다. 다시 솔로로 돌아간 시점부터 두 사람은 배신감과 분노로 다시 싸움을 시작한다.

남자친구가 헤어지자고 말할 때 대부분 여자는 그 이유를 알고 싶어 한다. '연애의 온도'에서 장영(김민희 분)도 헤어진 이유는 모르지만, 남자가 싫어하는 것을 고치겠다고 말한다. 하지만 헤어진 커플의 재결합은 쉽지 않다. 이 두 사람은 서로 화해하고 놀이동산에서 만나지만, 또 싸운다. 소낙비는 내리고 두 사람은 비를 맞으며 다시 헤어진다. 영화는 해피 엔딩으로 끝나지만 현실에서는 자주 일어나는 일은 아니다.

이별한 커플이 다시 만나면 다 될 거라고 생각한다. 그러나 재결합해서 다시 만나보면 변한 건 없고 갈등의 연속이다. 그렇게 쉬웠으면 처음부터 헤어졌겠는가.

후배 얘기를 하려고 한다. 2년 동안 사귀면서 후배밖에 모르던 남자친구. 갑자기 그의 그만 만나자는 말에 충격을 받는다. 일이 바빠졌다며 메시지나 전화가 뜸했다. 2개월 가까이 못 만났지만 바빠서 그럴 거라며 기다렸는데 이런 상황이 벌어진 것이다. 남자는 미안하다는 말만 되풀이했다. 후배는 배신감에 화가 나서 싸우고 집으로 돌아와 앓아 누웠다. 그날 밤에, 아니 며칠 이내에 연락이 다시 올 줄 알았다. 그러나 한 달이 가도 연락은 오지 않았다. 2년간의 사랑의 열병과 이별이 훑고 지나간 자리는 아팠다. 얼마 지나지 않아 그에게 다른 여자가 생긴 것을 알게 됐다. 괘씸했고 다시는 그를 보고 싶지 않았다.

하지만 생각해보니 그가 자신을 더 사랑한다는 것을 믿고 그에게 함부로 대했던 일들이 스쳐 갔다. 그에게 받기만 하는 것을 당연하게만 여긴 것도 인정하고 싶지 않았지만 사실이었다. 후배는 그를 정말 사랑하고 있었고 그와 헤어지고 사는 것은 정말 자신이 없었다. 후배는 자존심을 버리고 그를 찾아가 이런 자신의 마음을 고백했다. 그와 헤어져도 할 수 없지만, 마지막이라 생각하고 진심을 전했다. 남자친구는 요동하지 않았고 그렇게 둘은 끝나는 것 같았다.

그런데 며칠 후 남자친구가 후배를 찾아와 헤어지지 말자고 싹싹 빌었다. 후배는 그와 다시 사귀기 시작했고 지금은 결혼해서 애 낳고 잘 산다.

사랑했던 사람이 헤어지자고 하면 놀라고 충격을 받으며 슬픔에 빠지게 된다. 그러나 관계는 혼자 하는 것이 아니기 때문에 헤어지자는 말을 한 순간부터 새로운 관계로 재정립하거나 끝낼 수도 있다. 배신감에 화가 난다는 이유로 내치기보다는 왜 그러는지 말을 들어보는 것을 먼저 해야 한다. 당황하거나 속상해하지 말고 차분하게 물어보아야 한다. 이별에 대해 부정하면 할수록 더 힘들어질 수 있다. 헤어지는 상황을 인정하고 그대로 받아들이는 것만이 성숙한 태도는 아니다. 왜 그와 헤어지게 되었는지 마지막으로 들어보는 것은 아프지만 필요하다. 지금의 관계를 제대로 정리하는데 그리고 새로운 사람과 시작하는데도 필요한 과정이다.

집착하면 더 멀리 도망간다

실연으로 인해 상처받은 마음을 흔드는 것만큼 잔인한 게 있을까?

헤어진 남자가 술 마시고 전화해서 힘들게 정리한 여자의 마음을 흔들어 놓는다. 사람의 인연은 헤어진다고 헤어지는 것이 아니고, 인연을 만들려고 발버둥 친다고 되는 것도 아니다.

데이트를 몇 년 하면서 계속 싸우기만 하는 커플이 있다. 조금만 늦어도 화를 내고, 음식메뉴 정하다가 삐지고, 데이트할 때 옷이 촌스러워 마음에 안 든다고 창피해 한다. 이미 상대방을 소유했지만, 더 소유하고 싶어 집착하고 통제하려고 하지는 않는가? 그렇다면 이미 사랑은 아니다. 당장은 헤어지는 것이 겁나고 두려워서 지연하고 있을 뿐이다. 예브게니 바라틴스키(Evgenii Baratynskii)의 시 〈환멸〉을 보면 헤어지는 아픔이 잘 드러나 있다.

환멸
– 예브게니 바라틴스키

그대 다정함으로 다시
헛되이 나를 유혹하지 마오
환멸을 아는 자에겐
지난날의 유혹은 도통 낯설 뿐!
이미 난 맹세를 믿지 않고
이미 난 사랑을 믿지 않소
한번 배반당한 꿈에
다시 몸 맡길 수 없으니!
내 어두운 우수를 더 깊게 하지 말아 주오

지난날을 이야기하지 마오

사려 깊은 친구여, 잠든 병자를

흔들지 말아 주오!

나는 자는 중, 잠만이 달콤하오

지난 꿈들을 잊어요

그대가 내 영혼 속에서 일깨우는 건

사랑이 아니라 동요뿐이오

《러시아 명시 100선》, 최선 편역, 북오션, 2013)

'한번 배반당한 꿈에 다시 몸 맡길 수 없으니! 내 어두운 우수를 더 깊게 하지 말아 주오' 라는 시구는 실연당한 사람의 아픈 마음을 잘 표현해준다.

사랑은 변할 수 있다. 사랑한다고 모두 연애를 하고 결혼을 하는 것은 아니다. 상황이나 여건 때문에 헤어질 수밖에 없어도, 잘해준 게 하나도 없어 맘이 아프다면 그건 사랑이다. 그런 사랑은 헤어져도 헤어진 게 아니다.

대학교 4년 동안 연애를 하고 결혼할 줄 알았던 커플이 있다. 클래식 음악을 좋아하던 남자와 여자. 그와 당연히 결혼하리라 생각했지만, 여자 부모의 반대로 헤어졌다. 막무가내로 결혼하자는 남자를 거절할 수도, 부모를 거역할 수도 없는 여자는 연락을 끊었다. 남자는 여자의 변심에 자살시도를 하고 한바탕 소동이 있었지만, 각자 가정을 꾸리고 살아왔다. 일흔 살이 다 되어 다시 만난 두 사람은 말없이 눈물만이 흘러내렸다고 한다. 가슴 깊숙이 패였던 마음의 상처가 한 번의 만남으로도 많은 치유가 있었으리라 생각된다. 지금은 연인이 아닌 친구로 지내지만 헤어졌던 몇십 년을 갚기에도 충분할 것이다.

심리학 TIP

"지금 당신을 차버린 그 남자, 3개월 안에 반드시 연락 옵니다!"라는 희망 고문식의 위안을 믿지 마라. 혹은 30대 언니들이 20대 동생에게 '헤어진 남자친구를 잡고 싶어요. 어쩌죠?'라는 고민에 열이면 아홉은 저마다의 풍부한 경험을 예로 들며, "떠난 그의 마음 다시 잡을 수 없다"는 결론을 내려준다. 그렇게 할 수 있다면 해보라. 하지만 그렇게 쿨 할 수 있는 사람은 거의 없을 것이고 아니면 쿨한 척하는 것이다.

갑작스럽게 이별을 맞이한 당신. 어떻게 해야 할까? 그를 잊을 수 없다면, 붙잡아라. 연애야말로 가슴으로 하는 것이다. 바짓가랑이라도 붙잡고 싶다면 그렇게 해라. 그를 찾아가 따져도 보고 난장도 쳐봐라. 거의 삶이 소진될 정도의 극단으로 치달을 수도 있다. 사람마다 그 정도는 달라도 가장 긴밀했던 관계가 끊어졌을 때 바닥을 드러내며 해결하는 과정 없이 누구를 다시 사랑할 수 있을까? 이런 몸부림에 상대는 뜨악할지도 모르겠지만 한 번쯤 너를 배려하라. 주의할 점은 상대를 향한 당신의 극단적인 행동은 경찰서에 끌려가기 전까지만 할 것. ✿

08

♦

가벼운 관계가
오래 지속될 수 있을까?

내가 H 여성을 처음 만났을 때, 첫 느낌은 얼굴도 예쁘고 느낌이 마네킹처럼 빈틈이 없어 보이는 완벽한 이미지였다. 29살인 H는 몇 년 사이 체중이 10킬로그램이 증가했는데, 이번에 다이어트를 하고 싶다는 것이다. 완벽한 몸매를 만들어 조인성 같은 완벽한 남자를 만나 30살이 되기 전에 결혼을 하는 것이 올해의 목표라고 했다.

H는 혼자 다이어트를 시도했지만, 잘 되지 않아 전문가의 도움을 받으러 왔다는 것이다. 그녀는 키 165센티미터에 몸무게가 55킬로그램이어서 감량이 필요 없을 듯한데도, 막무가내로 2달 안에 45킬로그램으로 만들어달라는 것이었다. 몸을 만든 후 봄에는 연애를 시작해서 가을에 결혼해야 한다며 요가와 수영을 시작했고, 샤오미 밴드로 만보 걷기를 실천하고 있었다.

프로이트에 의하면 이처럼 예뻐지기 위해, 사랑받기 위해 강박증적으로 다이어트나 성형에 몰입하는 여자들은 항문기 강박증 성격이라고 한다. 외모는 물론 성격에서도 결벽증이 있는 것이 특징이다. 이와 반대는, 뭔가 흘리고 다니고 허점이 많은 여자가 있다. 옆에서 이것저것 챙겨주어야 할 것 같고 심지어 지저분하기도 한데 항문기 폭발형이다. 유아기인 2~3살의 항문기 고착이다. 즉, 부모가 너무 깔끔을 떨거나 내버려두는 방식이 배변훈련으로 문제가 생긴 것이다.

H는 외모는 완벽하게 만들었지만, 소개팅에 완벽한 남자가 나타나지 않으면 한 번에 거절한다. 희망 고문을 주지 않으려는 배려차원이라며 생색을 낸다. 싫으면 극단적으로 싫다는 표현을 해서 남자들이 도망간다고 한다. 그러다 보니 자기의 외모에 반해서 남자들이 만나고 싶어 하지만, 자기의 성격을 알면 무서워서 도망간다고 한다. 아무리 미인이라고 해도 화를 불같이 내고, 사사건건 따지는 여자를 좋아하는 남자는 없다.

H는 몸무게를 감량하는 것의 여부를 떠나 폭식증이 심했다. 한꺼번에 롤케이크 3종, 5종 세트를 그 자리에서 먹어치우는가 하면, 분식집에서 떡볶이와 김밥, 돈가스를 한꺼번에 주문해서 먹을 때가 많다. 그러고 나면 배가 아파 잠을 억지로 자고, 그 다음 날은 한 끼만 먹는 등 식사가 불규칙했다. 완벽을 향해 올라가는 고지는 너무 힘들고 고통스러워 보였다.

그런데 이런 여성이 의외로 많다. 성형은 한계가 있고 완벽한 여자가 되기 위해 가장 쉬운 방법이 다이어트라고 생각하기 때문이다. 문제는 다이어트를 위해 굶다가 다시 먹는 것을 반복하다 보니 체중감량에 실패할 뿐만 아니라 탄수화물 중독이 된다. 완벽한 여자가 되려다 정신적 황폐까지 와서 사람 만나기를 기피하고 신경질적이고 냉소적이 돼가고 있었다.

H는 다이어트에 목숨을 걸었으니 막을 수는 없고, 최소한 건강은 지켜주자는 마음으로 다이어트 식단과 심리치료를 병행했다. 보통 최소한 하루 두 끼는 밥, 감자, 고구마, 떡, 빵 같은 탄수화물이 든 식단을 권유하고, 먹는 양은 밥 반 공기나 3분의 2공기를 먹게 한다. H는 과감하게 집에 있던 빵은 모두 버리고, 빵집을 지나치지 않고 다른 길로 귀가하기 시작했다. 한 끼만 탄수화물을 섭취하면 허기져서 그 다음번에 폭식으로 이어지는 게 탄수화물 중독의 증상이다.

최소한 두 끼만 잘 먹으면 탄수화물 중독을 피해갈 수 있고, 건강에는 지장이 없다. 그래서 H에게 나머지 한 끼는 본인이 알아서 하라고 했더니 샐러드나 과일만 먹기로 했다. 자기가 그날 먹은 음식들을 인스타그램에 올리게 해서 숙제검사를 했다. 한 달 만에 5킬로그램 감량에 성공했다. H가 생각하는 완벽한 몸매가 돼가고 있을 무렵이었다.

재미난 일이 있었다며 흥분한 목소리로 말을 꺼냈다. 생전 처음으로 길거리 헌팅을 받았는데, 남자가 〈미생〉의 장그래(임시완 분)를 닮은 훈남에 키 180센티미터 정도 되고 자기보다 무려 9살이 어린 20살 대학생이었다는 것이다.

오늘날 날씬한 여자들에 대한 남자들의 선호도 일색인 게 난감한 일지만, 그것에 강화를 받는 여자들이 너도나도 다이어트, 성형 열풍에 시달리는 것이다.

눈길을 끄는 것과 마음을 끄는 것은 다르다

다이어트를 해서 군살 없는 몸매를 보면 아름답다. 꼭 사랑이 아니어도 건강이나 자신을 관리하는 차원에서 필요 없는 군살을 없애고 S 라인의 몸매를 만드는 것이 나쁘지는 않다. 내 고객 중에도 남자의 눈길 한번 못 끌다가 열심히 식단조절과 운동 등, 자기관리를 한 후 어느 날 남자의 프러포즈와 사랑을 받고 행복해하는 모습을 보기도 한다.

그러나 완벽한 외모를 만들어 남자의 눈길을 한두 번 끄는 데는 성공할지 모르지만, 남자의 사랑을 얻는 것과는 별개의 문제다. 완벽한 외모의 슈퍼모델 정도가 되어야만 사랑을 받을 수 있는 것이 아니다. 알렉산드르 푸시킨(Aleksandr Pushkin)의 시 〈나 그대를 사랑했소〉를 보면, 한 남자가 여자를 사랑한다.

나 그대를 사랑했소

나 그대를 사랑했소 사랑은 아직, 아마도
내 마음속에서 완전히 꺼지지 않았으리니
하나 내 사랑이 그대를 더 이상 번거로이 하랴
그대를 무엇으로도 슬프게 하고 싶지 않소

나 그대를 사랑했소, 말없이, 희망도 없이
혹은 수줍음이 혹은 질투가 나를 괴롭혔으나
나 그대를 그토록 진정으로, 그토록 속 깊이 사랑했소
다른 이들에게도 그대가 부디 사랑받기를 바랄 만큼

《러시아 명시 100선》, 최선 편역, 북오션, 2013)

'여자를 말없이, 희망도 없이, 수줍어하고, 질투를 느끼기도 하면서 여자의 행복만을 기원하는 마음'이 잘 드러나 있다. 가볍게 사랑에 빠지고, 사랑의 무게가 사랑이 아무리 가벼워진 세상에 살고 있지만 진지한 사랑은 여전히 존재한다. 그리고 남자들의 순애보적 사랑은 여자들 못지않다.

그런 사랑이 외모로만 가능할까? 남자들은 외모가 완벽한 여자보다 편안하고 자연스러운 모습의 여자를 좋아한다. 아무리 예뻐도 배려나 희생이 없고, 내면의 성숙도 없는 여자라면 남자들은 매력을 느끼지 못한다.

심리학 TIP

여자들은 사랑을 받기 위해, 사랑을 쟁취하기 위해 외모를 꾸민다. 남자의 관심을 받기 위해 처음에는 외모가 중요한 것은 사실이다. 그러나 시간이 흐를수록 사랑은 외모로만 유지될 수 없다. 첫인상을 보고 끌리지만, 사랑의 유지는 자신의 매력을 돋보이게 하는 자신감이나 상대방에 대한 배려 없이는 안 되기 때문이다. 다이어트나 성형을 해서라도 완벽한 남자를 만나고 싶어 하는 마음은 이해한다. 다만 그에 걸맞은 내면의 성숙함이 있는지 고민해보자. 완벽한 남자로 알았던 그 역시 겉포장만 하고 나타났다면 어떻겠는가? '외모가 예선'이라면 본선이 남아있다. 본선게임에서도 이기려면 어떤 다른 매력을 개발해야 할지 생각해보자. ✿

09

💎

발칙하고
짜릿한 선택, 동거

얼마 전 SBS '썸남썸녀'에서 가수 강균성이 혼전 동거에 대해 반대의 뜻을 표했다. "서로 모르기 때문에 동거를 한다는데, 그보단 서로를 이해하는 마음의 넓이를 키워야 하지 않냐"는 발언을 한 것이다. 손해 보지 않으려고 편하게 가려는 요즘 실태를 꼬집은 것이다. 실제 동거를 하는 사람들의 얘기를 들어보자.

S 여성은 남자와 만난 지 100일이 되면서 동거를 시작했다. 둘은 직장 근처 바에서 술을 마시며 2~3번 만난 사이이다. 옆자리에 앉은 남자가 여자에게 말을 걸었다. S는 처음에는 도도하게 거절했지만, 저 정도면 괜찮은 남자다 싶었다.

동거는 여자가 먼저 제의했다. 여자는 지방 출신으로 혼자 자취하며 생활을 해오고 있다. 남자는 부잣집 막내아들인데, 아버지의 해외 지사 발령으로 부모님이 외국에 계신지 몇 년째이다. 둘은 결혼을 전제로로 해서 동거를 시작했다. 남자는 S에게 집세나 생활비를 보조하며 경제적인 협조를 하고 있다. 둘은 성격이나 외모는 완전 반대이지만 서로 외로움을 달래주고 배려하는 것, 여행이나 음식을 만들고 먹는 것을 좋아하는 것이 같아 만족도가 높다. 톡톡 튀는 성격과 미모의 통통녀와 깔끔하고 섬세한 마른 귀여운 훈남 커플이다. 여자는 대범하고 성격이 강한 면도 있지만, 남자의 여린 성격이 그것을 맞추면서 자신의 부족한 리더십을 여자가 채워주니 좋다. 여자는 대기업에 다니며 경제적으로 크게 어려움이 없지만, 부모님이 연세도 있고 서울생활을 혼자 오래 하면서 정이 그립고 기댈 곳이 필요했던 여자이다. 남자는 요리사로 경제적으로는 안정적이지만, 부모와 떨어져 살아 늘 외로웠다. 이제 둘 다 30대 초 결혼할 나이가 되었고, 상견례까지 끝난 상태이다.

이 커플처럼 진지하게 시작하기도 하지만 경제적인 이유나 부모와의 갈등을 피하기 위해 동거를 선택하기도 한다. 쿨한 세대의 특징일까. 동거가 간편하고 단순하게 시작하는 만큼 헤어질 때도 쿨하다.

솔로끼리의 동거, 존중하며 갈까요?

프랑스에서는 동거하는 커플이 많다. 동거와 결혼의 중간 단계인 '팍스(Pacte civil de solidarite)제도'가 있는데, 결혼과 동일한 법적 혜택을 받는다. 사실혼, 즉 동거가 미국이나 유럽뿐 아니라 중국이나 일본 등 아시아권 국가들에서도 더 이상 사회적인 이슈가 아닌 실정이다. 우리나라에서도 대학가의 원룸을 중심으로 혼전 동거 커플이 증가하고 있으며 동거촌이 형성되고 있다.

인구센서스국 통계에 따르면 미국에서 이성 간에 동거를 하는 커플의 수는 작년 670만에서 올해는 750만으로 13% 증가했다(《연합뉴스》 2010년 9월 24일). 인구센서스의 가족 문제 전문가인 로스 크라이더는 "동거 커플이 꾸준하게 늘어왔지만 13%나 증가한 것은 매우 이례적인 것으로 상당히 늘어난 것"이라며 경기침체의 요인으로 분석했다.

우리나라에서도 잡코리아가 20세 이상 성인남녀 1,339명을 대상으로 혼전 동거에 대한 설문조사 결과, 50.1%가 결혼 전 연인과의 동거를 찬성했다. 그중에 남성은 60.7%, 여성은 44.1%로 남성이 성 개방 인식이 높음을 알 수 있다(《헤럴드경제》 2015월 6월 19일). 또한 성인남녀 745명을 대상으로 사실혼에 관한 '일반인들의 의식과 태도'를 조사한 결과를 소개한다(한국가정법률상담소, 2007).

법적 보호가 필요한 동거 유형에 관해 복수 응답한 결과, '혼인의사가 있고 혼인신고만 하지 않은 상태에서의 동거'의 경우 93.8%(699명 응답)가 '법적으로 보호해야 한다'는 것에 동의하였다. 동거에 대한 수용 태도를 보면 다음과 같다.

'결혼을 전제로 할 때 가능하다(42.0%)', '사랑한다면 가능하다(19.5%)', '배우자 있는 관계가 아니면 가능하다(9.5%)', '무조건 가능하다(1.2%)', '가능한 한 삼가야 한다(22.5%)', '절대로 삼가야 한다(5.3%)'로 나타났다. 결혼을 전제로 하거나 솔로이면 가능하다는 것이 절반을 넘으니 동거에 대해 긍정적인 시각으로 보인다. 솔로끼리의 동거를 비난할 사람은 많지 않다.

동거에 대한 장점으로는 연애나 데이트로는 다 알 수 없는 서로의 모습을 알 수 있다는 점을 꼽는다. 또한 가족관계부 상에 결혼이나 이혼의 내용이 남지 않는다는 점이다. 혹은 결혼을 늦추는 요인 중 경제적인 이유가 있을 때, 동거로 시작해 경제적인 상황이 나아지면 혼인신고를 하고 차후에 결혼식을 올릴 수 있다는 것도 장점이다.

반면에 동거의 맹점은 동거가 부모의 지지를 받기 어렵고, 아이가 생겼을 때 법적인 혜택 부분에서 열악하다는 점이다. 성적통제권이나 자기결정권인 면에서의 동거는 찬성하는 추세이다. 프랑스처럼 동거율의 높은 국가는 동거가 이혼율을 낮추는 역할을 하기도 한다. 동거 계약형태인 동거나 팍스와 결혼을 통해 자녀를 출산하는 비율이 비슷하다. 단, 동거는 증가하지만 프랑스의 팍스처럼 동거를 법적으로 보호하는 제도가 우리나라에는 빈약하다는 점도 생각해볼 문제이다. 동거가 해피 엔딩으로 끝나면 다행이지만 문제가 발생했을 때의 충격을 동거 당사자가 고스란히 떠맡는 것은 문제가 아닐 수 없다.

동거족 중에는 주말부부처럼 주말에만 함께 보내고 평소에는 각자의 생활에 충실한 사람도 있다. 동거를 시작하면 서로를 구속하려는 것을 조정하면서도 부부의 역할을 하면서 책임지는 연습을 하니 좋다는 반응이다. 어느 정도 거리를 유지하면서 서로를 존중하는 동거라면 한번 생각해볼 수 있지 않을까.

연애하는 커플 중에는 가족갈등의 해결책으로 집 탈출형 동
거를 선택하기도 한다. 이런 마음으로 결혼을 한다면 첫 단추
를 잘못 끼우고 시작하는 것이기 때문에 언젠가는 갈등이 유
발될 수 있다. 또한 동거 사실을 주변 친구나 부모에게 알리
고 지지를 받는 경우, 이것은 긴장이나 불안을 낮춰 줄 수 있다.
하지만 무엇보다도 커플의 협상이 먼저 되어야 할 것이다.

동거의 가장 큰 장점은 서로를 미리 알아볼 수 있다는 점이
다. 또한 경제적인 문제로 결혼을 미루거나 생각하지 못할 때
생활비를 함께 분담하는 점이 장점이기도 하다. 정서적으로
외로움이나 성적 욕구를 해결할 수 있다는 점도 좋다. 하지만
동거에서 발생하는 문제점을 꼼꼼하게 따져볼 필요가 있다.
피임을 잘한다 해도 아이가 생겼을 때의 책임문제, 가사나 경
제 분담, 주변의 시선, 사적 생활의 보장 등 실제적인 이슈들
에 대해 생각해보자. ✿

10

💎

내가 먼저 바뀌어야
좋은 남자를 만난다

남자를 만날 때마다 같은 유형의 진상들을 만난다면 무엇이 문제인지 자기에 대한 통찰이 필요하다. 자기보다 스펙이 낮은 사람, 넘볼 수 없이 대단한 사람, 차갑고 거리를 두는 사람, 끈적거리는 사람, 외모가 출중한 사람, 지식이 많은 사람, 예술적 끼가 있는 사람, 자유분방한 사람, 보수적인 사람 등, 공통점이 나타날 것이다. 외모만 해도 마른 사람, 통통한 사람, 키가 큰 사람, 작은 사람, 남성적 느낌, 여성적 느낌인 사람 등 자신이 선호하는 외모나 성격도 어느 정도 정해져 있다. 외모는 그렇다 치더라도 싫어서 헤어졌는데 만나면 또 비슷한 사람을 만나는 자신을 보면 참 답답하기도 하고, 취향이 좀처럼 바뀌지 않는 것을 실감하게 될 것이다. 또는 처음에는 마음을 채워주는 남자로 만족했지만, 점점 다른 욕심이 늘어가는 여자들이 있다. 처음엔 둘 다 직장 다니고 있었고, 돈이 뭐가 문제야 하고 생각했지만, 연봉이 적은 남자친구가 짜증이 났다. 자신을 완전히 책임져주었으면 하는 욕심을 내려놓기가 쉽지 않았다.

사람을 만나는 것은 내 수준만큼의 남자를 만나게 된다. 외로울 때는 외로움만 채워주는 사람이면 그 사람이 어떤 사람이든 나머지 단점들은 눈에 들어오지 않는다. 외로움이 해결되고 나면 그 사람의 단점들이 낱낱이 보이기 시작한다. 그 단점은 치명적인 경우가 있어 외로움이라는 복병을 먼저 해결해야 한다. 좋은 남자는 건강한 남자, 정신과 몸이 건강한 사람이다. 좋은 남자는 큰 기복 없이 안정적인 사람이다. 좋은 남자란 여자를 배려하는 사람이다.

좋은 스펙과 강하고 카리스마가 있는 사람을 좋아하지만, 그런 사람들은 자신을 좋아하지 않고, 순하고 개성도 없는 사람들은 자기에게 잘해주니 할 수 없이 사귄다는 A가 있다. 카리스마가 있는 사람은 멋있고 이성적으로도 끌린다. 결국, 사귀게 되어 너무 기뻤지만, 그 남자에게는 좋은 모습만 보여줘야 할 것 같아 자기 목소리를 낼 수 없었다. 그러다 남자의 강압적인 성격이 점점 더 심해져서 무서워 헤어지고 말았다. 지금의 순둥이 남자친구는 잘해주고 자신의 모든 모습을 보여줄 수 있고 마음대로 할 수 있어서 좋지만, 남성적 매력은 느껴지지 않는다.

게슈탈트 심리학자인 펄스(Fritz Perls)는 미해결 이슈가 있을 때, 그것이 전경으로 나오고, 해야 할 일이나 책임져야 할 것들은 배경으로 물러난다는 이론을 만들었다. 전경으로 나왔던 것이 해결되면, 배경으로 물러나고, 다시 해결되지 않은 것이 전경으로 나타나는 식으로 반복하여 순환한다. 생리적인 욕구이든, 외로움, 분노, 버려짐, 슬픔 등의 미해결 문제이든, 그것들이 먼저 충족되고 해결되어야 한다는 것이다. 그렇지 않으면 그것들이 전면으로 나와 버티고 있어서 해야 할 중요한 일들을 수행할 수 없다. 매슬로(Maslow)는 이를 배고픔, 목마름, 성욕, 수면욕 등과 같은 생리적인 욕구가 먼저 충족되어야만 자기실현의 욕구가 생긴다고 설명하였다.

만나고 싶은 남자 수준만큼만 내 수준을 높여라

남녀의 만남은 비슷한 미해결 이슈가 있는 사람이 나타나면 동병상련, 이심전심이 되어 끌리게 된다. 자신의 약점을 꿰뚫어 보고 인정하지 않으면 딱 그 수준의 사람을 만나게 된다. 외로움이나 슬픔이 있는 사람은 조금만 잘해주는 남자가 나타나면 그가 한없이 다정한 사람으로 느껴진다. 사실 상대방도 외로운 사람이라 사랑받고 싶어서 잘해준 것인데 그게 보이지 않는다. 부자에게만 끌리는 사람은 경제적인 약점으로 인해 힘들었던 사람이다. 그런 사람의 눈에는 실제 부자가 아닌데도 부자로 보인다. 사귀면서 그 실체를 알게 되면 사랑도 식는다. '부'가 중요했지 남자가 중요한 게 아니었기 때문이다.

자신이 못생겼다고 생각하는 여자들은 잘생긴 외모의 남자에게 마음을 잘 빼앗긴다. 훈남이나 꽃미남과 데이트를 하고 결혼에 성공하기도 한다. 하지만 경제적 능력이나 생활력 부분은 간과한 경우가 많다. 마찬가지로 자신이 지적열등감이 있는 경우 지적으로 보이는 스펙에 끌려 데이트를 한다.

남자친구의 스펙은 좋은데, 차가운 성격 때문에 외롭다면 어떻게 해야 할까? 곽진언의 노래 〈자랑〉의 노랫말처럼 따뜻한 남자를 만나면 된다. '사랑을 나눠줄 만큼 행복한 사람이 되면 그대에게 제일 먼저 자랑할 거예요. 마음이 따뜻한 사람이 되고 싶어요.' 그런 마음을 가진 남자 말이다. 사회적 지위만큼이나 중요한 것이 인성이기 때문이다. 그런 착시현상이 일어나지 않으려면 어떻게 해야 할까? 자신이 열등하다고 생각되는 부분들을 받아들이고 인정하면 편향한 시각에서 벗어나게 된다. 자신이 성장하면 겉으로 보이는 것들은 별로 중요한 요소가 아님을 알게 된다. 좋은 남자를 만나려면 자신이 먼저 성숙해져야 한다. 보웬(Murray Bowen)은 이것을 '자기 분화'라는 말로 표현하였다. 비슷한 사람들이 만난다는 유유상종의 개념이다. 사회적 지위, 외모뿐만 아니라 정서적 안정성 등에서도 자신과 닮은 사람을 만나게 된다. 좋은 사람을 만나려면 내가 먼저 좋은 사람이 되어야 한다.

심리학 TIP

내가 만나고 싶은 '좋은 남자'의 목록을 만들어보자. 마음에 드는 사람이 나타났는데 내 수준이 못 미치면 아쉽지 않겠는가? 평소에 자기 수준을 높여라. 만나고 싶은 사람의 수준, 경제든 인성이든 딱 내 수준만큼 만난다는 것을 기억하고 자신을 성숙시켜 나가자.

성숙한 사람들의 특징은 대화를 해보면 알 수 있다. 이들은 감정 기복이 심하지 않고 편안한 게 특징이다. 자기 문제가 해결되었기 때문에 여유가 있고, 상대방에게 관심과 배려를 할 수 있다. 상대방의 말을 무시하고 자기만 잘났다고 생각하며 통제하는 태도, 만날 때마다 상대방의 안부에는 관심이 없고 자기 애기만 늘어놓거나 인정받기를 원하는지 살펴보라. 몇 개월, 몇 년 만나면서 대화한 내용을 잘 살펴보면 '돈'이나 '외모' 등 같은 특정 주제에 고착되어있는지 보라. 또한 '다른 사람을 시기하거나 비난', '사회나 사람에 대한 분노나 적개심', '남의 탓'이 많은 것도 미성숙한 사람의 특징 중의 하나이다. 미성숙하면 자신에게만 고착되어 다른 사람을 사랑할 힘이 없다. 이상한 남자만 꼬인다고 불평할 게 아니라 자신의 가치를 먼저 높여야만 그에 걸맞은 남자가 꼬인다. ✿

Part 7

연애에서
결혼으로

01

💎

나, 결혼이나
해버릴까?

20 대까지는 결혼에 대한 고민을 크게 하지 않는다. 그러나 30대로 들어가면 슬그머니 불안한 마음이 든다.

평균 결혼 연령이 계속 높아지고 주변에 결혼 안 한 친구들도 많아 아직 결정할 시간은 많다며 스스로를 위로해보기도 한다. 하지만 우리나라에서는 결혼을 하지 않은 사람들이 가족모임이나 결혼식에 가면 으레 "언제 결혼할 거냐", "사귀는 사람은 있냐?"는 질문을 받는다. 심지어 적령기를 지난 사람들은 어딘가 문제 있어 결혼을 못 한 것 아니냐는 오해를 사기도 한다. 그러나 스프레이처와 라일리(Spreitzer & Riley, 1994)는 독신 여성들이 부모나 형제 관계가 긍정적이고, 평균이상의 지능, 교육수준, 직업적 성취의 경향성을 보이며, 독립적이고 스스로를 부양할 수 있는 사람들이 많다고 했다(김용미 외, 2001).

나이를 먹어도 계속 솔로로 있는 사람들을 이상하게 보는 사람도 있지만 꼭 그렇지만은 않다. 캐슬러(Casler, 1974)는 "혼자 살아갈 내적인 자원이 없는 사람들이 무능한 또 다른 사람과 결혼하는 것이다"
고 했고, 마틴슨(Martinson, 1965)은 "독신보다 결혼한 사람들이 자아
결핍감이 크다"는 주장을 했다(《사랑의 심리학》, 최연실 외 역, 2001).

혼자 사는 것이 체질인 사람이 있다. 침대에서 누구와 함께 자는 것
이 불편하고, 한 공간에서 누군가와 함께 사는 것이 끔찍하게 느껴지
는 경우가 있다. 또는 자취를 하거나 혼자 오랫동안 사는 것이 익숙해
져 있는데, 누군가와 함께 생활을 한다는 것이 겁이 나기도 한다. 혼자
사는 게 익숙한 사람들은 잠깐 나가 데이트하거나 누군가와 감정을 섞
고 하는 연애도 귀찮다고 생각할 수 있다.

일주일 동안 일하고 나면 휴일에는 암막 커튼을 쳐놓고 실컷 잠을
자기도 하고, 하고 싶은 운동이나 하면서 한 끼 식사 정도는 사 먹는
것으로 해결하면 되는데, 결혼은 생각만 해도 끔찍하다고 생각한다. 1
박으로 여행을 간다고 누구 뭐라고 하나, 청소를 안 한다고 큰 문제가
생기는 것도 아니다. 일찍 결혼한 한두 명의 친구들의 집에 놀러가 남
편 챙길라 애 키우랴 정신없는 것 보면 지금의 자신이 좋다. 외로울 때
만날 친구 몇 명 정도 확보하면 그만이다. 독신주의자를 특별히 외치
지 않아도 어찌어찌하다 보면 독신의 삶에 젖어든다. 그러다 어떤 촉
발요인, 즉 몸이 아프거나 직장 스트레스가 하늘을 찌를 때 만사 제쳐
놓고 결혼이나 할까 생각해보는 것이다.

사랑은 기대하는 사람에게 찾아온다
대부분 여자들은 누군가가 옆에 있어 함께 나누는 것을 좋아한다.

영혼의 동반자 같은 소울 메이트를 만나지 못해도 어느 적정선의 조건만 맞으면 결혼할 마음의 준비가 되어 있다. 소개팅을 하고 바로 날 잡아서 결혼하는 사람도 있다. 결혼 조건이 비슷한 사람과 만나고, 서로 조심하고 예의도 차리기 때문에 갈등유발이 적고 사랑이 식어도 결혼생활은 유지된다.

그러나 요즈음처럼 사랑이 중요한 시대에는 사랑이 결혼 결정의 중요한 요소가 되기 때문에 사랑이 식거나 변질하면 결혼 생활도 해체되기 쉽다. 사랑과 결혼을 연결해서 보게 된 것은 서구사회에서 17세기~18세기부터이며, 요즘은 사랑이 결혼에 필수적이라고 생각하고 있다.

루미는 이슬람의 성자이며 시인으로 잘 알려졌다. 루미는 영혼의 벗 샴스를 만나면서 지식과 명상을 하는 교수와 학자의 삶을 버리고, 인간에게 영감을 불어넣는 시인이 된다. 나이와 신분을 초월한 만남이었다. 루미와 샴스는 같은 남성으로서 벗이고, 스승이며, 사랑을 주는 자와 받는 자의 경계가 없을 정도로 합일체를 이루었다. 연인들도 서로가 진정한 사랑을 하게 되면 서로에게 영감을 불어넣는 관계가 될 수 있다. 루미가 샴스를 만난 이전과 이후에 완전히 다른 삶을 살 게 된 것처럼 말이다. 루미는 '자기의 가슴을 잃어버리지 않고는 다른 사람의 사랑을 얻을 수 없다'고 단언한다.

트레이 파커의 말처럼 누구에게나 "사랑이 마법처럼 찾아오는 것"은 아니다. 사랑은 기대하는 사람에게 찾아온다. 혼자 사는 것이나 결혼을 선택하는 것은 남을 의식하기보다는 자신의 취향을 따라가면 된다. "서른이 됐으니까 결혼해야 한다."가 아니라 "이 남자가 아니면 안 되겠다"는 생각이 들 때 결혼해도 늦지 않는다.

TIP

사랑의 완성이 결혼은 아니다. 솔로로 지내는 것이 싫다고 떠밀려서 하는 결혼은 하지 말자. 사랑하지만 결혼은 하지 않을 수 있다. 그러나 결혼은 사랑이 전제되어야 한다. 사랑이 전제되어 있지 않은 결혼은 문제가 발생하게 된다. 예를 들어, 남자가 싫지는 않지만 그의 돈이 더 탐나서 결혼했다고 하자. 알고 보니 그가 부자가 아니었거나, 경제력 능력이 유지되지 않는다고 분노하는 여자들이 있다. 이런 예는 들어도 끝이 없을 것이다. 사랑이 전제된 경우에도 결혼 생활은 희로애락이 있다. 그런데 사랑이 없는 결혼 생활을 어떻게 버틸 수 있을까? 그래도 느낌이 잘 안 온다면 '제사보다 잿밥에 관심이 있다'에 한번 대입해보자. '남자가 당신보다 당신의 조건에 관심이 있다'면 어떨 것 같은가? 그의 사랑을 시험하고 싶다면 내가 가진 조건들을 숨기는 것도 방법이다. ✿

02

♦

쿨한 이별
VS
결혼 약속 지키기

결혼식 때마다 신부가 도망가는 로맨틱 코미디 영화 〈런어웨이 브라이드(Runaway Bride)〉가 있었다. 신부 매기 카펜더(줄리아 로버츠 분)는 결혼에 대한 중압감을 못 이기고 세 번씩이나 결혼식장에서 줄행랑을 친다. 또, 초호화판 결혼식을 올렸던 모나코 국왕 알베르 2세의 신부 샤를린 위트스톡도 결혼식을 앞두고 몇 번 탈출을 시도했다는 소문이 있었다. 이처럼 결혼이라는 중대한 결정 앞에 스트레스 지수는 올라갈 수밖에 없다.

남녀가 처음 사랑을 시작할 무렵에는 서로에게 좋은 모습만 보이고 싶어 한다. 그래서 학력이나 집안을 속이는 경우가 있다. 또는 결혼 후 2~3개월 이내에 바로 이혼하여 싱글처럼 살다 사귀는 사람이 생기면 정든 다음에 얘기하면 이해해주겠지, 라고 생각하고 숨기기도 한다. 그 외에도 신체장애등급을 받았거나 백혈병 같은 불치병을 앓은 적이 있는데 숨기고 결혼을 하는 사례도 있다. 신체장애 수준이 경미해서 사회 생활하는 데 지장이 없고, 불치병도 다 나았는데 무슨 문제가 되나 생각할 수 있다. 신체나 정신적으로 건강하고 사회 생활하는 데도 문제가 없으니 꼭 말하지 않아도 된다고 생각하지만 꼭 그렇지는 않다.

실제로 그런 말을 하지 않고 결혼했다가 파혼한 커플들을 종종 만나게 된다. 혼인무효를 주장하며 법정싸움까지 번진다. 이혼 사유 중 결혼 생활을 유지할 수 없는 중대한 사유가 될 수 있는 질병이나 결혼했던 사실을 숨긴 것은 사기에 해당하니 생각보다 심각해진다. 정들면 얘기하겠다고 미루다가 큰코다치는 일이 발생하니 처음부터 솔직하게 얘기하는 것이 좋다.

P는 1년 사귄 남자친구가 경마에 빠져있다는 것을 청첩장까지 돌린 상태에서 알게 되었다. 결혼식이 둘만의 약속도 아니고, 부모, 친지, 친구의 얼굴들이 떠올랐다. 실망했지만 직장도 확실하고 다정하기도 해서 남자와 결혼을 감행했다. 경마에 빠졌던 것은 맞지만 지금은 정리했다는 남자. 처음부터 속이려고 한 것은 아니라고 했다. 이제부터 경마는 끊겠다고, 누구보다 행복하게 해주겠다는 말을 믿고 결혼식을 올렸다.

그런데 결혼 후 남편은 6개월이 채 되지 않아 다시 경마에 손을 대기 시작했다. 지금은 남편과 결혼한 것을 후회한다.

나쁜 남자를 만났다고 생각될 때 쿨한 이별을 하는 것도 건강한 자기결정권일까? 결혼 약속을 지킴으로서 부모나 상대에게 피해를 주지 않고, 자신도 약속을 지켰다는 윤리성에 박수를 쳐주어야 할까?

사기꾼이라도 결혼 약속은 지켜야 하나요?

심리학자 페스팅거(Festinger)의 '인지부조화이론'으로 설명할 수 있다. 나쁜 남자를 만나 결혼한다는 것은 언뜻 보면 이해가 안 가는 말이다. 나쁜 남자, 사기꾼 남자와 헤어지는 것은 누가 봐도 자연스러운 것이다. 하지만 나쁜 남자와 헤어지지 못하고 결혼을 해야 하는 쪽으로 결심을 하는 경우에 인지부조화를 해결하기 위해 여러 장치를 마련한다.

즉, "이 사람이 다른 여자가 있는 것을 속인 것은 나를 얼마나 사랑했으면 그럴까? 나와 결혼하려고 한 거짓말이니 이해하자.", "돈은 못 벌어도 자상하니까" 등으로 함께 살아야 하는 이유들을 찾아낸다.

결혼을 약속한 사람이 바람둥이, 폭력적인 남자, 섹스만 밝히는 남자 같은 나쁜 남자라도 헤어지지 못하고 결혼을 하는 여자들은 '내가 힘들어도 결혼 약속을 지켜야 한다'는 심리가 있다. 부모님이나 친지들, 그리고 친구들, 자신의 안목에 대한 책임 등 여러 외적 요소인 경우가 많다. 그리고 나쁜 남자와 결혼을 감행하게 되면 인지부조화로 혼란스럽기 때문에 인지를 바꾸는 것이다.

"그래도 괜찮은 사람이야"는 이유를 찾아내거나 "그 사람은 별로지만 부모님은 괜찮으니 결혼해야지"라는 이유도 만들어낸다. 그 이유를 찾아내지 못하면 약속을 깨는 행동을 이행하게 된다.

우리는 선택을 해야 하는 순간, 고민을 반복하며 주변 사람들의 조언을 듣는다. 작게는 오늘 점심을 뭐 먹을지부터 크게는 진학, 직장, 결혼 결정까지 쉽사리 되지 않는 것들이 있다. 자신이 기대하고 상상했던 것이 빗나가고, 얽힌 관계까지 고려하다 보면, 선택하는 것이 더욱 어려워진다.

우리는 다중선택사회 속에서 산다. 선택의 어려움은 자신 속의 욕망을 맞닥뜨리는 것이 어렵기 때문이다. 어떤 선택이든 자신이 책임져야 한다는 것을 기억해야 한다.

심리학 TIP

평생을 함께할 사람을 주변 사람들에게 공표하는 결혼식에서 신중하게 두 사람의 뜻을 묻는 것은 단순한 의례가 아님을 알아야 한다. 결혼식 중에라도 확신이 서지 않는다면 뿌리칠 수 있어야 한다. 나쁜 남자와 쿨한 이별을 선택할지, 결혼 약속을 지킬지 결정하는 것은 부모나 주변 사람들이 아닌, 본인의 확신이 있어야 한다. 자신을 배려한 선택은 용기가 필요하다. 억지로 결혼해서 이혼하는 것보다 파혼이 낫다. ✿

03

가족이라는
울타리

가족의 울타리를 중요하게 여기는 남자들이 있다. 두 사람의 관계보다는 가정이라는 소속감을 느끼고 싶어 하기 때문이다. 누군가에게 안정적으로 속한 경험이 별로 없거나 버림받음의 공포를 느꼈던 경우, 가정의 따뜻함을 느껴보지 못한 사람일수록 가족의 울타리를 굳건하게 만들고 싶어 한다.

로맨틱한 부부, 가정을 꿈꾸는 사람들은 취향이 비슷한 것에 관심을 둔다. 하지만 가족을 만드는 것이 중요한 사람들은 전통적인 가족과 비슷한 형태를 꿈꾼다. 맞벌이보다는 집안일을 하면서 집안을 가꾸고 자녀를 기르는 것을 흥미 있어 하는 부인과 자녀를 소중히 여기는 아빠를 기대한다.

S는 음악 하는 사람으로, 자유로우면서도 자기만의 세계를 고집했다. 결혼도 급하게 생각하지 않고 지내던 그는, 음악 밴드를 운영하다

가 리드싱어인 지금의 부인을 만나 결혼을 했다. 함께 음악 하면서 만나 대화가 통하고 좋지만 둘 다 밖의 생활을 하면서 집이 썰렁해지는 것을 느끼게 되었다. 돌이켜 생각해보면 S 자신은 음악 활동에만 전념할 수 있도록 안정된 가정을 꿈꾸어왔다. 그래서 부인과 협상을 했다. 결혼했으니 부인이 자녀계획을 세우고 가사를 돌보면서 가정을 안락하게 꾸미는 것에 대한 의견을 내놓았다. 부인은 자신의 꿈을 접는 것이 아쉽기는 했지만, 고집 센 남편의 생각을 꺾는 것은 포기해야만 했다. 내키지 않게 집안에 들어오게 된 부인은 집에서 자기 생활을 만들어갔다. 집안도 꾸미고 화분 몇 개 사다 놓고 음악을 들으며 여유를 느껴보면서 새로운 세계에 대한 환상과 행복을 느끼게 되었다. 그러는 사이 아이가 생겼고 이웃 사람들과 차도 마시고 육아에 대한 얘기도 들으면서 아줌마가 되어갔다. 딸을 낳아 키우며 행복을 맛보고 있다. 뮤지션으로서의 꿈을 버린 것은 아니지만, 딸과 연결된 음악 작업에 대한 꿈을 새롭게 꾸고 있다.

S는 그런 부인이 고맙다. 자기 꿈을 잠시 접어준 것에 대한 보답도 하고 싶다. S 역시 음악에 대한 꿈이 대부분이었는데 지금은 딸 때문에 부인과의 관계가 더 소중하고, 부부관계에서 더 자제하고 겸손하려고 노력하고 있다. 부인과 딸에게 안정되고 편안한 보금자리를 만들어주는 것이 꿈이다. 그는 좋은 가정, 행복한 가정을 만들고 싶어서 능력을 키워나가고 있다. 부인이 먼저 가정을 안정감 있게 하는데 헌신을 했지만, 남편의 가족에 대한 확신도 부인에게 안정감을 준다.

K는 가족을 만드는 것이 어릴 때부터 꿈이었고 인생의 목표인 남자

이다. 그가 자란 배경은 뿌리가 흔들리는 가정이었다. 무능력했던 아버지, 겉으로 가장으로서의 권위는 인정했지만, 가족들에게서 철저히 배제되었던 분이어서 K는 그런 아버지가 되지 않으려고 했다. 전공을 살려서 자영업을 시작해 결혼 전에 아파트 전세를 얻을 정도로 생활력을 보였다.

그의 여자친구는 꽁생원 같은 아버지 때문에 답답한 생활을 하다가 이 남자를 만나 화려한 공주로서의 변신을 꿈꾸게 되었다. 주변에서도 결혼 잘했다고 부러워했다. 그러나 남자는 자기 어머니와 형제에 대한 남다른 애착을 보였다. 거의 두 집 살림이었다. 이 남자에게 가족은 여자와의 가족, 그리고 자기가 자란 가족 둘이었다. 요즈음은 사업마저 어려워져서 힘들다. 결혼한 지 얼마 안 되었어도 유통기한이 지나고 나니 사기당한 기분이다. 어쩌면 결혼할 때 자신이 만든 환상 속의 남자를 기대했을지도 모른다.

남자친구를 환상 속 이미지로 바꾼 것은 자신이지 않은가. 자신을 깊이 사랑했을 뿐, 현실적인 사랑은 아니었다.

쇼윈도 커플로 살아가고 싶나요?

유통기한이 지난 게 아니라 애초부터 없었던 사랑이라는 생각은 해보지 않았는가? 돈을 벌어도 두 집 살림에, 돈을 못 버니 경제적 어려움은 극심해졌다. 차라리 꽁생원인 아버지는 포기라도 했지만, 사업을 하는 남자는 언젠가 돈을 벌 것 같은 기대를 버리지 못하겠다는 반응이다. 남자는 아버지를 무시했던 어머니같이 드세고 독불장군의 여자를 만나지 않으려고 자기에게 맞추는 여자, 자기를 인정해주는 여자를 만났다. 그런데 여자는 자기가 아닌 돈과 결혼한 것 같다. 경제적인 이유로 바가지를 긁는 것이 어머니 못지않다.

하지만 가족 만들기가 중요한 K는 가정생활이 아무리 고통스러워도 이혼은 절대 불가하다. 쇼윈도 커플이라도 남들에게는 성공적인 결혼 생활이라는 것을 보여 줘야 하기 때문이다.

여자는 남자가 언젠가는 재기할 것이라는 환상을 버리지 못한다. 남자는 자기가 돈을 잘 벌지 못하는 것이나 자기 부모까지 돌보는 상황이니 부인이 사나워진 것은 당연하다고 생각한다. 이런 남자일수록 문제를 자신에게서 찾는다. 어려서 부모가 싸우는 것을 보면서, 죄책감을 키워왔기 때문이다.

가족의 울타리는 중요하다. 그러나 애초에 남에게 보이기 위한 것이었다면 의미가 없다. 가족의 울타리는 있는데 그 속에 사람이 없다면 얼마나 공허할까? 남들에게 잘사는 모습을 보이려고 빈껍데기로 살 것이기 때문이다. 내 것을 다 주어도 아깝지 않을 만큼 소중해서, 상대방의 부족함을 메꾸어주며 살고 싶은 마음. 그런 두 사람만 있다면 이미 가족 아닌가?

가족의 울타리가 중요한 남자들은 안정적인 결혼 생활을 꿈꾼다. 자녀는 하나나 둘쯤 있어야 한다. 부부싸움이나 갈등이 발생해도 가정을 깨는 일은 절대 하지 않는다. 대신 쇼윈도(show window) 부부로 살아간다.

가정의 울타리를 강박적으로 지키려다 보면 남들의 눈에는 완벽한 가정으로 보이겠지만, 내부로 들어가면 형식적 가정의 모습은 있으나 정서적으로는 텅 빈 공허한 가정의 모습이 유지될 수 있다. 주객이 전도된 것이 아닐까? ✿

04

결혼은
미친 짓이다

사람들은 상대방의 관심, 애정, 섹스, 지지 등에서 최고의 보상 효과를 얻고 적은 책임과 희생을 치를 수 있을 때 관계를 지속하기를 원한다. 보편적으로 상대방의 경제력을 중요한 요소로 본다. 좋은 집안은 경제력의 연장선이다. 양가의 재력과 자원 말이다.

한편 외모나 신체적 매력은 대외 과시용으로 괜찮은지 보게 된다. 재벌가와 연예인, 부자들과 의사, 판사 등의 전문직, 스포츠 스타와 연예인의 커플들이 그렇다. 이렇듯 나이, 직업, 학력, 자신이 중요하게 생각하는 보상 요인이 조금씩 다르다.

교환이론에 의하면 결혼도 보상과 비용 요인을 따져본다. 결혼에서조차 이익과 손실의 원리라니 삭막하게 들릴지 모르나 낭만적인 사랑만이 아닌 합리적인 측면에서 볼 필요성이 증대되고 있다. 덜 중요한 것부터 빼면 중요한 보상 요인이 보인다.

〈결혼은 미친 짓이다〉라는 영화가 있었다. 교환이론으로 설명하자면, 연희(엄정화 분)는 준영(감우성)의 높은 학벌, 잘생기고 세련된 외모, 자상함과 섹스를 잘 하는 것이 좋다. 안정적이지 않은 수입, 약간의 바람기는 마음에 걸린다. 준영은 연희의 전문직의 높은 연봉, 섹시한 외모, 쿨한 성격이 좋다. 바람기, 남자를 사육하려는 태도는 싫다. 여자는 이 남자를 사랑하지만, 결혼은 하지 않는다. 화려한 삶, 쇼핑도 즐기고 남들보다 잘살고 싶은 이 여자에게 남자의 낮은 경제력은 큰 장애물이기 때문이다. 여자는 경제력을 갖추었으나 끌림이 없는 매력 없는 남자와 결혼을 한다.

여자는 준영에게 옥탑방을 얻어주고 생활비를 지원해주며, 남편에게 없는 부분은 애인에게서 채운다.

남자는 여자가 찾아주기만을 기다리는 수동적인 관계에 염증을 느낄 무렵, 다른 여자가 남자의 옥탑방을 드나든다. 다른 여자의 흔적들을 탓하며 화를 내는 여자, 기다리는 것에 지쳐 화내는 남자, 이들은 관계는 끝이 나는듯했다. 그러나 몇 년 후 다시 찾는 여자. 남자는 그 옥탑방에서 그대로, 열쇠도 그대로, 여자를 기다리고 있었던 것일까? 결혼이 미친 짓이 되지 않기 위해 한 번쯤 자신이 생각하는 결혼 조건에 대한 목록을 만들어볼 필요가 있다.

지금은 서른 살이 된 제자 H가 20살 때 생각했던 결혼 조건목록을 소개한다.

1. 성격

 -마음이 넓고 이해심이 많은 남자

 -나를 존경해줄 수 있는 남자

 -아침형 인간인 남자

 -나보다 자기 자신을 더 사랑할 줄 아는 남자

2. 지성

 -나보다 더 책을 많이 읽은 남자

 -평생 배우려는 남자

 -나보다 더 많은 나라를 여행한 남자

 -영어로 책을 읽어줄 수 있는 남자

3. 적응성

 -바람을 피웠다고 해도 절대 들키지 않을 남자

 -운전할 줄 아는 남자

4. 신체적 매력

 -정장이 잘 어울리는 남자

 -깔끔한 남자

 -운동하는 남자

 -섹스를 잘하는 남자

5. 독창성

  –술 잘 마시고 잘 노는 남자

  –악기를 다룰 수 있는 남자

6. 경제적 능력

  –나와 연봉이 비슷한 남자

7. 자녀

  –자녀 갖기를 원하는 남자

  –입양을 허용하는 남자

8. 가사

  –음식을 잘하는 남자

당신의 결혼 조건은 무엇인가?

자신이 만든 결혼 조건이 완벽하게 맞는 사람을 만날 수는 없을 것이다. 그 가운데 양보할 수 있는 것은 무엇일지 생각해보자.

녹스와 샤흐트(Knox & Schacht)는 배우자 선택 시 피해야 할 성격 특성으로 8가지를 제시했다. 자기중심적인 사람, 부정적인 사람, 충동적인 사람, 과민한 사람, 자아가 강한 사람, 완벽주의자, 불안정한 사람, 어린 시절 가족으로부터 통제당한 사람 등이다. 이러한 특성들이 계속 나타난다면 결혼 생활에 걸림돌이 될 수도 있다.

결혼은 욕망을 채우고자 하는 남녀의 결합이다. 감성이 발달한 육식녀들의 육감적이고 말초신경적인 끌림은 주변에서 문제 있는 남자라고 아무리 말을 해줘도 처음에는 들리지 않는다. 그래서 데이트하고 커플링도 만들고 사랑에 푹 빠진다. 그러나 육식녀들조차도 결혼을 결정할 순간이 오면 합리적이고 현실적이 되기 때문에 쉽사리 결정하지 못한다.

환상만 갖고 하는 결혼은 미친 짓

한편 초식녀들은 처음부터 이 남자와 인수합병을 하면 어떻게 될지 현실적인 계산을 하기 때문에 결혼이 쉽지 않다. 솔로로 살아갈지언정 객관적으로 낮은 조건의 남자 때문에 힘들어지는 것은 싫기 때문이다.

사랑은 위험부담을 감수하고 하는 것이다. 그러나 결혼은 현실이다. 옛 어른들이 "아무것도 모를 때 빨리 결혼해야 한다."는 말들을 했지만, 요즈음은 어려도 똑똑한 것 같다. 서구적이고 합리적이며 현실적이다.

결혼 잘했다고 타인이 인정하는 성공적 결혼이든, 스스로 만족하는 행복한 결혼이든 사람들은 결혼에 대한 기대가 있다. 어느 정도 자신의 욕망이 충족되고 부합하면 결혼을 잘했다고 생각할 것이다. 그러나 결혼 후, 결혼을 섣부르게 선택한 것에 대해 회한을 갖는 경우가 있다. "너 하나면 된다."던 남자에게 홀딱 반해 직장 대신 남자를 선택한 여자. 알콩달콩한 신혼은 짧기만 하다.

용돈이 적다고 불만인 남자에게는 월급을 받아 살림하면서 눈치 보는 여자가 있을 뿐이다. 데이트 때는 스킨십도 따뜻하게 해주고 자상한 사람인 줄 알았는데, 결혼해도 친구들이 부르면 쪼르르 달려나가는 남자, 주말에 겨우 집에 있지만 잠만 자는 남자에 대한 환상은 깨어지고 만다. 모든 결혼이 미친것이 아니라 결혼에 대한 객관적인 요소들은 고려하지 않은 채 환상만 가지고 하는 결혼은 미친 짓이라는 뜻이다. 멋있고 똑똑하고 부자인 남자를 만나고 싶다면, 자신은 어떤 매력을 보상으로 줄 수 있는지 객관적 평가가 필요하다. 결혼에 대한 환상을 깨고 현실의 땅에 발을 딛고 가보자.

심리학 TIP

결혼은 현실이다. 결혼이 미친 짓이 되지 않기 위해서는 남자의 성격, 지적 수준, 경제력, 집안 등을 꼼꼼히 따져봐야 한다. 그리고 무엇보다 자신 속의 욕구를 무시하지 않는 것이 중요하다. 남자의 돈을 보고 결혼한 것이 자책할 일은 아니다. 대신 외모나 다른 것은 양보했을 테니까.

또, 남들이 볼 때 결혼 잘했다고 부러워하면 '성공적인 결혼'을 한 것이다. 남들이 볼 때는 힘들어만 보이고 부러울 게 없어도 두 사람이 '행복한 결혼'이라고 생각하면 그만이다. 어느 쪽을 택하고 싶은가? 성공한 결혼인가? 행복한 결혼인가? ❁

05

💎

만난 지 5년째, 결혼하자는 말을 하지 않는 남자

만난 지 5년째인 롱디 커플(Long Distance Couple). 오래 사귀다 보니 키스의 감각은 무뎌지고, 편해져서 이제 다른 사람을 사귀는 것은 상상도 못 한다.

여자는 남자가 자기를 여자로 봐주지 않는 것 같아 서운하다. 이제 결혼하자는 말이 나올법한데 그런 말이 나오지 않아 불안하기도 하다.

롱디 커플은 둘만의 관계에 집중하다 보니 시간이 흐르고 나면 다른 인간관계가 소원해져 있거나 자기 성장이 멈추었다는 것을 알게 된다. 연애 기간은 긴데 이루어놓은 것은 없는 것 같아 아쉬움이 남는다. 연애 기간이 길어지면 처음 만날 때의 상큼함이나 달달함은 사라진다. 그래도 헤어지지 못하는 것은 만난 세월이 아깝기 때문이다.

여자친구는 변해가는 몸매만큼이나 잔소리도 늘어만 간다. 그래서 남자는 남자로 대접받고 싶다. 한때는 이 여자에게 최고의 남자였지만 이제는 지나간 일이다.

〈아메리칸 뷰티(American Beauty)〉에서 주인공 레스터(케빈 스페이시 분)는 자신의 불행이 모두 남자 때문이라며 거세게 따지는 부인 캐럴린(아네트 베닝 분)이 당혹스럽다. "옥상에 올라가 헬리콥터를 향해 가슴을 풀어헤치던 그 소녀는 어디 어디 갔지?"라며 레스터가 절규하는 서글픈 대사가 떠오른다. 풋풋하고 순수한 청춘이 가버리면 사람도 변하는 것일까?

연애는 삶의 즐거움과 활력소가 될 수 있고 한 개인을 성장시킨다. 함께 살며 부딪히는 것이 아니기 때문에 서로에 대해 낭만이나 환상을 깨지 않으면서, 책임지고 희생하는 부분은 적기 때문에 대부분 연애를 선호한다. 그런데 연애는 하면서 결혼은 하지 않는 커플이 늘고 있다. 연애 기간이 길어지면 결혼을 원하는 커플 중 한 사람은 기다림에 지치기도 한다. 여자를 사랑하고 있고 신경도 써주지만 결혼은 한사코 하지 않으려 하기 때문이다. 심지어 여자친구의 부모까지 챙기고, 부모나 친척에게도 소개를 하지만, 결혼 얘기만 나오면 부담스러워한다.

이쯤 되면 여자는 남자의 애정이 식은 것은 아닌지, 결혼을 안 하는 것은 아닌지 불안해한다. 그러나 남자는 정착하고 싶은 마음과 함께 자유가 없어질 것에 대한 두려움의 양가감정이 있다.

그러나 남자는 여자의 향기를 맡고 싶다. 남자에게만큼은 내 여자친구가 최고로 예쁘고 향기나고 섹시한 여자였음 좋겠다. 시간이 흘러도 여자에게서 그런 모습을 기대하는 게 남자라는 존재다.

결혼하지 말고 평생 함께하자?

남자들도 감정이 있다. 어떤 면에서는 여자보다도 더 여리다. 외로움, 슬픔, 무력감, 화, 불안이 있다. 눈가에 눈물이 맺히며 얼굴이 붉어지고 수줍게 웃기도 한다. 소리를 지르며 분노를 터트리고 싶기도 하다. 아직도 우리 문화에서 남자는 감정을 표출하면 안 된다는 의식이 많이 남아있지만 말이다.

남자들도 감정이 있고 여자가 자기 마음을 보듬어주기를 원한다. 그러나 막상 여자가 조언을 하면 간섭받는다고 느껴 마음의 문까지 닫아버린다. 남자들도 때로는 힘들면 여자의 도움을 받으면 되는데 자존심을 내세우는 경우가 많다. 정신과 의사인 정혜신이 말했듯이, "남자는 강해야 하고, 감정을 드러내선 안 된다"는 등의 "맨 콤플렉스(man complex)가 작동하기 때문이다. 커플 간의 만남에서도 남자가 관계를 이끌고 여자를 위로해주는 역할을 해야 한다고 생각하는 것이다. 남자들은 직장에서의 스트레스나 일 얘기를 구체적으로 말하거나 감정까지 드러내서 내색하지 않는 편이다.

내가 상담실에서 만난 20대 후반의 남자는 직장이 끝나도 퇴근하지 않고 회사에서 1시간 정도 앉아있다 온다고 한다. 하루 동안 긴장하며 한 일들, 잘 마무리될까 하는 두려움, 실수한 것들도 생각나고, 상사나 동료들과의 오갔던 말들도 떠올리며 하루를 정리하지 않고는 퇴근을 하지 못하겠다는 것이다.

이 남자는 여자친구와 만나면 일 얘기는 하지 않는다. 한다 해도 분야를 모르니 이해하지 못할 것이기 때문이다. 하지만 자기 고민에 여자친구가 좀 더 관심을 가져주었으면 할 때가 있다. 여자친구에게 이해받고 싶다. 그러나 여자친구는 그렇게 세심하게 자신을 대한 적은 없다고 한다. 그녀가 일이 좋냐, 내가 좋냐, 말해보라고 다그칠 때는 참 답답하고 부담스럽기 시작한다. 데이트도 습관처럼 하는 것 같고 즐겁지가 않다. 이 남자는 여자친구가 자신을 이해해주고 보듬어 주었으면 하는 마음이 있다.

사랑이 무뎌지고 책임감만 남은 형식적인 데이트. 서운해서 싸우다 한동안 결별도 해보고, 이것저것 해보다 다시 돌아오는 커플이 바로 롱디 커플이다. 첫 느낌을 다시 찾고 싶은 마음 되돌리는 것 쉽지 않지만, 적어도 내 남자니까 맘대로 해도 된다는 생각만은 멈추어야 한다. 여자로, 애인으로 사랑받고 싶다면 지금 멈추자.

남자와 여자가 만나 데이트를 하다가 사랑에 빠지면 그 사람과 늘 함께 있고 싶고, 몇 달, 몇 년이라도 살고 싶어진다. 늘 함께하면서 싸우기도 하고 침대에서 뒹굴며 노닥거리기고 싶기 때문이다. 좋은 것 다 해주고 싶어 안달하는 것이다. 그런데 오래 사귀어도 그런 감정이 일지 않는다고 비난할 일인가? 롱디 커플인데 결혼하자는 말을 하지 않는 남자들은 이기적인 남자로 생각할 수 있다. 그러나 서로의 감정이나 마음이 같지 않은데 속이고 있는 것에 대해서는 생각해볼 일이다. 그것은 상대방을 속이는 것이 아니라 이미 자신을 속이고 있기 때문이다.

여자는 결혼하고 싶지만, 생각이 없는 남자. 더 좋은 여자가 나타나기를 기다리는 것인지, 결혼 자체에 대한 절대적 가치를 두고 있지 않은지, 부모가 반대하지는 않아도 크게 찬성하지 않아 진행이 안 되는지 현실을 직시해서 볼 필요가 있다.

심리학 TIP

롱디 커플에게 현실적인 고민은 결혼에 대한 것이다. 오래 사귀었는데 결혼을 미루고 결혼하자는 말을 하지 않을 때, 여자들은 불안하고 자존심이 상한다. 그래서 자기가 매력이 없어졌나 걱정되고 서운하기도 하다. 그런데 남자들은 꼭 여자친구 때문이 아니라, 결혼에 대한 막연한 불안감을 가지는 경우가 많다. 여자들은 한 남자에게 정착하고 싶지만, 남자들은 자신의 자유가 박탈될까 두려워하기 때문이다.

이런 경우 서운함이나 거절감의 표현을 해주고 앞으로 결혼에 대한 명확한 남자의 의견을 듣는 것이 중요하다. 얼마나 더 기다려야 하는지, 포기해야 하는지, 남자와의 진지한 대화를 하는 것이 좋다. 대부분 양심 있는 남자라면 답변을 준다. 자신의 마음을 이야기하거나, 얼마만큼 더 기다리라 하든지, 결혼은 안 되겠다고 밝히든지 할 것이다. 장래의 시부모님을 공략해서 응원을 받아 결혼에 성공하는 경우들도 있지만, 결혼당사자가 빠져있는 결정은 나중에 남자의 결혼 생활의 관여도를 낮추기도 한다. 결혼 결정은 오롯이 두 사람의 몫이다. ✿

06

💎

결혼, 그 두려움에 대하여

A는 아버지와 여자친구가 상견례를 서두르고 있지만, 결혼하면 당장 겪을 일들이 떠올라 결혼을 망설이고 있다. 평소에 잘 챙겨주지만, 잔소리가 많은 여자친구에게 질린다. 밤에 직장 다녀오면 게임도 하고 자기만의 공간에서 할 것들이 있다. 친구들과 술도 가끔 마셔야 하고, 가끔 나오는 보너스는 레저 생활에 썼는데, 꼼꼼하고 살림꾼인 여자친구 때문에 그런 생활을 못 할 것 같아 답답하다. 그렇다고 이 여자라도 안 잡으면 결혼은 못 할 것 같고 딜레마다.

D는 냉장고, 장롱, 전자레인지 등 살림살이들을 신혼살림 집에 배달시켰다. 가장 기뻐해야 할 날에 기분이 우울했다. 왜 그런지 자신도 이상하기만 하다. 드레스와 예식장, 신혼여행지까지 예약한 상태이다. 그런데 이 상황에서 이 남자와 결혼을 해도 되는지 다시 고민이 된다. 잘 살 수 있을지 불안하다. 이만한 남자 없다는 것 잘 알고 있고, 자상

하고, 직업도 안정적이고 문제가 없다. 그런데 그렇게 결혼하고 싶었으면서도 이게 무슨 마음인지 스트레스에 머리카락이 부쩍 빠지고 있다."

사랑해서 하는 결혼이고, 축복받을 일이지만 그 두려움은 크다. 심리학자 홈스와 라헤(Holmes & Rahe)가 분류한 43개의 스트레스 순위에서 결혼이 7위로 상위권에 위치하는 것만 보아도 알 수 있다.

파트너가 별문제가 없어도 두려움을 느끼는 것은 자연스러운 현상이다. 첫 데이트, 학교입학, 첫 출근이 즐거운 일이지만 긴장되고 걱정이 앞서는 것과 정도의 차이일 뿐 비슷한 현상이다. 영화 〈런어웨이 브라이드〉에서 결혼에 대한 두려움 때문에 결혼식장에만 가면 도망가는 여주인공(줄리아 로버츠 분)에게 남자주인공(리차드 기어 분)의 대사는 감동적이다.

"분명 힘들 때도 있을 거예요. 가끔 모든 걸 포기하고 싶을 때도 있을 거예요. 하지만 지금 청혼하지 않으면 평생 후회할 것 같아요. 내 진정한 반쪽은 당신뿐이거든요."

루미는 "연인들의 생명은 죽음 속에 있다. 네 가슴을 잃어버리기까지는 사랑하는 이의 가슴을 얻지 못하리"라고 하였다. 사랑은 죽음까지도 불사하지만, 결혼은 여전히 두렵다.

그중에 하나는 전통적으로 이어 내려왔던 결혼에 대한 신화에 대한 두려움이다. 결혼은 책임이고 희생이 동반되는 힘든 것이라는 생각 때문이다. 특히 한국사회에서 남자들은 가장 콤플렉스가 있다. 일만 하며 살았던 아버지처럼 될까 봐 두려워한다.

S는 남자친구와 사귄 지 1년이 되었다. 남자친구는 늦게 퇴근하는 S가 피곤한 것이 마음에 걸려 일주일에 2~3번은 건강음료를 들고 회사 앞으로 온다. 집에 데려다주고 밤늦은 시간에 돌아가는 남자친구를 보면 안쓰럽다. 맛있는 것을 먹으러 다니고 데이트도 즐겁게 한다. S는 남자친구와 빨리 결혼해 안정된 생활을 하고 싶다. 그러나 남자친구는 결혼이 두렵다고 말한다. 왜 그런 것일까? 부모의 결혼 생활이 그리 행복해 보이지 않았던 경우, 일찍 분가해서 혼자 사는 것이 익숙해진 사람들은 결혼을 두려워한다. S의 남자친구 역시 두 가지에 모두 해당하는 경우이다. S를 사랑하는 것은 분명 맞지만, 결혼에 대한 두려움이 앞선다. 하지만 S는 서른 살에는 결혼을 해야 한다는 마음이 있다. 남자친구에게 무한정 데이트만 할 수 없으니 결혼 여부를 결정해달라고 기한을 주고 대답을 기다리는 중이다.

열정이 식어도 함께 가고 싶은가?

여자들 역시 현모양처라는 신화가 있다. 결혼에 대한 여성상이 오로지 신사임당 하나밖에 없다. 우리의 어머니들도 여자나 인간으로서가 아닌 남편과 자녀들을 위해 인고의 삶을 감내해야 했다. 그런 어머니처럼 되는 것이 두렵다.

그다음에는 실제로 힘든 결혼일 때 느끼는 두려움이다. 편집증적인 의처증, 욱하는 성격, 폭력, 알코올 의존, 게임이나 포르노중독, 쇼핑중독, 우울증, 난치병, 신체장애, 경제적 빈곤 등이다.

내가 아는 분 중에 실제로 오랫동안 사랑한 연인이 있었다. 여자는 남자가 군대 제대할 때까지 기다려주었다. 그런데 그녀는 남자를 사랑하지만, 결혼에 대한 확신이 없었다. 남자가 제대한 후 여자는 헤어지자고 했고, 이 여자와 당연히 결혼할 거라고 생각했던 남자는 충격을 받아 거칠게 오토바이를 몰았다. 여자에게 가던 길이었다. 오토바이는 계곡으로 굴렀고, 다리를 심하게 다쳐 휠체어를 타는 신세가 되었다. 신혼 때부터 여자가 거의 10년은 경제적인 것과 살림살이까지 고충이 많았다. 다행히 성실했던 남자는 도장 파는 기술을 배워 생계를 잘 꾸려나갔다. 이제 자녀들도 다 성장하여 옛말하며 사는 70대 노부부가 되었다.

사귀다가 어려움이 생기면 사랑을 시험할 수 있는 절호의 기회이다. 이 부부에게 닥친 큰 시련은 고통스러웠지만 사랑을 확인하는 계기가 되었다. 결혼을 두려워하던 여자는 남자의 사고 후에 자신이 이 남자를 정말 사랑했다는 것을 인식했다. 죄책감도 있었겠지만 최종적으로 이 남자와 함께 가고 싶다는 마음으로 결혼을 결정했을 것이다. 사랑한 것은 맞을지 모르지만 결혼의 필수조건인 헌신이나 책임감 없는 말초적이 사랑은 아니었는지 되짚어 보아야 할 것이다.

처음엔 흥분과 꿀단지를 안고 시작한 신혼이라 해도 얼마 지나지 않아 열정은 식고 특별함도 없이 일상을 공유하며 함께 살아가는 것이 결혼 생활이다. 그래서 우리는 결혼의 기대가 크면 클수록 더 실망을 하게 된다. 사람에 대한 기대이건, 생활이건 그렇다. 그래서 자신이 혼자 생각한 결혼계획을 미리 세우지 말고, 사랑하는 사람이 생겼을 때 세워도 늦지 않는다고 말하고 싶다.

나는 데이트나 결혼 관련 강의를 오랫동안 하면서 학생들에게 가상 커플을 만들고 세 가지 미션을 주기도 했다. 함께 밥 먹기, 데이트하기, 집에 바래다주기이다. 그리고 하나 더 하는 게 실제 커플이든 가상 커플이든 미래의 결혼 생활계획을 세워보게 하였다. 커플이 함께하는 것이 조건이었다. 수입이라면 맞벌이를 할지 외벌이를 할지, 월수입은 얼마 정도 예상되는지, 저축이나 지출, 시부모나 처가와의 거리, 가사분담, 자녀계획, 의사소통 등의 항목을 제시하였다.

결혼 생활은 힘들기도 하고 갈등도 있으며, 우여곡절이 있을 수 있는 것이 현실이다. 그러나 현실을 인정하지 않기 때문에 두렵다. 힘든 것 없이 완벽한 결혼만 생각하기 때문에 어려운 것이다. 사랑은 감기처럼 온다. 감기에 걸렸을 때의 미열처럼, 봄날에 흩날리는 꽃잎처럼 생각지도 않은 때 찾아온다. 함께 있고 싶고 자주 보고 싶고, 그 사람이 아니면 안 될 것 같아서 결혼을 한다.

심리학자 피터 버거(Peter L. Berger)는 "동물은 본능으로 살며, 거기서 벗어나는 행동을 절대 하지 못한다."고 했다. 인간에게도 동물적 본능이 있지만, 결혼은 현실이며 제도이다. 결혼하면 두 사람만의 관계나 생활은 이미 아니다. 거기에 딸린 문화나 생활습관, 종교, 이사나 유학, 미래에 대한 계획까지 영향력은 대단하다. 좋은 부분은 받아들이고 발전시켜야겠지만, 그렇지 않은 부분들은 과감히 새로운 문화로 대체하는 커플이 되기를 바란다.

데이트와 연애를 충분히 경험한 후에 이 사람이라면 현실을 마주하며 살아도 좋을 사람인지, 확신이 든다면 결혼을 생각하라. 그때부터 마주 앉아 차분하게 현실적으로 결혼계획을 세워보는 것이다.

좋을 때는 누구나 다 좋은 사람이다. 하지만 둘 중 한 명의 상황이 좋지 않게 꼬였을 때 그 사람의 진가가 발휘된다. 그런 상황에서도 이 사람과 함께라면 헤쳐 나갈 수 있을지, 내가 나쁜 상황이어도 여전히 변치 않고 내게 힘을 주는지 등을 따져보고 미래를 생각하라. ✿

07

아이는 꼭
낳아야만 할까?

우리나라 출산율은 합계출산율 1.25명에 그쳐 세계 224개국 중 219위로, OECD 중에서 꼴찌로 나타났다(연합뉴스, 2014. 6. 16). 연애와 결혼, 출산을 포기하는 '삼포 세대'로 아이 키우는 것이 힘들다는 것을 보여주는 기사이다.

예술의 전당에서 모딜리아니 전시회가 있었다. 천재 화가지만 그는 술과 여자로 일생을 마쳤다. 보통은 창녀들이 하룻밤 사랑의 대상이자 모델이었는데, 그림 속엔 그녀들의 눈동자가 없다는 것이 특징이다. 그런데 눈동자가 그려진 단 한 명의 여자가 그의 연인 잔느이다. 무명의 가난뱅이 모딜리아니와 달리 명문가의 그녀, 14살 연하의 나이 차이를 극복하고 사랑에 빠진다. 그녀를 만난 3년이라는 기간은 모딜리아니의 그림 색이 밝게 바뀌고 그의 작품이 작업의 꽃을 피운 시기이다. 이 커플에게 첫딸이 출생하면서 행복한 시간이 이어지지만, 30대 중반에 폐결핵이 악화되어 요절하고 만다. 슬픔을 이기지 못하고 둘째를 임신한 만삭의 상태에서 자살로 생애를 마감한 잔느의 못다 이룬 사랑이 아프다.

사랑이나 결혼에 대해 냉소적이던 니체가 한 말이 있다.

"너는 젊고, 자식과 결혼을 소망하고 있다. 그러나 내가 너에게 묻노니, 너는 자식을 소망해도 괜찮은 사람인가?"《자라투스트라는 이렇게 말했다》, 최승자 역, 청하, 2005)

그렇다면 모딜리아니 부부는 자녀를 가질 자격이 없었던 걸까.

결혼해도 되는 자격, 자녀를 가져도 되는 자격을 스스로 생각해보면 자격 미달이 많은 것이 사실이다.

스무 살 이후로 한 번도 쉬지 않고 데이트도 하고 연애를 하는 후배인 J가 있다. 그러나 웬일인지 한 사람에게 정착하지도 결혼도 하지 않아 이유를 물었다. 그러나 J는 '경제적, 정서적으로 독립적이지 않고, 내 방 하나 정리 못 하는 자신을 보면 참 한심하다. 이래도 내가 사랑할 수 있을까? 결혼할 수 있을까? 게다가 아이까지 생기면?'이라는 의문을 가져본다고 한다.

그래도 우리 주변을 돌아보면 결혼도 하고 아이도 잘 낳는다. 어쩌면 강한 의식과 책임감이 높은 사람일수록 결혼이나 자녀에 대해 망설이고 있는지도 모른다. 결혼이든 자녀이든 기본적으로는 자신의 욕망을 채우려는 인간의 방편이다.

요즈음엔 무자식이 상팔자라며 자녀에게 투입한 에너지와 자원을 경제논리로 생각하는 경향이 있다. 그럼에도 불구하고 50대~60대 사람들의 메신저 프로필 사진을 보면, 딸이나 아들, 손자 사진을 올려놓은 것을 많이 볼 수 있다. 그 세대들이 전통적 가족을 꿈꾼 세대라서일까? 지금 세대가 그 나이가 되면 조금 달라질까?

결혼해서 반드시 자녀를 낳아야 하는 것은 아니며, 자발적 무자녀 가족이 될 수도 있다. 하지만 부모됨(parenting)에는 많은 힘듦이 있지만 더 많은 긍정적인 동기가 있다. 부모됨의 동기는 가계계승, 에릭슨(Erik Erikson)이 말하는 생산성, 즉 자녀를 키워냄으로써 보람을 갖는 것, 아이를 출산해야 어른이 된다는 생각, 부부관계를 끈끈하게 하는 이유 등이 있다.

하지만 자녀가 만족만을 주는 것은 아니다. 아이들의 재롱이나 귀여움도 있지만 양육 스트레스도 있다. 아이를 임신한 만 9개월의 기간에 여자들은 몸무게가 늘고 입덧에 시달리며 산고의 고통을 이겨내야 한다. 그렇다고 자녀를 키우기 위해 포기하는 것만큼 자녀로부터 보상이 주어지지 않는다. 아이들은 통제 불능일 때도 있고 악동의 모습을 보일 때도 많다. 크리스마스 시즌이면 보여주는 영화 〈나 홀로 집에〉의 케빈을 보면 말썽꾸러기 모습을 볼 수 있다. 사춘기의 반항을 견뎌내야 하고, 성인 자녀가 되기까지 드는 경제적 비용과 노심초사하며 자녀를 지켜봐 줄 일이 많은 것을 생각하면 선뜻 아이를 가진다는 것을 망설일 수도 있다. 그러나 '품 안의 자식'이라는 말처럼, 성장하는 자녀를 지켜보는 것만으로도 부모로서의 즐거움과 보람이 있다.

내 아이와 거품목욕 하고 싶지 않나요?

부모됨(parenting)의 기쁨이 무엇일까?

린다 매카트니(Linda McCartney) 사진전(대림미술관, 2014. 11 ~ 2015. 4)에서 비틀스 멤버인 세계적인 뮤지션 폴 매카트니가(Paul McCartney) 〈가족의 일상(Family Life)〉에서 아들과 함께 거품목욕을 하는 장면이 인상적이다. 직접 목욕시키고, 딸을 품안에 안고 있는 장면에서 따뜻한 부성애를 느낄 수 있다. 아버지 폴 매카트니의 품에 안긴 첫째 딸 메리의 표정이 편안하기만 하다. 노동이 아닌 놀이처럼 행복해 보인다.

꼭 혈연을 통한 자녀를 가질 필요는 없다. 요즈음 입양에 대한 생각, 자발적 무자녀 가족이 증가하고 있다. 만화 영화 제작자인 트레이 파커(Trey Parker)는 "가족이란 당신이 누구 핏줄이냐가 아니라 당신이 누구를 사랑하느냐는 것이다"는 말을 했다(원혜정, 2011).

차인표·신애라 커플도 자기 아이가 있어도 입양한 딸이 있다. 외국의 경우 앤젤리나 졸리도 브래드 피트 사이에서 네 명을 입양하고 세명의 자녀를 낳아 총 일곱 명의 자녀가 있는데, 더 늘어날 수도 있을 것이다. 자녀를 원하지만 낳지 못하는 비자발적 무자녀 가족에게 서양에서는 정자를 구하는 것이 합법화되어 있어 자녀를 출산할 수 있다. 우리나라에서는 현재 정자매매는 규제하지만, 정자은행에 기증은 인정되고 있다.

그런데 포스트 모던 사회에서는 우리의 욕망이 커지고 다양해질수록 결혼이나 자녀가 아닌 다른 것으로 채우려는 시도가 증가하고 있다. 자녀를 가지는 것에 대한 확신부족이나 상황이 안 되는 경우들도 있다. 결혼까지는 해도 자녀는 낳지 않겠다는 자발적 무자녀 가족으로 살면서, 여행이나 운동, 자기계발에 투자하겠다는 부부들도 있다.

평생 독신으로 지냈던 니체는 결혼이나 자녀는 어려운 숙제였던 것 같다. "내가 너에게 묻노니, 너는 자식을 소망해도 괜찮은 사람인가?" 라는 질문에 확신 있게 "예스(YES)"라고 대답할 사람이 얼마나 될까? 그럼에도 불구하고 대부분 커플은 결혼해서 자녀를 낳고 그럭저럭 행복하게 살아간다.

심리학 TIP

임신해서 입덧과 산고의 고통을 거쳐 출산하면 그때부터 아이를 양육하는 일이 기다린다. 양육하기 위한 비용을 담당하기 위해 남자들은 수입창출을 위한 부담과 아빠로서 책임감이 증가한다.

여자들 역시 아이를 어린이집에 보내고 다시 일하려면 최소 2~3년의 고투를 해야 한다. 성인 자녀가 되기까지 자녀양육에 들어갈 시간, 에너지, 비용을 경제적 논리로 산출한다면 누가 자녀를 낳고 기를 수 있을까? 그러나 부모됨의 과정에서 이런저런 난관을 경험하는 것은 한 인간으로서 굉장한 성장을 가져오며, 자녀의 존재만으로도 느끼는 기쁨과 보람이 있다. ✿

08

💎

완벽한
신혼을 꿈꾸며

신혼집 집들이에 초대를 받았다. 현관문은 열렸는데 집주인은 보이지 않는다. 베란다와 거실 사이엔 하늘색 레이스커튼이 신비스럽게 걸려있고, 음식에서 나는 고소하고 향긋한 냄새는 행복한 웃음이 절로 나온다. 그런데 놀라운 일이 생겼다. 새신랑이 아내 얼굴에 화장을 해주고 있었다. 초승달 같은 눈썹을 그리는 폼이 한두 번 해본 솜씨는 아니었다.

연애할 때 꿈꾸는 완벽한 신혼에서 빠질 수 없는 것은 결혼해도 열정은 식지 않을 것이며, 변함없이 자상할 것이라는 기대이다. 서로 간지럼도 태우고 침대에서 뒹굴다가 눈 마주치면 사랑스럽게 안아주는 로맨틱한 장면은 그리 오래 가지 않는다. 휴일에도 침대에서 뒹굴거리거나 게임을 하며 방에 틀어박혀서는 산책가자는 말을 무시할지도 모른다.

잘 챙기던 이벤트는 어디 가고, 아내 생일 한번 챙기면서 생색낼 때

화가 나기도 할 것이다. 자기 부모 용돈을 장인·장모보다 두 배 이상 드리면서도 당연하게 여길 때는 남편이 얄미워지기도 할 것이다. 하루가 멀다 하고 술친구 만나러 나가거나 주말이면 동호회 찾아다니느라 아내 외롭게 하는 것도 신혼 초에 맞닥이는 일들이다.

연애할 때는 '완벽한 신혼에 대한 환상이 있다. 그러나 로망은 로망일 뿐 현실은 다르다.

내가 상담했던 K 커플은 연애 3년을 하고, 결혼한 지 6개월이다. 그런데 이들은 맞벌이를 하는데 퇴근 시간부터 다르다. 남자는 잡무 처리하고 귀가하면 보통 10시다. 부인은 좀 더 빠른 8시에 퇴근을 한다. 그러다 보니 아침은 출근하기 바쁘고 점심은 회사에서 해결, 저녁 한 끼도 같이 못 먹냐며 투닥거린다고 한다. 이렇게 신혼의 환상은 아주 사소한 밥 먹는 것에서 깨어진다. 회사가 늦게 끝날 때는 저녁은 각자 먹고 들어오기도 하고, 집 근처 식당에 가서 함께 먹는 것이 맞벌이 부부로 살아가는 일상의 적응방법이 될 수 있다.

남편은 교대 근무로, 아내는 학원 강사로 근무시간이 달라 신혼의 환상이 깨지는 커플도 있다. 맞벌이가 대세이다 보니 근무 조건이 신혼의 분위기를 많이 좌우하게 된다. 탄력근무제나 재택근무는 보통 사람들에게는 신이 내린 직장이다.

H 커플은 아내가 퇴근하면 남편은 자고 일어나 출근할 준비를 한다. 둘이 만나는 시간이 별로 없다. 게다가 연애 후 남편은 체중이 20 킬로그램이나 불었다. 바짝 마른 부인은 늘 서서 일하는 직업이다 보

니 허리디스크가 있다.

한용국 시인의 〈완벽한 신혼일기〉라는 시를 보면(천년의 시작, 2014), 신혼은 달콤하고 낭만적일 것이라는 일반적 관념을 깬 역설적인 면이 있다. 이 커플은 보통 연인처럼 신혼에 대한 낭만과 기대가 있다. 그러나 데이트를 할 때와는 달리 결혼 생활은 현실이기 때문에 걱정이다.

먹다 남긴 족발 위로
먼지가 먼지를 불러
낄낄 하하 세상에
둘 밖에 없는 듯이

족발을 보면 남편이 생각나나요?

이 시를 읽고, 부인이 족발을 보고도 남편 생각이 나고, 맛있는 것을 먹을 때면 어김없이 남편 얼굴이 떠오른다면 행복한 커플이다. 하지만 신혼에도 고달픔이 있다.

K 커플은 '서울 가는 차는 한나절 걸리겠다.' 라는 구절을 보면서 위로를 받는다. 꼭 제때에 자신들이 원하는 것이 되어야만 하는 것은 아니기 때문이다. 직장 생활에 쫓기느라 힘들지만, 커플이 서로 위로하며 함께 하겠다는 의지만 있으면 충분하지 않을까?

Huston McHale과 Crouter(1984)는 결혼 1년 차 신혼을 추적조사를 한 결과, 결혼 1년 후에는 배우자와의 관계, 사랑, 행복감이 더 낮아지는 것으로 나타났다. 결혼하기 전에는 곤히 잠든 아내를 위해 토스트에 오렌지 주스 한 잔 건네겠다고 큰소리치던 남자들도 살아보니 환상은 환상뿐이라는 것을 인정하기 때문이다.

특별히 낭만적인 것이 아니라도 남편이나 아내 중 먼저 들어온 사람이 밥해놓고 기다리는 것은 어떨까? 기다렸다가 함께 밥 먹고, TV 드라마도 보며 그날 있었던 대화를 하다 잠이 드는 모습이 신혼 재미이다.

결혼 전에는 너무나 당연하게 누리던 것들이 가능했던 것은 누군가의 희생이 있었기 때문이다. 밥, 빨래, 청소, 세금까지 부모가 해주던 것들에 익숙해지면 내가 안 해도 할 것을 하며 사는 것 같은 착각이 들기도 할 것이다. 부모에게 의존하던 것이 아내에게로 옮겨가 손 하나 꼼짝하지 않는 남편이라면 신혼 초부터 당당히 요청하기 바란다.

완벽한 신혼일기는 존재하지 않는다. 결혼은 현실이기 때문이다. 하지만 소소한 행복을 찾을 수 있는 커플은 신혼을 꿈꿀 자격이 있다. 족발을 보면 남편이 생각나고, 낄낄 하하, 호호 웃을 수 있다면 신혼의 단꿈을 꿀 수 있다. 신혼의 낭만을 지속하고 싶다면 애칭을 만들어 부르는 것도 좋다.

데이트할 때는 즐거움이나 오락 활동이 대부분이다. 그러나 결혼 생활 역시 항상 낭만적이고 행복할 것이라는 기대는 실망으로 이어질 수 있다. 신혼의 낭만과 행복은 소소한 일상을 함께 하는 것만으로도 감사하는 마음에서 시작할 수 있다.

완벽한 신혼은 작은 행복을 찾는 것에서 시작한다. 맞벌이 부부는 함께 하는 시간을 내야 한다. 퇴근 후 저녁 산책이나 주말에 영화를 함께 보는 것과 같은 짧지만 함께하는 시간을 만들자. 추성훈 가정이 웃음꽃이 피는 것은 함께하려는 의지가 있기 때문이다. 투박하지만 부인을 챙기고, 부인 야노 시호 역시 남편의 작은 말 하나에도 리액션을 크게 해주며 사랑한다는 메시지를 끊임없이 준다. 그들에게도 왜 어려움이 없었겠는가? 힘든 나날들을 기다려주면서 서로를 성장 시켜주려는 의지가 중요하다. ✽